编 著 者

主　编：范恒山
副主编：刘苏社
成　员：刘晓明　江　洪　王明利　彭实铖　熊丽君

促进中部地区崛起
重大思路与政策研究

主 编 范恒山

人民出版社

责任编辑:李椒元
装帧设计:文　冉
责任校对:夏明朗

图书在版编目(CIP)数据

促进中部地区崛起重大思路与政策研究/范恒山 主编.
　-北京:人民出版社,2011.12
ISBN 978－7－01－010446－1

Ⅰ.①促…　Ⅱ.①范…　Ⅲ.①区域经济发展-经济政策-研究-中国
　Ⅳ.①F127

中国版本图书馆 CIP 数据核字(2011)第 244329 号

促进中部地区崛起重大思路与政策研究
CUJIN ZHONGBU DIQU JUEQI ZHONGDA SHILU YU ZHENGCE YANJIU

范恒山　主编

人民出版社 出版发行
(100706　北京朝阳门内大街 166 号)

北京新魏印刷厂印刷　　新华书店经销

2011 年 12 月第 1 版　2011 年 12 月北京第 1 次印刷
开本:700 毫米×1000 毫米 1/16　印张:18.5
字数:290 千字　印数:0,001－3,000 册

ISBN 978－7－01－010446－1　定价:36.00 元

邮购地址 100706　北京朝阳门内大街 166 号
人民东方图书销售中心　电话 (010)65250042　65289539

总结经验　坚定使命
推动中部地区崛起工作再上新台阶

·（代序）

范恒山

2006 年 4 月，《中共中央、国务院关于促进中部地区崛起的若干意见》（中发［2006］10 号）正式颁布，中央做出了促进中部地区崛起的重大战略决策。在这一战略引领下，5 年来，面对起点低、起步晚的不利状况，面对并不优越的政策环境，面对复杂多变的国内外经济形势，中部各省奋力拼搏，战胜各种艰难险阻，取得了经济社会发展的重大成就。一是经济实现平稳较快发展。5 年间，中部地区生产总值年均增长 13%，比全国平均水平快 1.1 个百分点，经济总量占全国的比重由 2005 年的 18.8% 提高到 2010 年的 19.7%，综合实力和竞争力大大增强；经济结构调整取得新进展，粮食连续 7 年增产，粮食产量占全国的比重稳定在 30% 以上，一、二、三次产业比重由 2005 年的 16.7：46.7：36.6 调整为 2010 年的 13.2：52.7：34.1，传统产业升级改造步伐加快，战略性新兴产业迅速成长；"十一五"节能减排目标如期实现，生态建设和环境保护扎实推进，可持续发展能力进一步增强。二是人民生活明显改善。2010 年中部地区城镇居民人均可支配收入和农民人均纯收入分别达到 16000 元和

5500元,年均分别增长12.7%和13.2%。就业规模持续扩大,5年共新增就业1000万人以上。教育、科技、文化、卫生等社会事业迅速发展,覆盖城乡的社会保障制度框架初步形成,基本公共服务供给和保障能力明显提升。三是改革开放取得积极进展。国有经济战略性调整深入推进,非公有制经济发展环境持续改善,统一开放、竞争有序的现代市场体系初步形成,承接产业转移取得积极成效,开放合作水平进一步提高。经过5年的努力,中部地区的面貌发生了历史性变化,在全国区域发展格局中的地位进一步提升。总体来看,过去5年是中部地区自我创造能力和自主创新能力明显增强,发展活力竞相迸发,发展质量和水平显著提高的5年,是中部地区走出"塌陷"困境,实现跨越式发展的5年,中部地区已经步入了加快发展的新阶段,进入了加速崛起、全面崛起的新轨道,站在了一个崭新的发展起点上。

5年的成绩来之不易,得益于中部六省广大干部群众的辛勤工作,得益于上上下下各方面的共同努力。在艰苦卓绝的实践中,中部地区创造了一些重要的经验,特别是做到了"四个结合":一是注重把国家支持和自身努力有机结合起来,在充分用好、用足国家资金和政策的基础上,始终立足自力更生,不等不靠,充分调动社会各方面参与中部崛起的积极性,形成加快发展的强大合力。二是注重把促进优势地区发展和扶持特殊困难地区发展有机结合起来,在推进条件较好地区开发开放、培育形成新的经济增长极、增强其辐射带动作用的同时,加大对老少边穷地区以及老工业基地、资源枯竭型城市等特殊困难地区的扶持力度,努力从整体上不断增强自我发展能力。三是注重把推进体制机制创新与促进社会和谐有机结合起来,紧紧围绕影响经济社会发展的关键环节,集中力量攻坚克难,大力推进重要领域的体制改革和制度建设,坚持以改革促发展,以发展促和谐,推动形成经济持续发展和社会和谐稳定的良好局面。四是注重把立足自身发展与扩大开放合作有机结合起来,在发挥自身比较优势自主发展的同时,不断拓展合作领域,积极融入经济全球化和区域经济一体化进程,在大开放、大合作中实现又好又快发展。这些经验是中部地区的宝贵财富,应当在下一步工作中加以继承和发扬。

"十二五"时期是我国全面建设小康社会、加快转变发展方式的关键时期,也是中部地区加快发展步伐、全面实现崛起的关键时期。应当看到,中部地区发展中不平衡、不协调、不可持续的问题依然突出,特别是总体发展水平还比较低,农业基础薄弱、产业结构不合理、城乡发展不协调、资源环境约束强化、公共服务水平偏低、体制机制障碍仍然较多等矛盾和问题长期存在。面对复杂多变的国内外经济环境,面对其他地区你追我赶、竞相发展的激烈竞争态势,中部地区发展犹如逆水行舟、不进则退。应进一步增强机遇意识和忧患意识,主动迎接严峻挑战,积极利用有利条件,以科学发展为主题,以加快转变经济发展方式为主线,进一步加大工作力度,推进中部地区经济社会发展全面跃上新台阶。新时期应特别做好以下5方面的工作:

一是继续推进"三基地、一枢纽"建设,巩固提升在全国的重要地位。"三基地、一枢纽"是国家从战略层面对中部地区提出的总体要求,也是中部地区实现崛起的有效途径。要继续加强粮食综合生产能力建设,进一步巩固提升全国重要粮食生产基地地位;积极发展传统优势产业,大力发展战略性新兴产业,进一步加快能源原材料基地、现代装备制造及高技术产业基地建设;加快完善交通运输网络,进一步强化中部地区现代综合交通运输枢纽和物流中心地位,推动形成产业体系完善,基础设施保障有力,工业化、城镇化和农业现代化协调发展的新格局。

二是加快重点地区和重点领域发展,不断拓展经济发展空间。大力推动武汉城市圈、中原经济区、长株潭城市群、皖江城市带、鄱阳湖生态经济区、太原城市圈等一批重点地区加快开发开放,继续培育形成新的经济增长极;大力支持县域发展,继续加大对革命老区、民族地区、贫困地区和资源枯竭型城市、老工业基地的扶持力度;大力实施扩大内需战略,积极稳妥推进城镇化,扎实推进新农村建设,大力发展服务业,着力夯实中部地区内生增长和自我发展的经济基础。

三是大力推进改革创新,进一步提升开放合作水平。深入推进依法行政,积极打破行政垄断和地区封锁,大力推进以人为本、符合国际通行做法的法制体系建设,营造公平、公正、开放透明的兴业宜商环境,深化中部各地区间的合作交流,促进一体化深入发展;加强与东部沿海地区和西部毗邻地区的融合发展,促进互利共赢。同时,继续推进中部地区对外开放平台建设,大力发展内陆开放型经济。

四是加强资源节约和环境保护,提升可持续发展能力。以"两型"社会建设为重点,以推进山西资源型经济转型和落实鄱阳湖生态经济区规划等为契机,继续加强中部地区生态建设和环境保护,促进资源节约集约利用,大力发展循环经济,积极探索生态补偿机制,促进经济社会与人口资源环境协调发展,实现物质文明与生态文明协同进步。

五是切实保障和改善民生,大力促进和谐中部建设。把保障和改善民生、促进和谐发展作为促进中部地区崛起的重要目标和各项工作的出发点和落脚点。加快发展教育、卫生、文化等各项社会事业,切实解决就业、住房、社会保障等突出民生问题,促进城乡区域基本公共服务均等化,确保广大人民共享改革发展成果。加强和创新社会管理,保障社会长治久安。

促进中部地区崛起,需要强有力的政策支持。5年来,中央政府针对中部地区出台了一系列重大文件、规划和具体政策,适应新时期新任务的需要,国家将进一步加大对中部地区的政策支持力度。下一步的工作重点,一是研究制定新时期促进中部地区崛起的政策文件。这项工作已经促进中部地区崛起工作部际联席会议第二次会议研究讨论并报国务院同意。我们要集思广益,抓紧制定出一个具有明显中部特色、有较强针对性和可操作性、"含金量"较高的政策文件。二是适时开展"两个比照"政策调整完善工作。在督促有关部门进一步加大"两个比照"政策落实力度的同时,应适应新的形势和要求调整完善"两个比照"政策,研究将振兴东北地区老工业基地和西部大开发新的政策适当延伸至中部地区。三是加大对重点地区发展规划指导和政策支持。我们要以贯彻落实国家发布的涉及中部整体和局部的有关重大区域规划、重要改革试验区方案和相关政策性文件为抓手,不断完善相关政策措施,及时协调解决中部地区发展中面临的突出矛盾和问题。四是继续深化重大理论和重大政策研究。我们要继续组织力量对事关中部地区发展的重大理论和实践问题进行联合研究,充分发挥各方面的聪明才智,为促进中部地区崛起提供强有力的理论支持和政策咨询。

做好促进中部地区崛起工作任务艰巨、使命光荣。只要中部地区干部群众坚决贯彻落实中央的战略部署,主动适应环境变化,抢抓机遇、团结奋斗,就一定能够克服各种困难,又好又快地实现中部地区崛起的战略目标。我们要认真履行职责,更加注重开拓进取,更加注重沟通协调,积极为中部地区排忧解难,与各方面一道共同推动促进中部地区崛起工作不断迈上新台阶!

（作者为国家促进中部地区崛起工作办公室副主任、国家发展和改革委员会地区经济司司长,著名经济学家。本文系作者在 2011 年 9 月 25 日举办的中部论坛太原会议上所作的讲话,略有删改）

目　录

第二篇　思路篇

第三篇　任务篇

第四篇　保障篇

前　言

中部地区包括山西、安徽、江西、河南、湖北和湖南 6 省,面积 102.8 万平方公里,占我国国土总面积的 10.7%,2010 年末总人口约 3.6 亿,占全国的近27%。这一地区位于我国内陆腹地,人口众多,自然、文化和旅游资源丰富,科教基础雄厚,水陆空交通网络便捷通达,具有承东启西、连南贯北的区位优势,农业特别是粮食生产优势明显,工业门类比较齐全,生态环境总体条件较好,承载能力较强,是全国重要的农产品、能源、原材料和装备制造业基地,在我国改革发展和区域经济格局中占有十分重要的战略地位。

改革开放以来,我国率先实行沿海开放战略,东部沿海地区对外开放步伐加快,经济快速发展,整体实力和竞争力明显提高,经济总量占全国的比重不断上升,中西部地区与东部地区发展差距不断扩大。为加快中西部地区发展,缩小地区发展差距,党中央、国务院从我国现代化建设全局出发,在世纪之交作出了实施西部大开发战略的重大决策,2003 年又提出振兴东北地区等老工业基地战略,西部地区、东北地区等老工业基地呈现出加速发展的良好势头。相比之下,中部地区发展速度相对趋缓,面临的压力明显增大,矛盾和问题进一步加剧,出现了所谓的"中部塌陷"现象。主要表现为:一是经济相对地位下降,发展速度滞后。改革开放以来,中部六省地区生产总值虽然大幅增长,但占全国的比重先升后降,从 1978 年的 21.6% 下降到 2005 年的 18.8%。1978 年,中部地区 GDP 相当于东部地区的 49.6%,2005 年下降到 34%,差距持续扩大;1978 年,中部地区人均地区生产总值比东部地区少 570 元,2005 年扩大到 14054 元。

2001—2005 年,东、中、西部和东北地区生产总值年均增速分别为
12.28%、10.76%、10.97% 和 10.88%,中部地区增速最慢,分别比东部、
西部和东北地区低了 1.52 和 0.12 和 0.21 个百分点。二是产业结构层
次较低,所有制结构不合理。2005 年,中部地区一、二、三次产业比重为
16.7∶46.7∶36.6,与全国平均水平相比,第一产业比重明显偏大,第三产
业比重明显偏低,工业化进程滞后于全国总体水平。从产业内部看,中部
地区农业仍以种植业为主,工业仍以采掘业和资源加工业为主;从所有制
结构看,中部地区非公有经济发展缓慢,城镇从业人员中非公有经济从业
人员比重仅占 52%,比全国平均水平低 21.3 个百分点,经济增长活力亟
待加强。三是"三农"问题突出,城镇化水平低。2005 年,中部地区农业
从业人口比重为 53%,比全国平均水平高 3 个百分点,农民人均纯收入
2958 元,只有全国平均水平的 90.9%,稳定粮食生产的长效机制尚未形
成,农民就业和增收问题突出,农村富余劳动力转移任务较重;2005 年,
中部地区城镇化率仅为 36.5%,比全国平均水平低 6.5 个百分点。其他
经济数据也显示中部地区整体发展水平偏低,如,2005 年中部六省人均
财政支出只有 1339 元,远远低于东部地区的 4661 元,也低于西部地区的
1738 元,仅为全国平均水平的 69%,为四大板块之末;对外开放程度也不
高,进出口总额 415 亿美元,仅占全国的 2.9%。上述矛盾和问题不仅严
重制约中部地区的发展,也影响区域经济协调发展。

　　党中央、国务院高度重视中部地区的发展问题。2004 年 3 月 5 日,
温家宝总理在《政府工作报告》中首次提出促进中部地区崛起;当年 9
月,促进中部地区崛起的有关表述写入了党的十六届四中全会通过的
《中共中央关于加强党的执政能力建设的决定》中。2005 年 3 月 5 日,温
家宝总理在《政府工作报告》中提出要抓紧研究制定促进中部地区崛起
的规划和措施;当年 4 月,国家发展改革委会同有关部门开始组织起草促
进中部地区崛起的若干意见。2006 年 2 月 15 日,国务院第 125 次常务会
议审议并原则通过了国家发展改革委起草的关于促进中部地区崛起若干
意见的汇报;3 月 27 日,中共中央政治局召开会议,研究促进中部地区崛

起工作;4 月 15 日,《中共中央、国务院关于促进中部地区崛起的若干意见》(中发[2006]10 号,以下简称中央 10 号文件)出台,标志着促进中部地区崛起战略正式进入实施阶段。

促进中部地区崛起,是继鼓励东部地区率先发展、实施西部大开发、振兴东北地区等老工业基地战略之后,党中央、国务院从我国现代化建设全局出发作出的又一重大决策,标志着我国四大板块的区域发展总体战略基本形成。促进中部地区崛起战略的实施,是贯彻邓小平同志"两个大局"战略构想,实现区域发展由沿海向内地梯次推进的重要体现,有利于提高我国粮食和能源保障能力,缓解资源约束;有利于深化改革和扩大开放,培育形成全国经济新的增长极;有利于促进城乡区域协调发展,构建东中西良性互动、优势互补、相互促进、共同发展新格局,对于加速推进我国社会主义现代化建设具有重大的现实意义和深远的历史意义。

促进中部地区崛起战略自 2006 年实施以来,中部地区发展速度明显加快,总体实力进一步增强,粮食生产基地、能源原材料基地、现代装备制造及高技术产业基地和综合交通运输枢纽建设取得重要进展,城乡人民生活水平稳步提高,社会事业全面发展,体制改革和对外开放不断深化。但也要清醒地看到,中部地区整体发展水平还比较低,相对落后的状况还没有根本改变,加快发展的巨大潜力有待进一步发挥,体制性、结构性等深层次矛盾还较为突出。"十二五"时期是全面建设小康社会的关键时期,是深化改革、加快转变经济发展方式的攻坚时期,作为实施扩大内需战略的重点地区和推进新型工业化、城镇化的重要区域,中部地区肩负着重大历史使命。面对新形势新任务,必须坚定不移地实施促进中部地区崛起战略,进一步发挥中部地区比较优势,加快转变经济发展方式,为支撑全国经济长期平稳较快发展,全面实施区域发展总体战略,推动区域协调发展作出新的更大贡献。

第一篇　环境篇

　　"十一五"时期是实施促进中部地区崛起战略取得重要进展的5年。5年来,按照中央10号文件确定的促进中部地区崛起工作的总体要求、基本原则和主要任务,中部六省和国务院有关部门创新工作思路,加强协调配合,加大支持力度,促进中部地区崛起工作迈出重要步伐。"十二五"时期是加快转变发展方式、全面建设小康社会的关键时期,促进中部地区崛起工作面临着新挑战新机遇。

第一章 "十一五"实施促进中部
地区崛起战略工作进展

自 2006 年 4 月《中共中央国务院关于促进中部地区崛起的若干意见》(中发[2006]10 号)下发以来,国务院有关部门和中部六省围绕增强中部地区内生发展动力、夯实经济发展基础、培育新的经济增长极、消除发展瓶颈等中心工作,切实加强规划引导和政策支持,加快推进粮食生产基地、能源原材料基地、现代装备制造及高技术产业基地和综合交通运输枢纽建设(以下简称"三基地、一枢纽"),大力支持重点地区发展,稳步推进关键领域改革,扩大对内对外开放,建立健全工作机制,促进中部地区崛起各项工作取得重要进展。

一、初步建立以"两个比照"政策为
主要内容的支持政策体系

中央 10 号文件提出了促进中部地区崛起的 8 项重大任务,即:加快建设全国重要粮食生产基地,扎实稳步推进社会主义新农村建设;加强能源原材料基地和现代装备制造及高技术产业基地建设,推进工业结构优化升级;提升交通运输枢纽地位,促进商贸流通旅游业发展;增强中心城市辐射功能,促进城市群和县域发展;扩大对内对外开放,加快体制机制创新;加快社会事业发展,提高公共服务水平;加强资源节约、生态建设和环境保护,实现可持续发展。为全面贯彻落实上述重大任务,2006 年 5 月 19 日,国务院办公厅印发《关于落实中共中央国务院关于促进中部地区崛起若干意见有关政策措施的通知》(国办函[2006]38号),逐项分解了贯彻落实中央10号文件的具体工作任务,确定了各牵头负责的部门和单位,形成由国家发展改革委牵头、有关部门共同负责的落实机制。5年来,有关部门认真履行职责,按照分工要求,加大工作力度,研究制定并出台了促进中部地区崛起的相关政策实施。

(一)研究制定并组织实施"两个比照"政策

中央10号文件在支持中部地区老工业基地振兴和资源型城市转型中,明确提出要"积极推进国有经济战略性调整,选择部分老工业基地城市,在增值税转型、厂办大集体改革和社会保障等方面,比照振兴东北地区等老工业基地有关政策给予支持";在加大贫困地区的扶持力度中,明确要求"对贫困人口集中分布地区、革命老区和少数民族地区,实行集中连片开发,增加支援欠发达地区资金和以工代赈资金的投入,在扶贫开发、金融信贷、建设项目安排、教育卫生事业等方面比照西部大开发政策执行"。为贯彻落实上述精神,从2006年下半年开始,国家发展改革委会同中部六省和有关部门在反复论证、多方听取意见的基础上,按照历史贡献、带动发展、总量控制和大体平衡的原则,研究提出了中部地区享受比照实施振兴东北地区等老工业基地有关政策26个城市的建议名单;按照促进县域经济发展、重点扶持、统筹兼顾、总量适度和省际大体平衡的原则,研究提出了中部地区比照实施西部大开发有关政策243个欠发达县(市、区)的建议名单。2007年1月,国务院办公厅以国办函[2007]2号批准同意上述比照实施振兴东北地区等老工业基地有关政策和比照实施西部大开发有关政策的范围。随后,国家发展改革委会同有关部门研究中部地区享受比照实施振兴东北地区等老工业基地比照实施西部大开发的具体政策,2008年1月,国务院办公厅印发《关于中部六省实施比照振兴东北地区等老工业基地和西部大开发有关政策的通知》(国办函[2008]15号),"两个比照"政策正式出台。

表1-1 中部六省比照实施振兴东北地区等老工业基地有关政策的城市

省份	比照城市（26个）
山西省	太原、大同、阳泉、长治
安徽省	合肥、马鞍山、蚌埠、芜湖、淮南
江西省	南昌、萍乡、景德镇、九江
河南省	郑州、洛阳、焦作、平顶山、开封
湖北省	武汉、黄石、襄樊、十堰
湖南省	长沙、株洲、湘潭、衡阳

表1-2 中部六省比照实施西部大开发有关政策的县（市、区）

省份	比照县（市、区，共243个）
山西省	阳曲县、娄烦县、阳高县、天镇县、广灵县、灵丘县、浑源县、大同县、平顺县、壶关县、武乡县、沁县、沁源县、陵川县、榆社县、左权县、和顺县、昔阳县、万荣县、闻喜县、新绛县、离石区、垣曲县、夏县、平陆县、五台县、代县、繁峙县、宁武县、静乐县、忻府区、河曲县、保德县、偏关县、平鲁区、原平市、古县、浮山县、乡宁县、汾西县、文水县、交城县、兴县、临县、柳林县、石楼县、岚县、方山县、中阳县、交口县，共50个县（市、区）。
安徽省	长丰县、怀远县、枞阳县、潜山县、太湖县、宿松县、望江县、岳西县、定远县、临泉县、太和县、阜南县、颍上县、界首市、砀山县、萧县、灵璧县、泗县、无为县、寿县、霍邱县、舒城县、金寨县、霍山县、裕安区、涡阳县、利辛县、石台县、郎溪县、泾县，共30个县（市、区）。
江西省	乐平市、莲花县、修水县、德安县、都昌县、赣县、上犹县、安远县、宁都县、于都县、兴国县、会昌县、寻乌县、石城县、瑞金市、吉安县、吉水县、峡江县、新干县、永丰县、泰和县、遂川县、万安县、安福县、永新县、井冈山市、万载县、铜鼓县、黎川县、南丰县、乐安县、宜黄县、资溪县、广昌县、上饶县、横峰县、弋阳县、余干县、鄱阳县、万年县、德兴市，共41个县（市）。
河南省	杞县、通许县、兰考县、栾川县、嵩县、汝阳县、宜阳县、洛宁县、叶县、鲁山县、郏县、滑县、内黄县、林州市、原阳县、封丘县、南乐县、范县、台前县、濮阳县、舞阳县、卢氏县、南召县、淅川县、社旗县、桐柏县、民权县、睢县、宁陵县、柘城县、虞城县、夏邑县、永城市、罗山县、光山县、新县、商城县、固始县、淮滨县、息县、扶沟县、商水县、沈丘县、郸城县、淮阳县、太康县、鹿邑县、上蔡县、平舆县、正阳县、确山县、泌阳县、汝南县、新蔡县，共54个县（市）。

省份	比照县(市、区,共243个)
湖北省	阳新县、郧县、郧西县、竹山县、竹溪县、房县、丹江口市、远安县、兴山县、秭归县、长阳土家族自治县、五峰土家族自治县、当阳市、南漳县、保康县、孝昌县、大悟县、监利县、洪湖市、团风县、红安县、罗田县、英山县、浠水县、蕲春县、麻城市、崇阳县、通山县,共28个县(市)。
湖南省	茶陵县、炎陵县、韶山市、衡山县、祁东县、耒阳市、新邵县、邵阳县、隆回县、绥宁县、新宁县、城步苗族自治县、平江县、澧县、津市市、慈利县、桑植县、南县、安化县、沅江市、永兴县、汝城县、桂东县、安仁县、祁阳县、江永县、宁远县、蓝山县、新田县、江华瑶族自治县、沅陵县、会同县、麻阳苗族自治县、新晃侗族自治县、芷江侗族自治县、靖州苗族侗族自治县、通道侗族自治县、双峰县、新化县、冷水江市,共40个县(市)。

支持中部地区26个老工业基地城市比照实施振兴东北地区等老工业基地有关政策,主要包括支持深化国有企业改革,加快企业技术进步,加强以企业为主体的技术创新体系建设,推进产业结构调整,完善社会保障体系,加强城市基础设施建设,增强中心城市和城市群的带动作用及辐射功能。一是在深化国有企业改革方面,加快大中型国有企业股份制改革,鼓励和支持社会资本和境外投资者以多种方式参与国有企业改组改造。推进厂办大集体改革试点,按照《国务院关于同意东北地区厂办大集体改革试点工作指导意见的批复》(国函[2005]88号)的精神,地方政府可根据自愿原则申请开展厂办大集体改革试点工作。二是在加快工业结构调整方面,利用东北地区等老工业基地调整改造、高技术产业发展、工业结构调整改造和产业升级等专项资金,加大对比照城市工业结构调整的支持力度。三是在实施增值税转型方面,对装备制造、石油化工、冶金、汽车制造、农产品加工、采掘、电力、高新技术产业等八大行业实行扩大增值税抵扣范围的试点。四是在促进资源型城市可持续发展方面,鼓励资源型城市积极发展能够充分吸纳就业、实现资源综合利用和促进产业结构优化的接续替代产业,对相关项目中央财政给予必要的支持。支持改善低收入困难家庭和棚户区居民的居住条件。五是在提高对外开放

水平方面,加快"大通关"建设,支持比照城市口岸开放和通关便利化,提高通关效率。促进外资加快向比照城市符合产业政策的领域扩展。加快实施"走出去"战略。六是在提高土地集约利用效率方面,加快比照城市土地利用规划和城市总体规划修编的审核,积极支持城市水资源利用规划的编制。加大信贷支持力度方面,引导和支持外资金融机构、国内股份制金融机构到比照城市设立分支机构,鼓励民营资本到比照城市开办金融机构。引导政策性金融机构在其业务范围内加大贷款支持力度。七是在加强社会保障体系建设方面,完善比照城市企业职工基本养老保险制度,推进和规范市级统筹,积极创造条件,向省级统筹过渡。

支持中部地区 243 个欠发达县(市、区)比照实施西部大开发有关政策,主要包括支持改善农村生产生活条件,加大财政转移支付力度,提高基本公共服务水平,加快扶贫开发,发展特色产业,推进商贸流通发展,促进县域经济社会全面进步。一是在加大财政转移支付力度方面,中央财政出台新的转移支付政策时,可以考虑对一些项目比照西部地区有关政策和补助标准的因素,加大对中部六省比照县的转移支付力度。二是在加大建设资金投入力度方面,在农业生产、农业综合开发、农村基础设施建设、交通、能源、水利、环境保护和生态建设、社会事业、市政公用设施以及公检法司等建设项目的安排上,加大建设资金的投入。对国家新编制的建设规划或专项建设方案中的项目,中央投资补助比例和地方配套比例比照西部地区的政策和标准执行。三是在加大对粮食生产的支持力度方面,继续加大对优质粮食产业工程、大型商品粮生产基地建设、种子工程等项目的扶持力度。四是在促进商贸流通发展方面,安排资金支持比照县大型农产品批发市场和大型农产品流通企业的建设与发展,支持"万村千乡市场"、"双百市场"等工程建设,支持农村商业网点和商务信息服务体系建设。五是在加大扶贫开发力度方面,国家在安排财政扶贫资金时,结合现有政策规定,加大投入力度;在重点支持国家扶贫工作重点县的同时,统筹考虑其他比照县。六是在实施土地复垦和矿产资源勘察政策方面,中央分成的新增建设用地土地有偿使用费按照基本农田面积等因素向下分配,专项用于基本农田建设和保护、土地整理、耕地开发等支出。七是在加大金融信贷支持方面,对投资大、建设期长的基础设施项目,比照西部政策适当延长贷款期限。国家在安排国际金融组织贷款和外国政府贷款项目时给予适当倾斜。

为了实施好"两个比照"政策,国务院有关部门研究制定了具体实施办法,进一步细化了有关政策,切实加大政策落实力度。在比照振兴东北地区等老工业基地政策方面,深入推进国有企业改革,在中部地区 26 个城市开展增值税转型试点,支持资源型城市可持续发展,加快对外开放步伐。如对中部地区从事装备制造、石油化工等 8 大行业生产的增值税一般纳税人,准予抵扣其固定资产的进项税额,试点实施一年半的时间,共抵退税金达 150 亿元。海关总署、国家质检总局出台政策措施,推动简化通关环节、提高通关效率,推进区域通关改革。有关部门认定郑州等 22 个地区为加工贸易梯度转移重点承接地,认定合肥、长沙为"中国服务外包基地城市",南昌高新区为"中国服务外包示范区"等。在比照实施西部大开发政策方面,对中部地区 243 个欠发达县(市、区)在加大财政转移支付、加大建设资金投入、提高中央投资补助标准、加大对粮食生产支持力度、增加扶贫开发投入、实施土地复垦和矿产资源勘察等方面比照西部大开发有关政策,给予大力支持。如对农村义务教育阶段学生学杂费和提高农村义务教育阶段中小学公用经费保障水平所需资金,243 个比照县中央与地方分担比例比照西部地区 8:2 的标准执行。提高了农村沼气、农村劳动力转移培训、巩固退耕还林成果、城镇廉租房建设等方面的中央投资补助水平,对农村电气化县项目、农产品质量安全检验检测体系项目、农村饮水项目、大型灌区续建配套和节水改造项目、病险水库除险加固工程等的中央投资比例均提高到 80% 。基本完成了对安徽、江西、湖北、湖南等省大型排涝泵站的更新改造。加大"百村千乡"、"双百市场"等工程实施力度,并在金融信贷等方面对比照县给予一定倾斜。"两个比照"政策实施三年多来,比照市和比照县(市、区)得到了实实在在的好处,促进了比照地区经济社会全面发展。

(二)全面落实各项支持政策

按照中央 10 号文件的要求和国办函[2006]38 号明确的部门分工,贯彻落实中央 10 号文件工作由国家发展改革委牵头负责。几年来,国家发展改革委按年度汇总各部门、有关地区贯彻落实进度,加强督促检查,及时将汇总情况向国务院报告。总体来看,各部门纷纷出台促进中部地区崛起的具体政策,加大对中部地区的支持。国家发展改革委在安排中央预算内投资和审批核准重大项目时,努力向中部地区倾斜,重点围绕推动"三基地、一枢纽"建设,在中部地区实施了一大批重大交通能源水利等基础设施、产业发展、民生工程和节能环保项目,进一步加大了对就业服务基础设施、中小学校舍改造、医疗卫生机构、文化体育设施建设的支持,加大了对保障性住房、城市经济适用房、廉租房建设支持力度,加快推进棚户区改造,将扩大农村危房改造试点工程实施范围扩大到中部地区国家扶贫开发工作重点县和比照实施西部大开发政策有关县;组织实施资源型城市中央预算内投资专项,开展资源型城市可持续发展试点,扶持资源型城市尽快形成新的主导产业,加强矿区特别是采空区、沉陷区恢复治理;积极鼓励和指导晋陕豫黄河金三角地区开展区域协调发展试验,探索中西部欠发达地区区域合作新途径。财政部出台了多项针对中部地区的专项转移支付政策,在资金补助标准调整等方面加大支持力度。5 年来,中央财政对中部六省的一般性和专项转移支付力度不断加大,2006—2009 年,中央财政对中部六省的一般性转移支付合计 9637.5 亿元,年均增长 31.9%,中央补助资金占中部六省一般预算支出的 59.3%,比 2005年提高近 3 个百分点。2010 年,中央财政对中部六省均衡性转移支付1488 亿元,比上年增加 243 亿元,增长 19.5%。有关部门分两批将中部地区的淮北、铜陵、萍乡、景德镇、焦作、灵宝、孝义、黄石、大冶、潜江、钟祥、资兴、冷水江、耒阳 14 座城市纳入资源枯竭城市名单,中央财政对 14座城市进行财力性转移支付,并将财力性转移支付延长至 2015 年。教育部与湖北省合作开展了武汉城市圈教育综合改革实验区共建,与河南省合作开展了国家职业教育改革实验区共建工作。科技部在中部地区支持建设了一批国家重大创新基地和国家产业技术创新战略联盟,批复安徽省开展国家技术创新工程试点,推动武汉、长沙、合肥等7个城市开展创新型城市建设试点。工业和信息化部制定了中部地区钢铁、石化等重点行业结构调整方案和原材料工业结构调整优化升级方案,设立了一批国家新型工业化产业示范基地,还与山西省政府签署了《关于加快山西省工业转型发展,推进"两化"融合合作框架协议》。人力资源社会保障部在中部地区47个县开展了基层就业和社会保障服务设施建设试点工作。公安部出台了《关于加强中部地区流动人口管理与服务网络建设促进中部地区崛起的意见》。环境保护部支持郑州、合肥两个经济技术开发区建设国家生态工业园区。交通运输部积极推进中部地区"五纵九横"高速公路通道建设,实施了"千亿元改造工程"、"通达工程"和长江及主要支流航道整治工程。水利部重点支持中部地区水利工程建设,提高了比照县农村饮水安全、病险水库除险加固等项目中央补助标准。农业部加大了对中部地区耕地质量、粮食生产、畜牧水产业发展、市场体系建设、农民培训等方面的扶持力度,支持举办了中国中部(湖南)农业国际博览会。人民银行、银监会联合印发了《关于加快推进农村金融产品和服务方式创新的意见》,将中部六省列为试点地区,试点县(市、区)达到88个,增加对农村信用社的投入,完善小额贷款管理。海关总署、质检总局和中部六省签署合作框架协议,启动口岸跨区域战略合作项目,加强口岸大通关合作。税务总局积极落实农林产品初加工业所得暂免征收企业所得税政策。林业局在林业贴息贷款和国际金融组织贷款等方面对中部地区予以大力支持。此外,铁道部、国资委、能源局、民航局、扶贫办等部门也通过签署协议、备忘录等多种形式,加强对中部六省相关领域发展的指导和政策支持。

(三)研究制定推进重点领域工作的政策措施

1. 出台中西部地区承接产业转移的指导意见

改革开放以来,我国东部沿海地区利用率先开放和得天独厚的区位优势,抓住 20 世纪 80 年代国际劳动密集型产业向发展中国家转移、20 世纪 90 年代国际产业结构调整和转移、世纪之交加入 WTO 三大机遇,承接发展了大量以劳动密集型产业为主的加工工业,成为拉动我国经济增长的重要力量。近年来,国际国内产业分工深刻调整,推动东部沿海地区产业加快向中西部地区梯度转移,中西部地区积极主动地承接产业转移,取得了明显成效,但同时也存在发展环境有待优化、合作机制有待完善、转移秩序有待规范等问题。按照温家宝总理在十一届人大二次会议所作《政府工作报告》的要求,2009 年以来,国家发展改革委会同有关部门研究制定促进中西部地区承接产业转移的意见,明确了中西部地区承接产业转移的指导思想、基本原则和重点任务,提出了相应的支持政策,经国务院常务会议审议通过,2010 年 8 月 31 日,《国务院关于中西部地区承接产业转移的指导意见》(国发〔2010〕28 号)正式印发。《指导意见》提出,中西部地区承接产业转移工作,要深入贯彻落实科学发展观,紧紧抓住国际国内产业分工调整的重大机遇,以市场为导向,以自愿合作为前提,以结构调整为主线,以体制机制创新为动力,着力改善投资环境,促进产业集中布局,提升配套服务水平;着力在承接中发展,提高自主创新能力,促进产业优化升级;着力加强环境保护,节约集约利用资源,促进可持续发展;着力引导劳动力就地就近转移就业,促进产业和人口集聚,加快城镇化步伐;着力深化区域合作,促进要素自由流动,实现东中西部地区良性互动,逐步形成分工合理、特色鲜明、优势互补的现代产业体系,不断增强中西部地区自我发展能力。突出抓好 6 个方面的重点任务:一是因地制宜承接发展优势特色产业。各地要依托产业基础和劳动力、资源等优势,承接、改造和发展劳动密集型产业,建设劳动密集型产业接替区,大力承接发展能源矿产开发和加工业、农产品加工业、装备制造业、现代服务业、高技术产业,推动加工贸易转型升级,在承接中发展、在发展中提升,进一步壮大产业规模,加快产业结构调整,培育区域产业新优势,构建现代产业体系。二是促进承接产业集中布局。要加强统筹规划,促进承接产业集中布局,明确提出要优化产业布局,把产业园区作为承接产业转移的重要载体和平台,引导转移产业向园区集中,增强产业集聚能力,加强产业园区管理,促进产业园区规范化、集约化、特色化发展,合理调整产业布局,培育和壮大一批重点经济区(带),促进产业集聚发展。三是改善承接产业转移环境。要打破地区封锁,消除地方保护,提高行政效能,重点完善承接地交通基础设施、强化公共服务支撑、改善营商环境,加快构建便捷高效和综合交通运输体系,建立完善公共服务平台,规范招商引资行为,避免盲目投资和恶性竞争,切实保障投资者权益。四是加强资源节约和环境保护。必须将资源承载能力、生态环境容量作为承接产业转移的重要依据,严把产业准入门槛,推进资源节约集约利用,加大污染防治和生态保护力度,推动经济发展与资源、环境相协调。五是完善承接产业转移体制机制。进一步完善政府管理与服务,提高行政效能,推动区域合作向纵深发展,通过合作共建产业园区、设立承接产业转移示范区等方式,探索建立合作发展、互利共赢新机制。六是强化人力资源支撑和就业保障。要把承接产业转移与推动劳动力转移结合起来,加强职业技能培训、完善就业和社会保障服务、引进高层次人才,为承接产业转移和提升产业素质提供必要的人力资源和智力支持,实现产业向城市集聚、人口向城市集中,推动工业化和城镇化融合发展。

2. 制定促进中部地区城市群发展的指导意见

　　中部地区是我国人口和城镇比较密集的区域,目前已经初步形成了以武汉城市圈、中原城市群、长株潭城市群、皖江城市带、环鄱阳湖城市群和太原城市圈六大城市群为主的发展格局,在中部地区经济社会发展中具有举足轻重的地位。但中部地区城市群发展中也面临着中心城市辐射带动作用不强、资源要素整合有限、产业集聚度不高、创新能力较弱、城市间分工协作程度较低等突出问题。为促进中部地区城市群健康发展,2008年以来,国家发展改革委会同有关方面反复研究,出台了《关于促进中部地区城市群发展的指导意见》(发改地区[2010]967号)。《意见》以邓小平理论和"三个代表"重要思想为指导,深入贯彻落实科学发展观,加强规划引导,加大政策扶持,创新体制机制,着力优化空间布局,增强资源环境承载能力,加快一体化发展;着力加强自主创新,优化产业结构,提升产业发展水平;着力统筹城乡发展,促进人口集聚,有序推进城镇化;着力加强合作联动,构建优势互补、良性互动、特色突出、生态文明、协调发展新格局,推动形成"两纵两横"经济带。通过努力,不断壮大城市群经济实力,增强产业集聚能力,提高城镇化水平,把城市群建成支撑中部地区崛起的核心经济增长极和促进东中西部良性互动、带动全国又好又快发展的重要区域。《意见》明确了促进中部城市群健康发展的重点任务:一是加强城市群发展的规划引导。坚持规划先行,科学编制符合实际、各具特色的城市群发展规划,要明确各城市群发展的目标、发展重点、空间布局、产业结构、生态环境、重大基础设施配套和公共服务设施共建共享等重大问题,全面提升城市群功能和综合竞争力。二是进一步优化城市群空间布局。发挥区域中心城市的辐射带动作用,构建大中小城市和小城镇协同发展的现代城镇体系。优化城市群开发空间格局,促进产业向城镇集聚、人口向城镇集中,促进产业与城市融合发展,工业化与城镇化协调推进。支持开发区提升支撑能力,进一步完善基础设施和其他公用配套设施,鼓励有条件的开发区逐步向综合发展区域和城市新区转型。三是推动城市群产业结构优化升级。整合城市群产业资源,加强城市群之间产业分工协作,调整优化产业结构,着力构建特色鲜明的现代产业体系。强化城市群内部产业分工协作,注重产业配套与产业链延伸,促进产业互补发展和错位发展,实现合作共赢。发挥企业主体作用,促进产学研结合,深入实施技术创新工程,增强城市群自主创新能力。支持有条件的城市创建国家创新型城市。在城市群内选择国家级开发园区和具备一定基础和条件的省级开发园区,设立若干承接产业转移示范区,积极探索承接产业转移新模式。四是加快城市群一体化发展。清理和废除阻碍城市间要素和商品自由流动的规章制度,统一市场标准,打破行政壁垒,逐步建立健全区域性市场体系。推进基础设施一体化。加快城际间、城市群间综合交通运输通道建设,促进特大城市轨道交通系统建设,加强各种交通方式间相互对接。整合社会管理资源,完善社会管理制度,创新社会管理方式,构建公共事务协作管理、社会发展协同推进新格局,推进社会管理一体化。统筹城乡建设规划、城乡产业发展和城乡基础设施建设,探索建立全国城乡统一的户口登记管理制度,推进城乡教育一体化,完善城乡对口支援机制,推动城乡一体化。五是推进城市群集约发展和环境保护。统筹研究落实城市群土地利用政策。在切实保护耕地和基本农田的前提下,按照"总量不减少、用途不改变和质量有提高"的要求,探索实现耕地占补平衡的多种途径和方式,盘活城市群内现有土地资源,缓解用地供需矛盾。加快荒地、污染地改造。加强资源节约和综合利用,大力推进节能节水节材,全面推行清洁生产,加强资源综合利用,在城市群率先形成低投入、低消耗、低排放和高效率的经济发展方式。加大生态建设和环境保护力度,研究制定综合性环境功能区划,探索建立水陆一体化、区域一体化的环境功能分区体系,强化产业政策、环境影响评价制度、环境准入和污染物排放总量控制和环境标准的约束作用,加强水系、水域环境污染联防联控和综合治理。

与此同时,为发挥长江等重点内河航运功能,国家发展改革委会同有关部门研究制定了加快长江等内河水运发展的意见,2010 年底经国务院常务会议审议通过,以国发[2011]2 号印发。

二、基本形成以促进中部地区崛起
规划为核心的规划体系

(一)制定出台促进中部地区崛起规划

2008 年 3 月 5 日,温家宝总理在十一届全国人大一次会议所作的《政府工作报告》中明确要求编制促进中部地区崛起规划。据此,国家发展改革委会同中部六省人民政府和国务院有关部门开始了《促进中部地区崛起规划》的研究编制工作,经多次听取有关专家、部门和地方意见,前后历时一年半时间,于 2009 年 9 月 23 日经国务院第 130 次常务会议审议通过,2009 年 10 月 26 日,国务院以国函[2009]130 号正式批复该规划。《促进中部地区崛起规划》是继西部大开发"十一五"规划、东北地区振兴规划之后,国家从促进区域协调发展的战略角度出发,出台的又一重大区域性规划,对新形势下进一步实施促进中部地区崛起战略做出了全面部署,是指导中部地区经济社会发展的纲领性文件。规划明确了到2015年和到2020年中部地区崛起的主要目标,提出了8项重点任务:一是粮食生产基地建设。结合实施《全国新增1000亿斤粮食生产能力规划(2009—2020年)》,着力把中部地区打造成为高产稳产的粮食生产基地。到2020年,力争使中部地区粮食产量占全国粮食总产量的1/3。大力发展棉花、油料、畜牧、水产等特色优势农产品,加快农业结构调整;大力发展农产品深加工,提升农业产业化经营水平;支持农村"水电路气房"等民生工程,改善农村生产生活条件。二是能源原材料基地建设。加大山西晋北、晋中、晋东,安徽两淮,河南大型煤炭基地建设力度,加快煤层气开发利用;加快大型火电基地建设步伐,合理规划开发水能资源,积极发展新能源和可再生能源,稳步推进核电建设;加强三峡水电、山西煤电、安徽煤电等电源基地电力东送能力;加快钢铁、有色、石化、建材等优势产业的结构调整和布局优化,建设精品原材料基地。三是现代装备制造及高技术产业基地建设。大力发展机械制造、汽车及零部件、轨道交通设备和船舶制造产业;大力发展电子信息、生物、新能源和新材料、民用航空等高技术产业;加快以高新技术和先进适用技术改造传统制造业。四是综合交通运输枢纽建设。以郑州、武汉等省会城市为重点,加快全国性交通枢纽城市建设;加快客运专线、区域干线、地区开发性新线和城际客运系统建设,实施煤运通道扩能改造;加快高速公路建设,加强国道改造和干线公路省际断头路建设;提升武汉、长沙、郑州机场的枢纽地位,实施太原、南昌、长沙等机场改扩建、合肥机场迁建工程,积极推进建设新机场;以长江干线等高等级航道和主要港口为核心,完善内河水运体系;完善石油、天然气管网系统,建设若干地下储气库和煤层气管道;依托郑州、武汉等全国性和其他区域性物流节点城市,推进现代物流设施建设。五是重点地区发展。加快构建沿长江经济带、沿陇海经济带、沿京广经济带和沿京九经济带,形成支撑中部崛起、促进东中西协调发展的重要区域;大力发展武汉城市圈、中原城市群、长株潭城市群、皖江城市带、环鄱阳湖城市群、太原都市圈;支持老工业基地城市走新型工业化道路,推动资源型城市加快经济转型;加大对革命老区、民族地区和贫困地区的支持力度;支持重点旅游景区发展。六是资源节约和环境保护。加强耕地保护,提高水资源利用综合效益,提升矿产资源综合利用水平,积极发展循环经济,努力实现向低碳社会转型;加强大江大河及其主要支流源头区、重点水源涵养区、水土流失严重区、自然保护区、调水工程水源地等重要区域和生态敏感区、生态脆弱区的生态建设与保护;加强重点流域水污染防治和大气污染治理;加快大江大河大湖整治等。七是社会事业发展。巩固"普九"成果,推进义务教育均衡发展,大力发展职业教育,提高高等教育质量;推进重点文化设施建设,加强对文化遗产资源的挖掘、整理、保护,加快发展文化产业;完善医疗服务体系,促进基本公共卫生服务均等化;建立健全城乡公共就业服务体系,建立促进就业长效机制;进一步完善基本养老、医疗、失业、工伤、生育等社会保险制度,扩大覆盖范围,提高统筹层次和保障水平。八是体制改革和对外开放。深化行政管理体制改革、大中型国有企业改革,大力发展非公有制经济,加快建设公共财政体系;积极推进武汉城市圈、长株潭城市群"两型社会"综合配套改革试验区建设,鼓励和支持中部各省结合实际自主开展各类综合改革和专项改革试点;拓展开放平台,优化投资环境,推进全方位对外开放;加强与京津冀、长三角、珠三角和海峡西岸地区的合作交流,深化中部地区省际间合作。

规划颁布后,有关部门高度重视规划宣传贯彻和组织实施工作。《人民日报》、《经济日报》等中央主要新闻媒体刊登了规划稿和解读文章,规划全文在国家发展改革委门户网站发布,国家发展改革委会同有关部门出台了《促进中部地区崛起规划实施意见》,明确了贯彻实施规划的总体要求、工作目标、时间进度和主要任务。工业和信息化部、商务部、旅游局等部门出台了规划实施方案或重点领域专项规划。中部六省认真组织开展规划的学习宣传活动,先后出台或即将具体实施意见或方案。规划实施开局良好。

(二)编制出台重点地区区域规划

1. 鄱阳湖生态经济区规划。鄱阳湖生态经济区包括南昌、景德镇、鹰潭3市,以及九江、新余、抚州、宜春、上饶、吉安市的部分县(市、区),共38个县(市、区),国土面积为5.12万平方公里,占江西省国土面积的3/10,占江西省1/2的人口和60%以上的经济总量。鄱阳湖地区是长江三角洲、珠江三角洲、海峡西岸等重要经济板块的直接腹地,是中部地区正在加速形成的增长极之一。根据国务院领导批示精神,国家发展改革委会同国务院有关部门和江西省人民政府,组织编制了《鄱阳湖生态经济区规划》,2009年12月12日,国务院以国函[2009]145号批复该规划。鄱阳湖生态经济区的战略定位是全国大湖流域综合开发示范区、长江中下游水生态安全保障区、加快中部崛起重要带动区、国际生态经济合作重要平台,提出了近期和远期的发展目标,并明确了六大重点领域的发展方向和主要任务。一是要以湖体保护、滨湖控制、生态廊道建设为重点,建立流域综合管理体制,强化宏观管理和综合协调,统筹湖区及流域上下游、干支流的生态建设和环境保护,推进流域综合治理,提高环境容量和生态功能,增强可持续发展能力。二是要按照生态与经济协调发展的要求,改造提升传统产业,发展生态经济,努力构建以生态农业、新型工业和现代服务业为支撑的环境友好型产业体系。三是要坚持统筹布局、适度超前、安全环保、集约用地原则,加快水利、交通、能源和信息等重大基础设施建设,大力提升共建共享、互联互通水平。四是要以培育生态文化为先导,以打造绿色乡村、生态城镇为抓手,以改善民生为重点,努力构建生态文明社会。五是要充分发挥鄱阳湖生态经济区龙头作用,以长江、浙赣铁路和京九铁路为依托,以沿江、沿线城市为支撑,形成"干"字形区域发展格局,引领带动周边地区和革命老区加快发展。六是要创新体制机制,形成有利于生态与经济协调发展的体制环境,加强区域合作与国际交流,不断提升生态经济区发展水平。主要是:推进重点领域改革,深化行政管理体制改革、不断完善所有制结构、推进市场一体化;鼓励在生态环保方面先行先试,推动生态环保机制创新,探索建立绿色国民经济核算考评机制,建立健全生态环保长效机制;扩大开放合作,全面提升开放水平,切实加强与沿海发达地区和周边重点区域合作互动,积极推进国际生态合作。

2. 皖江城市带承接产业转移示范区规划。2008年1月,胡锦涛总书记视察安徽时作出重要指示,要求安徽"充分发挥区位优势、自然资源优势、劳动力资源优势,积极参与泛长三角区域发展分工,主动承接沿海地区产业转移,不断加强同兄弟省份的横向经济联合和协作"。根据党中央、国务院领导同志的要求,从2009年2月起,国家发展改革委会同国务院有关部门和安徽省正式启动规划编制工作。2010年1月12日,国务院以国函[2010]5号文正式批复该规划。皖江城市带包括合肥、芜湖、马鞍山、铜陵、安庆、池州、巢湖、滁州、宣城九市,以及六安市金安区和舒城县,2008年年底示范区国土面积、人口和地区生产总值分别占全省的54%、45%和66%。皖江城市带承接产业转移示范区的战略定位为合作发展的先行区、科学发展的试验区、中部地区崛起的重要增长极、全国重要的先进制造业和现代服务业基地,主要任务包括:一是优化产业承接与发展空间布局。依托长江黄金水道和良好的岸线资源,着力打造安庆、铜池枞、马芜巢三大产业组团,形成现代化大工业和物流业的重要集聚区域;以合肥、芜湖为"双核",发挥合肥作为省会城市、全国科技创新型试点市、综合交通枢纽的作用,强化芜湖作为皖江开发开放龙头的地位和重要节点城市的作用,进一步提升两市产业集聚和自主创新能力,增强服务功能,发挥辐射带动作用。以滁州和宣城市为"两翼",充分发挥其毗邻长三角、民营经济活跃等优势,着力打造为承接沿海地区特别是长三角产业转移的前沿地带。二是加强承接产业转移园区建设。按照布局优化、产业集聚、用地集约、特色突出的原则,加强现有开发区管理,加快转型升级,促进园区规范、特色化和集约发展,把开发园区建设成为承接产业转移的重要平台,强调通过创新园区合作共建机制,鼓励示范区与东部沿海地区合作共建开发园区,发展"飞地经济"。同时,为适应产业大规模、集群式转移趋势,在皖江沿岸适宜开发地区,依托中心城市,突破行政区划制约,充分发挥长江黄金水道的作用,高水平规划建设承接产业转移集中区,高起点承接沿海地区和国外产业转移。三是明确产业承接与发展重点。围绕承接产业转移和推动产业升级,实现在承接中发展、在发展中承接,构建包括装备制造业、原材料产业、轻纺业、高技术、现代服务业和现代农业六大产业在内的现代产业体系。同时,积极承接和发展金融、商贸物流、交通运输等现代服务业,提高产业协作能力。四是推动自主创新和产业结构优化升级。围绕产业承接发展重点,通过加快推进承接产业创新提升,培育发展创新型企业,积极构建创新服务平台,促进创新要素对接,着力完善自主创新体制机制,优化创新环境,支持合芜蚌自主创新综合试验区建设,构建开放型区域创新体系,促进产业结构优化升级。五是强化承接产业转移基础设施支撑。围绕承接产业转移,推进安徽交通、能源、水利、信息等方面的基础设施建设,构建示范区内互联互通的交通通信网络和示范区与长三角地区一体化发展的综合交通运输体系,为承接产业转移提供完善的基础设施支撑。六是加强资源节约和环境保护。把区域资源承载力和生态环境容量作为承接产业转移的重要依据,严禁国家明令淘汰的高能耗、高污染的落后生产能力转入,提高转移产业的技术含量,推进节能减排,促进资源节约集约利用,大力发展循环经济和低碳经济,合理开发利用长江岸线资源,强化污染防治,推进重大节能工程、资源节约和环境保护示范工程建设,实现人与自然和谐发展。七是推动区域联动发展。加强与长三角全面合作、鼓励和支持长三角地区优先向示范区转移产业、完善区域合作机制等重点工作,加强与沿海其他地区互动,进一步密切与中西部地区合作,同时强调要加强与省内其他地区的体制机制对接,实现安徽整体协调发展。八是创新体制机制。在突破行政区划界限、深化土地管理制度改革、试行有利于承接产业转移的环保政策、完善资源价格形成机制、建立适应转移企业发展需要的社会保障体系等方面先行先试。转变政府职能,规范政府行为,创新政府服务,着力提高行政效能;构建公平竞争的良好环境,完善法制环境,发展非公有制经济,扶持中小企业发展;完善社会管理与服务,大力发展职业教育和培训,完善社会保障体系,加强人才开发和就业服务,改革户籍制度。

(三)编制实施其他重点地区发展规划

中部六省也结合本地实际,制定并出台了一系列重点区域发展规划。如,湖北省出台了湖北长江经济带开放开发总体规划,明确了建设湖北长江经济带的重大意义和总体要求,提出了基础设施建设、现代产业密集带建设、新型城镇连绵带建设、生态文明示范区建设、体制机制创新、对外开放与区域合作等方面的重点任务,另外还制定了鄂西生态经济圈发展规划等。湖南、湖北两省还配合有关方面研究制定了武陵山区区域发展与扶贫攻坚规划。安徽省在制定皖江城市带承接产业转移示范区规划实施方案的基础上,抓紧研究淮北开发问题,推动形成区域联动发展格局。河南省开展了中原城市群发展规划编制,进而提出了建设中原经济区的战略构想。另外,晋陕豫黄河金三角三省四市积极开展区域协调发展综合试验探索,共同编制发展规划等。

(四)编制出台各类专项规划

国务院有关部门还结合职能,组织编制实施了一批专项规划。如,国家发展改革委会同有关方面正在研究制定《丹江口库区及上游经济社会发展规划》,经国务院批准并出台实施《湘江流域重金属污染治理实施方案》;国土资源部指导中部六省编制土地利用规划,开展了河南中原城市群、湖南长株潭城市群等国土规划试点工作;住房城乡建设部批复实施了湖南等省城镇体系规划,推动中部地区开展村镇规划试点;交通运输部编制实施了《促进中部地区崛起公路水路发展规划纲要》和《长江干线航道建设规划(2011—2015)》,推进"五纵九横"高速公路通道建设,实施"千亿元改造工程"、乡村"通达工程"和长江及主要支流航道整治工程;水利部编制实施了《中部四省大型排涝泵站更新改造规划》等一批专项规划,将中部地区139处大型排涝泵站、4531万农村饮水不安全人口、119处大型灌区、2600多座病险水库列入相关规划并给予重点支持;商务部实施"万商西进"工程,编制实施了《中国中部地区外商投资促进规划》;旅游局组织编制了《中部地区旅游发展规划》,有效整合开发中部地区旅游资源。

三、积极推动重点领域和关键
环节改革与体制机制创新

深化改革是消除发展瓶颈,推动中部地区科学发展、实现全面崛起的重要保障。5年来,有关部门和中部六省把破解制约中部地区发展的体制机制障碍、构建有利于科学发展的制度环境摆在突出位置,深入推进体制改革和对内对外开放。

(一)统筹开展农村各项改革

"十一五"时期,有关部门积极指导中部六省深入开展乡镇机构改革、农村义务教育经费保障机制改革、开展化解乡村债务改革试点,稳妥推进县乡财政管理体制改革,加快改革集体林权制度,积极探索土地流转制度改革,构建统筹城乡发展的体制机制。山西省选择2市10个县开展以乡镇机构改革、农村义务教育改革、县乡财政管理体制改革为主要内容的农村综合改革试点工作;在18个县开展集体林权改革试点工作。安徽省不断深化乡镇机构改革,推进扩权强镇改革试点,批准芜湖、马鞍山、铜陵、淮北、合肥、淮南等六市为省城乡一体化综合配套改革试验区。江西省全面集体林权制度改革。河南省确定在鹤壁、济源等7个市开展城乡一体化试点,积极推进重点县城新型城镇化试点。湖北省积极推进土地流转制度改革,推进土地流转和规模经营,截至2009年底,农村90%以上的行政村已经完成土地承包经营权登记工作,形成了代耕代种、转包、出租、转让、互换、入股等多样化的流转方式。

(二)全面推进国有企业改革

"十一五"时期,中部六省积极推进省属国有企业公司制股份制改革,实施兼并重组、主辅分离和困难企业政策性关闭破产,加快国有中小企业改制,优化国有经济布局,建立健全国有资产监管体制。山西省累计完成 102 户企业改制。安徽省先后完成了铜陵有色集团、高速公路总公司、省水建总公司 3 户省属企业公司制改造,在分离企业办社会职能方面取得突出进展。江西省省出资监管企业减少到 14 家,冶金、石化、纺织、物资、医药等 5 家原厅局转制而成的集团公司本部。河南省基本完成了国有工业企业投资主体多元化工作。湖北省全面完成 50 户大型国有企业和 100 户国有骨干企业的改制任务。湖南省完成了 1100 多家国有企业的改革任务,省属国有企业改革阶段性目标任务基本完成。

(三)不断深化财政体制改革

"十一五"期间,中部六省积极探索推进财税体制改革,理顺省以下财政体制,全面推进部门预算、国库集中支付、政府收支分类制度改革,一些改革走在全国前列。山西省制定出台调整规范省市县财政体制的方案,在 35 个国家重点扶贫开发县开展"省直管县"财政改革试点。安徽省制定省对下一般性转移支付办法,统筹处理省与市、市与县、直管县与非直管县、61 个县和 15 个县改区的关系。江西省在全省所有 80 个县市实行"省直管县"财政体制改革,在全省所有乡镇全面展开"乡财县管"改革。湖北省启动了基础数据库和项目库系统编制省直部门预算,全面推进政府采购资金的财政直接支付制度。湖南省基本完成财政"省直管县"体制改革主体工作。

(四)积极推进金融体制改革

"十一五"期间,中部六省不断推进地方金融改革创新,积极发展金融市场,整合地方金融资源,积极发展新型农村金融机构,创新农村金融产品和服务方式。山西省设立了省政府资本市场发展办公室,制定了

《山西省加快资本市场发展的实施意见》。安徽省在全国率先重组城市商业银行、城市信用社,组建了徽商银行,强力推进农村信用社改革,成立中西部地区第一家农村商业银行和全国第一家由省会城市农村信用社重组而成的股份制商业银行以及全国首家地级市农村商业银行。江西省创新信贷扶持措施,扩大小额担保贷款政策扶持范围,成为全国农村小额人身保险第一批试点省份。河南省完成了144家农村信用社县级联社统一法人工作,开展了国家区域性(河南)中小企业产权交易市场试点。湖北省积极推进武汉区域金融中心建设,推动建立了一批村镇银行。湖南省成立了首家省级区域性商业银行华融湘江银行。

(五)建立健全有利于资源节约和环境友好的体制机制

2008年,国务院分别以国函[2008]84号和国函[2008]123号文批复了《关于武汉城市圈资源节约型和环境友好型社会建设综合配套改革试验总体方案》和《关于长株潭城市群资源节约型和环境友好型社会建设综合配套改革试验总体方案》。根据批复要求,湖北省启动梁子湖流域生态保护工程,建立了汉江中下游流域和梁子湖流域生态补偿机制,在钢铁、建材、化工、电力等重点行业探索循环经济发展方式,在全国率先建立了区域性废物回收网络——武汉城市圈废电池回收网络,启动主要污染物排污权交易试点。湖南省在全国率先编制了"两型"社会建设统计评价指标体系,面向社会公开发布试行两型产业分类、两型企业、两型园区、两型县、两型镇、两型农村等六大标准,制定绿色建筑评价标准以及绿色道路设计导则等五个地方技术标准,初步建立试验区节能减排标准体系,将国家主体功能区划分的单元从县区细化到乡镇,对"四区"实行精准管治,对生态绿心实施"土地先行冻结—高层次规划—保护性开发"的模式。山西省从2006年开始积极推进煤炭工业可持续发展试点工作,2007年山西被列为第二批全国循环经济示范试点省,2010年山西被列为全国三个循环经济统计试点省之一,2010年12月,国务院同意设立山西资源型经济转型综合配套改革试验区。安徽省深入推进电价形成机制改革,实行城乡用电和工商用电同价,在全国率先开展电力直接交易试点。江西省以鄱阳湖生态经济区建设为契机,探索建立环鄱阳湖地区绿色 GDP 核算考核机制,积极推进东江源和鄱阳湖湿地生态补偿试点。

(六)有序推进行政管理体制改革

"十一五"时期,中部六省推进政府机构改革,着力转变政府管理职能。山西省进一步理顺煤炭工业管理体制,将省煤炭工业局由部门管理机构调整为政府直属机构,对煤炭工业的管理体制和煤炭安全管理的职能进行了调整。安徽省扩大县级经济社会管理权限试点并不断拓展范围,在全省 61 个县市全面推开,下放管理权限 287 项;选择 150 个镇开展扩权强镇试点,下放部分行政审批和执法权。江西省精简省级行政许可项目 295 项,精简省级投资项目审批事项 84 项。河南省各部门共加强社会管理和公共服务等方面的职能 132 项,取消、下放和转移职能 108 项。湖南省颁布施行我国首部系统规范行政程序的地方规章——《湖南省行政程序规定》。

四、大力推进"三基地、一枢纽"建设

中发[2006]10 号文件明确提出,中部地区要建设成为全国重要的粮食生产基地、能源原材料基地、现代装备制造及高技术产业基地和交通运输枢纽。5 年来,有关部门大力支持产业发展和重大基础设施建设,"三基地、一枢纽"建设稳步推进,民生明显改善。

(一)支持粮食生产基地和现代农业建设

1. 加强粮食生产基地建设。2008 年,国务院批准实施河南省粮食生产核心区规划;2009 年,全国新增千亿斤粮食生产能力规划出台,中部六省共 264 个县列入规划。按照成片开发、整体推进的原则,加快田间工程建设,2010 年六省落实高标准农田建设任务 444 万亩,累计建设种子工程、植保工程、农业综合开发等305个项目。安排农作物良种补贴211亿元,水稻、小麦、玉米、棉花良种补贴实现了全覆盖,油菜良种补贴在安徽、湖北、湖南、江西4省实现全覆盖。2009年以来,中部地区已有226个县(市、区)列为全国小型农田水利重点县,安排中部六省节水灌溉增效示范项目126个。

2. 着力改善农业生产条件。大力加强棉油生产基地和旱作节水农业示范基地建设,落实中央投资5.78亿元,推进棉油等作物生产条件的改善。"十一五"期间,国家累计安排中央投资51亿元,支持中部地区畜禽良种工程、动物防疫体系、生猪和奶牛标准化规模养殖小区(场)项目建设,建设标准化示范场418个。共安排中央资金1.57亿元,实施水产养殖良种工程、养殖生态环境修复示范、农业综合开发等项目164个,创建农业部水产健康养殖示范场547个,建设内陆渔港3个,改善了渔业生产管理和服务条件。

3. 加强农业科技创新体系建设。开展了118个公益性行业(农业)科研专项研究,部署72个科学研究与中试、示范、产业化项目,支持农产品产业技术体系建设。安排"948"项目59个,支持柑橘、油菜、水生蔬菜等农作物种质资源及其先进分工育种技术或其相关栽培、加工技术的引进。实施农业科技入户工程,建设了96个科技入户示范县,选择和培育了9万个科技示范户。实施农技推广示范县项目,建设207个农技推广示范县。大规模开展高产创建,支持建设2590个粮棉油万亩创建示范片。大力开展农业科技、农村劳动力转移就业以及农业服务和农村社会管理培训,培训农民660万人。

4. 加强农业市场信息体系建设。先后认定中部地区65家农产品批发市场为农业部定点市场,支持中部地区发展连锁经营、电子商务等新型流通业态。加强信息服务,建立省、市、县、乡农业系统信息网站,加大对中部地区特色优势农产品的宣传推介力度,开拓国内外市场。支持举办中国中部国际农博会、山西特色农产品北京展销周、全国农产品加工业东西合作投资贸易洽谈会等国际国内农业会展活动,推动培育区域性农业会展品牌,鼓励搭建农产品贸易平台。支持开展农产品产销对接。

5. 加强农业资源环境保护。加强耕地特别是基本农田保护,严格基本农田占用审批程序,建立耕地占用补偿及质量验收制度,全面落实基本农田保护的建档立制及检查制度。深入实施测土配方施肥、土壤有机质提升、耕地地力调查等项目。支持中部地区大力开展野生大豆等农业野生植物资源调查、农业野生植物原生境保护区(点)建设及防治农业外来入侵生物监测。

(二)推进产业结构优化升级

1. 支持传统产业调整升级。指导中部六省落实国家钢铁、石化等产业调整振兴规划,安排中央专项资金支持山西太钢不锈钢无缝钢管生产线等一批项目升级改造。核准湖南华菱钢铁集团有限公司与安赛乐米塔尔合资建设汽车板和电工钢等一批重大项目。5 年共安排重点产业振兴和技术改造中央预算内投资 22 亿元,支持中部地区中小企业改造。利用老工业基地调整改造等产业结构调整专项资金支持中部地区相关项目。将安徽铜陵经济开发区铜及铜材加工等 15 个产业基地纳入国家新型工业化产业示范基地。

2. 大力发展高技术产业与战略性新兴产业。5 年共安排 103 亿元科技专项资金支持中部地区 11229 个高科技项目建设。支持新建国家重点实验室 22 个,省部共建国家重点实验室培育基地 13 个,国家工程技术研究中心 16 个。批准安徽省为首批国家技术创新工程试点省,合肥、洛阳、长沙、武汉、太原、南昌、景德镇 7 市为国家创新型试点城市,批复洛阳高新区和合肥高新区开展创新型科技园区建设试点工作,批复新建太原经济技术开发区新材料、九江玻璃纤维及复合材料等一批国家高新技术产业化基地,认定长株潭地区、郴州市两个高技术服务产业基地。支持建立了冶金矿产资源高效开发利用产业技术创新战略联盟等 8 个产业联盟,积极推动安徽铜基新材料区域特色产业链建设。经国务院批准,安徽安庆、马鞍山、江西九江、赣州、井冈山、湖北黄石、武汉吴家山和湖南岳阳 8

个省级经济技术开发区升级为国家级经济技术开发区。安徽芜湖、蚌埠,江西新余、景德镇,河南安阳、南阳,湖北宜昌、江门,湖南湘潭9个省级高新技术产业开发区升级为国家级高新技术产业开发区。

3. 促进服务业加快发展。认定武汉、合肥、南昌、长沙等服务外包示范城市。指导中部地区发展创业投资,安排国家服务业发展引导资金6.28亿元,支持中部地区项目470个。安排中央预算内投资3.64亿元支持142个物流业重点项目建设。安排旅游基础设施投资7.3亿元,支持旅游景区道路等基础设施建设。支持中部地区先后在长沙、郑州、武汉、合肥、南昌举办5届中国中部投资贸易博览会,支持举办中国国际煤炭与能源新产业博览会;设立郑州新郑综合保税区和武汉东西湖等一批保税物流中心,认定合肥、长沙为中国服务外包基地城市,郑州等22个城市为第二批加工贸易梯度转移重点承接地;批准黄山市扩大开放。

(三)加强重大基础设施建设

1. 交通基础设施。铁路方面,2006—2010年,中部地区铁路基本建设完成投资5076亿元,占全国铁路总投资的25.6%,是"十五"投资的7.4倍。建成了武汉至广州、郑州至西安、北京至上海客运专线,石家庄至太原、合肥至南京、合肥至武汉、宜昌至万州快速铁路,太原至中卫、宜昌至万州、重庆至怀化、洛湛铁路南段、大秦铁路扩能工程、侯月扩能、包西通道等区际干线和煤运通道,井冈山铁路、衢州至长沙、铜陵至九江等开发性新线;开工建设了北京至石家庄至武汉、郑州至徐州、杭州至长沙至昆明、蚌埠至合肥至覆舟、武汉至宜昌、重庆至利川、大同至西安等客运专线,赣州至龙岩扩能、赣州至韶关、娄底至邵阳、衡阳至茶陵至吉安、阜阳至六安、宿州至淮安、太原至兴县等铁路项目。建成了南昌至九江城际铁路,开工建设了长沙至株洲至湘潭、郑州至开封、郑州至焦作、武汉至黄石、武汉至孝感、武汉至咸宁、南京至安庆等城际铁路。完成了郑州、长沙、南昌、合肥、太原等枢纽改造。民航方面,5年共安排机场建设项目民航专项基金35亿元,占全国的15.6%,实施南昌、郑州、武汉、长沙、太原等 5 个中部干线机场和黄山、景德镇、洛阳、张家界等 12 个支线机场的改扩建工程,开工建设了大同、南昌机场、阜阳改扩建和吕梁、九华山、神农架等新建机场等 17 个项目,机场基础设施得到较大改善。公路方面,5年共安排中部地区中央投资 1389 亿元,其中中央预算内拨款 106.5 亿元、车购税 1282.8 亿元,支持国道主干线建设,大力推进高速公路“断头路”项目建设,加快农村公路建设。水运方面,5 年安排中央投资 24.9 亿元,继续推进长江黄金水道建设,批复武汉新港、宜昌港、合肥港、芜湖港、蚌埠港、南昌港总体规划。

2. 能源基础设施。一是稳步推进大型煤炭基地建设。批复山西潞安、晋城、阳泉、大同、离柳、河南平顶山等 13 个矿区总体规划,规划建设总规模 9.6 亿吨/年。核准山西同忻煤矿、河南赵家寨煤矿、安徽板集煤矿等 31 个煤矿,总规模 1.1 亿吨/年。鼓励山西、河南积极开发利用煤层气资源。推进煤矸石电厂建设与煤矸石综合利用,核准中部地区煤矸石电厂项目 10 个,新增装机规模 388 万千瓦。二是加大油气资源勘探开发与管网建设力度。积极开展油气资源勘探开发,促进中部地区石油稳产增储。截至 2010 年,中部 6 省新增油气管网部里程约 8500 公里。加强储气库存建设,支持炼化产业发展。三是有序建设水电和抽水蓄能电站。开工建设湖北渌水江坪河、堵河潘口、三峡地下电站、湖南沅水托口水电站 4 个大型水电项目,建成投产了水布垭水电站、柘溪水电站扩建工程等项目,开工建设了安徽响水涧、佛子岭,江西洪屏、湖南黑麋峰二期四个抽水蓄能电站。四是加快开发利用新能源。实施金太阳示范工程和太阳能光电建筑应用示范工程,公布了首批 13 个光伏发电集中示范区。五是加强电网和电源建设。开工建设 220 千伏及以上输电线路 3.4 万公里,变电容量 1.8 万千伏安,开工建成山西晋东南至湖北荆门的 1000 千伏特高压交流试验示范工程。核准中部六省火电项目 110 个,合计建设规模约8141 万千瓦,核准中部六省热电联产项目 1426 万千瓦。

3. 水利基础设施。一是推进重大江河治理工程建设。全面建成包浍河初步治理、淮河中游临淮岗洪水控制等 15 项治淮骨干工程。实施长江荆江河段河势控制、"两湖"治理、黄河标准化堤防建设工程。全面完成长江干堤加固工程。二是加快推进病险水库(闸)除险加固。完成病险水库除险加固项目2689座,总投资274亿元。支持9000个重点小型水库改造。三是加强山洪灾害防治。将中部六省28个县列入全国山洪灾害防治试点。启动了147个县山洪灾害防治非工程措施建设。四是大力加强农村水利建设。对119处大型灌区实施了续建配套与节水改造,对171处大型灌溉水泵站进行了更新改造,在226个县开展了小型农田水利重点县建设。安排大型灌区续建配套与节水改造资金49亿元。安排中央财政小型农田水利设施建设补助专项资金支持2202个小型农田水利及节水灌溉增效项目。安排中央投资3.99亿元支持119个县的水电农村电气化项目建设。建设小水电代燃料项目90个。

4. 生态环境建设。一是林业基础设施水平得到提高。积极推进天然林资源保护工程,将山西、河南、湖北三省纳入实施范围,安排公益林建设任务143.2万公顷。安排中央资金400亿元,完成中部六省退耕还林任务1830万亩。继续推进"三北"防护林、长江流域防护林、珠江流域防护林、太行山绿化、全国平原绿化五个防护林工程,完成营造林98万公顷。开展了57个自然保护区基础设施建设。二是加强重点区域综合治理。稳步实施水土流失综合治理工程。继续加强小流域治理、坡耕地水土流失综合整治、丹江口库区及上游水土流失防治、首都水资源、京津风沙源、晋陕蒙砒砂岩、黄土高原淤地坝等水土保持重点生态工程建设。继续在山西省推进京津风沙源治理工程,实施了湖南、湖北两省共10个石漠化县岩溶地区石漠化综合治理工程。实施湿地保护与恢复项目24个,建设湖北大九湖等国家湿地公园49处。三是进一步加强环境保护。安排中央预算内投资119亿元,支持了1067个城镇污水垃圾处理设施建设项目。组织实施淮河、松花江、三峡、丹江口、黄河中上游等重点流域水污染防治规划确定的重点治理工程。支持湖北省三峡库区重点流域水污染防治项目49个,丹江口库区重点流域水污染防治项目62个,支持淮河重点流域水污染防治项目214个。

（四）着力改善民生

1. 教育领域。5 年共安排中部地区 185.1 亿元专项资金,先后实施了农村寄宿制学校建设工程、现代远程教育工程、中西部农村初中校舍改造工程、中小学校舍安全工程、中小学薄弱学校改造计划等一系列义务教育专项工程。安排中部六省 39.5 亿元,支持 1286 所县级职教中心和示范性中等职业学校 429 个实训基地的建设。实施高等学校本科教学质量与教学改革工程,批准建设了 90 个国家级实验教学示范中心,安排中部地区 17 所高校重点学科建设项目 170 项、创新人才培养和队伍建设项目 34 项,新增布局了教育部工程研究中心 53 个。实施中小学教师国家级培训计划,累计培训中部六省中小学教师 72 万余人,实施农村义务教育阶段学校教师特设岗位计划培训教师 4.2 万人。

2. 卫生领域。"十一五"期间,共安排中央专项资金 159 亿元,支持 15841 个卫生基础设施项目建设。开展"万名医师支援农村卫生工程",投入 3.8 亿元对口支援中部地区 151 个项目县和 906 个乡镇卫生院。培训县级和地市级卫生局局长 600 人次,招聘乡镇卫生院执业医师 1300 名,培训县级骨干医师 6000 名。中央财政累计支持中部地区免疫规划项目经费 25.22 亿元,在艾滋病、结核病、血吸虫病防控方面分别投入 18.1 亿元、8.1 亿元和 12.68 亿元。累计投入中央财政资金 420 多亿元,支持中部地区推进新型农村合作医疗制度建设。

3. 文化领域。有关部门共安排专项资金约 28 亿元,支持中部地区实施全国文化信息资源共享、流动舞台车、非物质文化遗产保护、乡镇综合文化部建设、城市社区文化中心设备购置等重大文化工程项目,安排资金量占全国的 28%。积极推进中部地区文化人才队伍建设,加大培育资金支持。加强中部地区大遗址保护、国家考古遗址公园、博物馆建设和世界遗产申报管理,积极支持中部地区开展非物质文化遗产保护。加强对中部地区文化产业基地园区的规划、认定、调整和指导工作,累计命名 29 个国家文化产业示范基地、1 个国家级文化产业示范园区、1 个国家级文化产业试验园区。

4. 农村基础设施领域。安排中央投资 166. 23 亿元累计建设集中供水工程 4. 74 万处、分散供水工程 7. 26 万处,解决了 6153 万农村人口的饮水安全问题,解决了 5987 万农村居民和 165 万农村学校师生农村饮水安全问题。实施农网完善和改造升级工程,基本解决了无电人口用电问题。支持中部地区改善农村交通条件,基本实现了建制村通沥青(水泥)路的目标。安排中央投资 54. 35 亿元,建设 372. 8 万户户用沼气、8661处养殖小区及联户沼气、910 处大中型沼气和 2. 06 万个农村乡村服务网点。启动实施了国有林场危旧房改造工程,改造国有林场危旧房 5. 85 万户。开展扩大农村危房改造试点工程建设,将中部地区比照实施西部大开发的 243 个县纳入试点范围,安排中央补助资金 22. 73 亿元,支持改造农村危房 40. 24 万户。

4. 保障性安居工程领域。安排保障性住房建设和棚户区改造补助资金约 390 亿元,支持中部地区大力发展廉租住房和公共租赁住房,全面启动城市和国有工矿等各类棚户区改造,有序推进经济适用住房和限价商品住房建设,改善了 300 多万户城市低收入家庭居住条件。推进住房公积金贷款支持保障性住房建设,将中部地区 5 个城市、20 个项目纳入试点。

五、建立健全促进中部地区崛起工作机制

按照中央 10 号文件的要求,经中央编办批准,2007 年,在国家发展改革委设立国家促进中部地区崛起工作办公室,牌子加挂在地区经济司,并增加人员行政编制,在地区经济司增设中部地区发展处和中部地区政策体制处两个专门处室。国家促进中部地区崛起工作办公室的职责是协调落实促进中部地区崛起战略、规划和重大政策,提出中部地区经济结构调整、生态环境保护以及重大项目布局的建议并协调实施;研究提出中部地区深化改革、扩大开放和引进国内外资金、技术、人才的政策建议;推进中部地区内外合作与相关机制建设。时任国家发展改革委主任马凯兼任

国家促进中部地区崛起工作办公室主任,国家发展改革委副主任杜鹰和国家发展改革委地区经济司司长范恒山兼任国家促进中部地区崛起工作办公室副主任。

为进一步加强对促进中部地区崛起工作的组织协调,2008 年 1 月,国务院以国函[2008]2 号正式批准建立促进中部地区崛起工作部际联席会议制度。联席会议由发展改革委、教育部、科技部、财政部、国土资源部、建设部、铁道部、交通部、水利部、农业部、商务部、人民银行、国资委、海关总署、税务总局、环保总局、民航总局、林业局 18 个部门和单位组成,主要任务是贯彻落实党中央、国务院的重大部署,研究有关重大问题,协调重大政策,推进部门间沟通与交流。联席会议总召集人由发展改革委主任担任,召集人由发展改革委主管副主任担任,联席会议日常工作由国家促进中部地区崛起工作办公室承担。2008 年 3 月,促进中部地区崛起工作部际联席会议第一次会议在京召开,总召集人马凯主任作重要讲话,研究部署了有关重点工作。几年来,各成员单位及时加强沟通协调,各有关部门认真履行职责,共同开创了促进中部地区崛起的良好工作局面。

与此同时,促进中部地区崛起各项工作机制也逐步完善。一是在联席会议领导下,有关部门在重大规划编制、重大政策制定、重大项目安排和重大改革试点等方面加强合作,逐步形成了重大事项和年度工作安排协商合作机制。二是按照国办函[2006]38 号明确的部门分工,有关部门认真履行职责,每年向国家发展改革委报送促进中部地区崛起工作进展,逐步形成了各部门定期报送年度工作计划和工作进展、由国家发展改革委汇总分析上报的工作跟踪机制。三是国家促进中部地区崛起工作办公室主办了《促进中部地区崛起工作简报》,及时通报党中央、国务院有关促进中部崛起的最新精神,反映各部门、中部六省工作进展,逐步形成了以此为平台、上传下达重要信息的信息沟通机制。四是国家发展改革委与武汉大学合作,成立了武汉大学中国中部发展研究院,研究院设理事会,国家发展改革委副主任杜鹰任理事长,武汉大学党委书记顾海良(后改为李健)担任常务副理事长,国家发展改革委地区经济司司长范恒山及武汉大学一位副校长任副理事长,研究院积极开展重大理论研究和政策咨询等相关工作。与此同时,中部六省有关大学和科研机构也相应成立了中部崛起的研究咨询机构,逐步形成了中部崛起的决策咨询和智力支撑机制。五是中部六省从2007年起每年轮流举办中部发展高层论坛,党政主要领导和国务院有关部委领导参加,国家发展改革委每年召开促进中部地区崛起工作座谈会和不定期举办有关专题研讨会,听取地方的意见和建议,逐步形成了以中部发展高层论坛、工作座谈会等为载体,有关部门和中部六省之间、中部六省内部相互沟通交流的合作交流机制。六是社会力量广泛参与促进中部地区崛起工作,营造了全社会关注中部、支持中部的良好氛围,形成了"同频共振"的协同推进机制,为中部地区经济社会发展提供了强大动力和重要支撑。

第二章 "十一五"促进中部地区崛起取得显著成效

"十一五"是实施促进中部地区崛起战略的 5 年,也是中部地区发展极不平凡的 5 年。面对复杂多变的国内外环境特别是国际金融危机冲击的严重挑战,在党中央、国务院的正确领导下,在中部六省广大干部群众共同努力下,在有关部门的大力支持下,中部地区深入贯彻落实科学发展观,抢抓机遇,乘势而上,加快发展的积极性、主动性和创造性不断增强,发展活力竞相迸发,呈现出经济社会快速发展、社会全面繁荣进步、人民生活明显改善的良好局面,为保持全国经济平稳较快发展作出了重要贡献,中部地区在全国区域发展格局中的地位进一步提升,改革开放和社会主义现代化建设取得新的重大成就。

一、经济平稳较快发展,综合实力进一步增强

(一)经济保持快速增长

"十一五"期间,中部六省地区生产总值年均实际增长 13% ,比"十五"时期加快两个百分点(见图 1-1)。2007 年,GDP 增速达到 14.3% ,仅次于改革开放后最高的 1984 年和 1993 年。2008 年,受百年不遇的国际金融危机的巨大冲击和影响,经济增速一度回落到 12.2% 。面对严峻的形势,中部六省按照党中央、国务院的战略部署,坚持实施应对国际金融危机的一揽子计划和政策措施,较快扭转了经济增速下滑的势头,实现了企稳回升。2009 年增速回升到 12.6% ,2010 年进一步回升至 13.8% 。

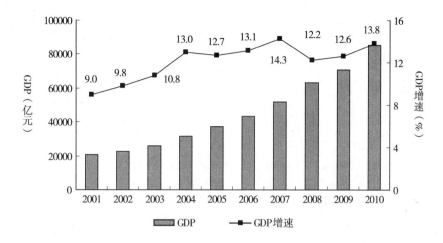

图1-1 2001—2010年中部地区GDP增长情况

(二)经济总量迈上新台阶

2010年,中部六省实现地区生产总值8.5万亿元,与2005年相比翻了一番,经济总量占全国的比重从2005年的18.8%提高到2010年的19.7%,遏制了从20世纪90年代后期以来占比持续下滑的态势,为全国经济整体实力的提升作出了重要贡献。六省中,河南省地区生产总值2010年突破2万亿元大关,达到2.29万亿元,列全国第5位、中西部地区首位;湖北、湖南两省于2008年,安徽省于2009年也迈进"万亿元"俱乐部;山西、江西两省经济总量均超过9000亿元(见表1-1)。

2010年,中部地区人均生产总值达到2.4万元,是2005年的2.3倍,扣除价格因素,年均实际增长12.7%,比"十五"时期年均增速快2.3个百分点,人均生产总值占全国平均水平的比重由2005年的67.1%提高到2010年的72%,提高了近5个百分点(见图1-3)。

表1-3　2005—2010年中部地区分省GDP增长情况（单位：亿元）

	2005	2006	2007	2008	2009	2010
山西省	4231	4879	6024	7315	7358	9088
安徽省	5350	6113	7361	8852	10063	12263
江西省	4057	4821	5800	6971	7655	9435
河南省	10587	12363	15012	18019	19480	22943
湖北省	6590	7617	9333	11329	12961	15806
湖南省	6596	7689	9440	11555	13060	15902
中部地区	33411	43482	52970	64041	70577	85437

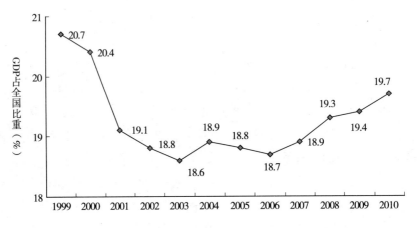

图1-2　1999年以来中部地区GDP占全国比重情况

（三）主要经济指标普遍快速增长

2010年，中部地区财政收入、城镇固定资产投资、社会消费品零售总额占全国的比重分别比2005年提高0.2、4.7、0.5个百分点；地方财政收入达到6804亿元，较2005年增长2倍，年均增长73.4%，财政支出15004亿元，较2005年增长3.2倍，年均增长78.4%，地方人均财政支出4214元，是2005年1339元的3.1倍；全社会固定资产投资62894亿元，是2005年的4倍，年均增长31.3%，5年累计完成固定资产投资19.8万

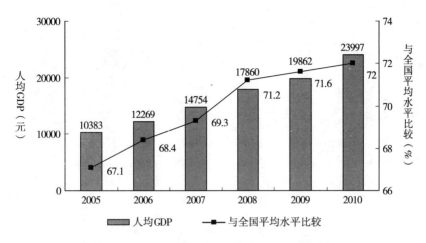

图1-3 "十一五"时期中部地区人均 GDP 增长情况

亿元,为经济社会发展提供了有力支撑。全社会消费品零售总额达到30780 亿元,是 2005 年的 2.3 倍,国内需求对经济增长的贡献率大幅提高,2006—2010 年,国内需求对中部地区经济增长的贡献率分别为83.7%、87.7%、93.1%、108.1%和109.6%,有力地支撑了中部地区经济增长(见图 1-4、1-5、1-6 和 1-7)。

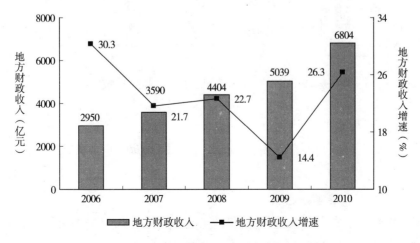

图1-4 "十一五"时期中部地区财政收入增长情况

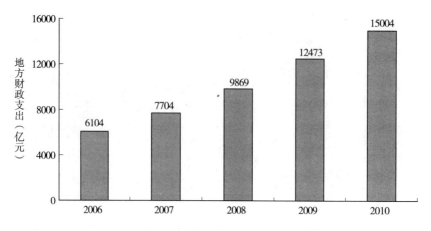

图1-5　"十一五"时期中部地区财政支出增长情况

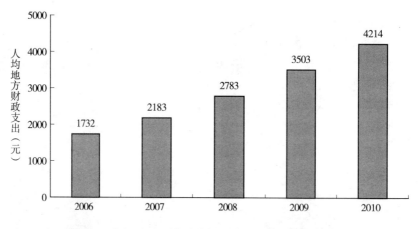

图1-6　"十一五"时期中部地区人均财政支出增长情况

二、粮食生产基地地位巩固,现代农业不断发展

(一)粮食连续稳定增产

中部六省中,除山西省外,安徽、江西、河南、湖北、湖南五省均为全国粮食主产区。近年来,得益于中央一系列强农惠农政策,中部地区粮食作

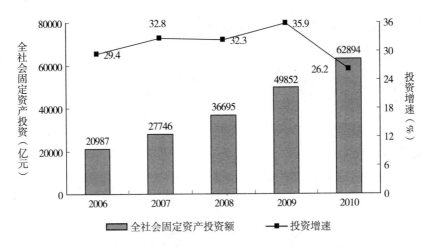

图1-7 "十一五"时期中部地区全社会固定资产投资增长情况

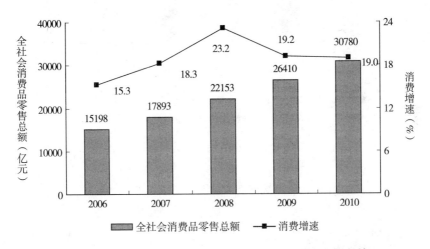

图1-8 "十一五"时期中部地区全社会消费品零售总额增长情况

物面积稳步增加,粮食单产进一步提高,粮食生产连年丰收。2010年,中部地区粮食播种面积4.82亿亩,较2005年增长4%;粮食产量16721万吨,较2005年增长13%,增产1006万吨,实现了2004年以来连续7年增产,占全国粮食总产量的比重由2005年的30.5%提升到30.7%,全国重要粮食生产基地地位进一步巩固。其中,河南省粮食产量增幅最多,达到

855万吨,总产创5437万吨的历史最高纪录,占全国粮食产量的1/10,连续5年超千亿斤,连续11年居全国首位;安徽、江西、湖南、湖北、山西分别增产476万吨、198万吨、169万吨、139万吨和107万吨。中部地区为保障国家粮食安全作出了巨大贡献。

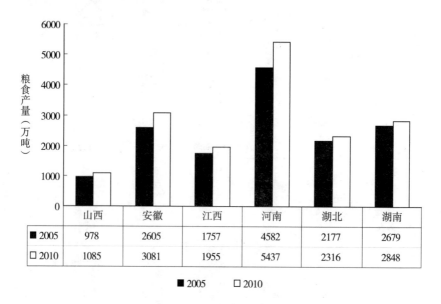

	山西	安徽	江西	河南	湖北	湖南
■ 2005	978	2605	1757	4582	2177	2679
□ 2010	1085	3081	1955	5437	2316	2848

■ 2005　　□ 2010

图1-8　2005年与2010年中部六省粮食产量对比

(二)农业结构进一步优化

1. 主要农产品产量明显增加。油料作物加快发展,2010年六省油料产量达到1393.52万吨,占全国的43.02%,比2005年增长11.25%,其中湖北油菜籽播种面积、总产连续15年居全国第1位。蔬菜、水果生产迅速发展,2009年蔬菜、水果产量分别达到16207.95万吨和5362.1万吨,比2005年增长8.67%和25.29%。畜牧业健康发展,2010年,肉、蛋、奶产量分别达到2448万吨、860.83万吨、437.87万吨,分别比2005年增长12.19%、6.3%、59.28%。水产养殖进一步发展,2010年六省水产品产量达到1020.5万吨,占全国淡水养殖产量的40%。棉花、糖料等经济作物也实现了稳定增产。

2. 优势农产品区域布局进一步优化。农产品基地建设由过去的"一村一品",逐步转向按气候资源条件、按区域、流域连片发展,农业产业带逐步形成,进一步推动了中部地区农业专业化和规模化。长江流域水稻、黄淮海和长江中下游小麦、长江流域和黄河流域棉花、长江中游油菜、长江中下游生猪、长江流域出口水产品优势养殖、山西晋南和晋中、河南西部黄土高原苹果优势区、赣南—湘南、鄂西—湘西柑橘带、湖南和江西油茶产区等优势产业带都得到进一步提高。

3. 农业生产科技水平不断提高。农业生产科技化水平是现代农业的鲜明特征。中部地区粮食单产大幅提高,由 2005 年的 640 斤提高到 2010 年的 694 斤,增长 8.1%。农产品优质化率进一步提高。2010 年,中部地区"三品一标"产品达到 10512 个,比 2005 年提高 109.32%。粮食、油料等农产品优质率显著提高,其中,河南省小麦、玉米、水稻的优质率分别达到 71%、82% 和 94%,比 2005 年提高 9.6 个、14.6 个和 18.2 个百分点,小麦机播、机收水平均达 95% 以上,玉米机播、机收水平分别达到 70% 和 21.3%,水稻机收水平达到 68.7%;湖北省油菜"双低"率达到 95%,水产名特优比重达到 75% 以上,分别比 2005 年高出 1 个百分点和约 10 个百分点。安徽省每年推广应用农业新品种 100 多个,先进适用技术推广面积 2 亿多亩次,主要农作物良种覆盖率达 95%;河南小麦良种覆盖率达 98% 以上,玉米良种覆盖率达 100%;湖南省充分发挥超级杂交水稻研发、育种和生产优势,积极培育了隆平米业等名优品牌。

表1-4 2006—2010 年中部地区主要农产品产量

	粮食产量（万吨）	油料产量（万吨）	棉花产量（万吨）	肉类产量（万吨）	淡水产品产量（千吨）
2006 年	15715	1268	214	2279	9491
2007 年	15935	1144	217	1902	8640
2008 年	16407	1263	199	2039	9083
2009 年	16615	1386	177	2167	9631
2010 年	16721	1406	166	2251.7	——

（三）农业产业化取得新进展

1. 农产品加工业快速发展。"十一五"以来,中部地区农副食品加工业产值增长速度均高于同期工业增加值和 GDP 增长速度,农产品加工业由传统粗加工向现代精深加工转变,农产品附加值进一步提高。以安徽省为例,2010 年农产品加工产值达到 3687 亿元,是 2005 年的 4 倍多,年均递增 32.6%。以河南省为例,作为全国最大的粮食转化加工大省,农产品加工业以年均 20% 以上的速度增长,呈现出集中、集群、集聚发展态势,成为全省工业第一大支柱产业,实现了由"中国粮仓"到"国人厨房"的转变。

2. 农业产业化龙头企业和农民专业合作组织不断壮大。近年来,中部地区各地围绕优势产业和特色产品,积极培育农村市场主体,组织和引导龙头企业和中介组织到农村建设基地签合同,有效地推动了优势产业的发展。农业产业化组织的形成,架起了农户与市场、企业之间的桥梁,有效地解决了农民买难卖难的问题,成为实现农业产业化的重要媒介。河南省现有各类农业产业化组织 1 万多个,销售收入超亿元的龙头企业 400 多家,形成了双汇、华英等一批全国知名的农业产业化龙头企业,带动农户能力不断提高。江西省仅省级以上农业产业化龙头企业就带动农户 450 万户,占全省农户总数的 53.7%。据统计,农民通过与农业产业化龙头企业开展联合与合作、加入专业合作社等形式参与产业化经营,收入可比其他同业农户高出 20% 以上。同时,农民专业合作组织如各类股份制合作组织(协会)、龙头企业带动的"企业(公司)+协会+基地+农户"合作组织、"支部+协会"或"部门+协会"或"科研单位+协会"形成的合作组织,以及以地方能人大户和专业户为依托成立的"农村能人(大户)/专业农户+协会+基地+农户"农业经济合作组织不断涌现,向农户提供了一系列的产前、产中、产后服务,改变了单家农户闯市场的弱势地位,也在一定程度上解决了"买难、卖难"问题,保护了农民的利益。以安徽省为例,农村专业合作经济组织发展到近 5000 个,带动农户 220 万户,占全省农户的 16.7%。

3. **市场体系逐步完善。**中部地区高度重视农产品市场体系网络建设,通过依托基地建市场、多元投入办市场、组织农民闯市场,逐步形成以农副产品专业批发市场为核心,产地批发市场、农贸市场为基础,农民贩销大户为依托的市场营销体系。此外,还通过政府搭台市场,积极组织农博会、轻博会、新闻发布会、农产品交易会、展示展销会等,进一步拓展国内外市场,促进农业产业化发展。目前,安徽省已建各类农产品批发市场300多家,其中产地批发市场160多家。安徽省农资连锁经营发展迅速,农资连锁经营已覆盖50多个县(市、区),连锁经营网点发展到2000多家。

三、产业基地建设稳步推进,
工业结构优化初见成效

(一)工业经济快速发展

"十一五"期间,中部地区第二产业增加值年均增长20.9%,高出全国平均增幅4.5个百分点。2010年,中部地区实现工业增加值4.5万亿元,是2005年的2.6倍,占全国的比重由2005年的18%提升到20.6%,三次产业比重由2005年的16.7:46.7:36.6调整为13.2:52.7:34.1,第二产业比重大幅上升6个百分点,整体发展水平已进入工业化中期阶段。其中,安徽、江西、湖北、湖南4省增速均超过20%,增幅居全国前列。河南、山西、江西3省第二产业增加值在三次产业中的比重超过了55%。同时,中部地区工业企业效益不断好转,产业竞争力明显增强。5年来,中部各省积极推进产业多元化整合,大力开展传统产业技术改造,强化研发设计和品牌营销,积极扶持龙头企业做大做强,推动产业集群式发展,各省均培育形成了一批千亿元以上产值的支柱产业,山西的煤炭、冶金,安徽的汽车、家电、化工,江西的特色冶金和金属制品,河南的食品、有色金属,湖北的汽车、钢铁、光电子信息,以及湖南的装备制造等行业和一些重点企业在全国的竞争力不断提高,对经济增长的支撑作用明显增强。

2010年,中部地区规模以上工业企业全年实现利润9735.8亿元,比上年增长89.3%。

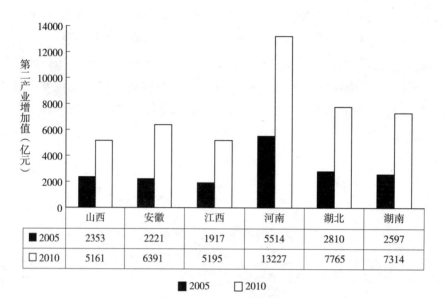

图1-9　中部地区第二产业增加值增长情况

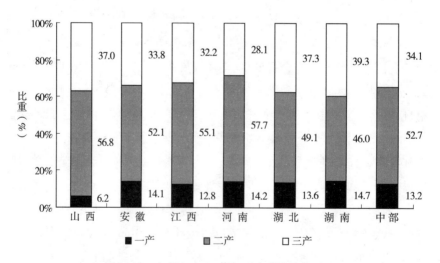

图1-10　中部六省2010年三次产业结构对比

（二）能源基地建设稳步推进

1. 煤炭产量稳步增长。2010 年,中部地区原煤产量突破 11 亿吨,比 2005 年增长 19.4%,年均增长 3.5%。其中山西以 7.41 亿吨仅次于内蒙古居全国第 2 位。山西、安徽、山西晋中、晋北、晋东、安徽两淮和河南五个大型煤炭基地建设和煤化工产业基地初步建成。经过煤炭行业资源整合和企业的兼并重组,煤炭行业集约化、规模化水平有了很大提高。如,山西省矿井数量由 2598 座减少到 1053 座,企业主体由 2200 多个减少到 130 个,平均单井能力将由 30 万吨提高到 90 万吨以上,保留矿井将全部实现机械化开采,形成 4 个年生产能力亿吨级的特大型煤炭集团和 3 个年生产能力 5000 万吨级以上的大型煤炭集团。煤炭开采"多小散乱"局面得到有效遏制,煤炭产业集中度大幅提高,产业结构明显优化。

2. 电力生产输送能力显著增强。5 年来,建成了华能瑞金电厂、安徽芜湖电厂二期等一批发电项目,六省总装机容量达到 2.2 亿千瓦,是 2005 年的 1.9 倍,占全国的 23.2%;发电量 9670 亿千瓦时,比 2005 年增长 73%,年均增长 11.5%。湖南桃花江、湖北大畈、江西彭泽三个内陆核电厂建设前期工作稳步推进。电网输送能力进一步加强,山西长治—河南南阳—荆门 1000 千伏特高压输电线路建成,是我国首条也是世界首条投入商业运行的特高压输电线路,每天送电能力达到 4800 万度。

3. 新能源建设起步良好。中部地区风电、太阳能发电、垃圾发电、秸秆发电、沼气发电等新能源项目进展顺利。如,江西省首批开发了 4 个风电项目,其中装机容量最大的鄱阳湖老爷庙风电场将于 2011 年 11 月底全部并网发电。湖北省九宫山风电场、大悟仙居顶、利川齐岳山风电场相继上马。河南省正在实施的光伏发电项目有 33 项,容量共计 2.1 万千瓦。江西首家生物质能发电厂——鄱阳凯迪生物质能电和湖南省首家生物质能发电厂——澧县生物质发电厂均于 2009 年并网发电。山西省煤层气利用规模超过了 10 亿立方米。截至 2010 年底,湖北省已建、在建和正在开展前期工作的新能源项目（含）总装机容量近 100 万千瓦。

4. 能源管道运输突破性发展。"十一五"期间,中部地区相继建成设

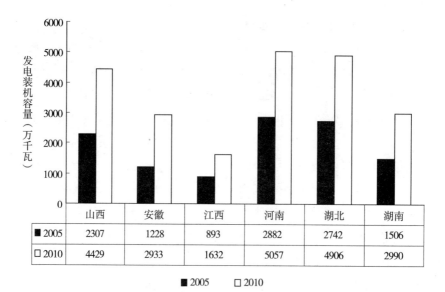

图 1-11   2005 年与 2010 年中部六省发电装机容量对比

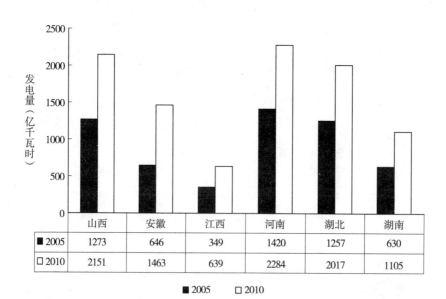

图 1-12   2005 年与 2010 年中部六省发电量对比

计输气能力 15 亿立方米/年的"淮(阳)武汉"联络线;设计输气能力 120 亿立方米/年的"川气东送"输气管线;设计入口输量 2700 万吨/年的"仪(征)长(岭)"沿江原油输油管线;设计入口输量为 2000 万吨/年的"兰(州)郑(州)长(沙)"成品油输油管线。西气东输二线河南段建成通气。

(三)原材料产业发展取得重要进展

1. 产业呈快速发展态势。"十一五"时期,中部地区原材料工业以高于全国原材料工业和中部工业的增长速度发展。2009 年,原材料工业增加值达到 8145 亿元,是 2005 年的 2.5 倍,年均增长 25.7%,比中部工业增速快 6 个百分点。石油加工、炼焦及核燃料加工,化学原料及制品业,化学纤维,非金属矿制品,黑色金属冶炼加工,有色金属冶炼加工业均有不同程度的增长。其中,有色金属冶炼加工业和非金属矿制品业发展最快,年均增速分别达到 35% 和 33.7%。从主要产品产量上看,2010 中部地区平板玻璃、水泥、粗钢、成品钢材等主要基础原材料工业产品占全国的比重分别为 18.1%、25.1%、21.5%、19.2%,较 2005 年均有一定幅度的增长。

2. 产品加工深度逐步提高。中部地区主要原材料工业正在由矿石采掘、冶炼、初加工向精深加工发展,产品加工深度逐步提高,产业链不断拉长。如江西的铜产业已形成了铜精矿、粗铜、阴极铜、铜材加工和铜深加工的链条,且正在形成生产规模和产品品种优势。河南、山西的铝产业已形成铝土矿—氧化铝—电解铝—铝材加工的产业链。同时,不同产业紧密结合,形成了跨行业产业链。如河南、山西的煤—电—铝产业链,煤—电—原镁—镁深加工产业链等。

3. 企业布局呈基地化和集群化发展。产业发展的规模化、空间布局的园区化和集群化已成为近年来中部地区原材料工业发展的重要态势。如安徽、湖南的水泥产业,山西、湖北的平板玻璃产业,河南的钢材增长速度远超过其他省份。河南钢铁工业仅安钢、舞钢、永通特钢 3 家企业的产量就占到全省的70%，郑州已成为全国最大的铝冶炼、加工基地。山西的关铝和中铝山西分公司的产能占全省的60%。江西在鹰潭—上饶形成了铜冶炼加工基地，赣州成为全国离子型稀土产品的主要产地和稀土产品出口基地。

（四）现代装备和高技术产业蓬勃发展

1. 产业规模迅速扩大。"十一五"是中部地区现代装备制造和高技术产业高速发展的时期。从装备制造业来看，中部地区装备制造业实现了高速发展，自主创新能力和产业技术水平不断提升。2010年，安徽省装备制造业工业总产值达4671亿元，并呈现出集聚发展的态势，优势企业和产品不断增多，家用电冰箱和洗衣机产量分别居全国第一、二位。湖北省实现高技术产值突破2000亿元，汽车产业量居全国第一位。从高技术产业来看，2010年，中部地区完成高技术产业总产值5772.3亿元，5年年均增速达31.3%，快于工业平均增速，其中，河南、江西、湖北三个省产值超千亿元。在产业规模快速扩大的同时，中部六省形成了各具特色的高技术产业门类，产业集聚效应初步显现。截至目前，中部地区已经有两个综合性国家高技术产业基地、5个专业性国家高技术产业基地，在生物、新材料、新能源、光电子和航空等专业性领域取得重要进展。

2. 优势产业初步形成。在现代装备制造和高技术产业的一些领域，中部六省现已打造和形成了一批具有竞争力的优势产业和产品。山西的载重汽车、煤机成套设备、铁路和纺织机械、汽车发动机和零配件等方面发展很快。安徽的节能环保、新材料、光电，江西的光伏、航空、高精铜材、特种车船、精密机械，河南的装备制造、农业机械、工程机械，湖北的光纤通信、激光、生物工程，湖南的轨道交通、电子信息、风力发电、生物医药等产业发展都取得明显进展，形成了一批研发平台和产业基地。

3. 产品研发能力有所提高。2009年，中部地区高技术产业中开展研发的企业个数达到900个，研发人员超过5万人，新产品开发项目数为6749个，新产品开发经费达到93亿元，专利申请数达到5089个，拥有发明专利数达到3188个,均比2005年有较大幅度增长。一些重要产品在全国处于领先水平。如湖南省研发了全国首台千万亿次超级计算机,取代美国成为全球最快计算机,湖南省研发的CRH380动车组是全国运行速度最快的动车。

四、交通基础设施全面加强,
内通外联局面基本形成

(一)交通基础设施更加完善

铁路方面,"十一五"期间,中部地区铁路通车里程由1.8万公里增加至2.1万公里,新增铁路3142公里,年均增加630公里。其中,新增复线3038公里,新增电气化铁路7130公里,复线铁路和电气化铁路分别达到1.1万、1.2万公里,复线率和电气化率分别达到52.3%和57.1%,高于全国平均水平。武汉至广州、郑州至西安客运专线时速达到300公里,石家庄至太原、合肥至南京、合肥至武汉客运专线时速达到250公里。

公路方面,通车里程由2005年的92.9万公里增加到2010年的110.1万公里;高速公路里程由10476公里增加到20055公里,增长了近一倍,二级以上公路里程达10.9万公里,比2005年增加了2.3万公里,以高速公路为骨架的干线公路网初步形成,部分省份基本实现县县通高速。其中,河南高速公路通车总里程达到4860公里,连续四年居全国第1位。乡镇、建制村公路通达率分别为99.99%和99.66%,农村基本出行条件得到显著改善。

水运方面,长江中游航道条件明显改善,湘江、汉江、赣江等主要支流航道整治工程实施效果良好,港口建设积极推进,形成了以武汉阳逻、长沙霞凝、九江城西、芜湖朱家桥等为代表的一批规模化、专业化港区,水路运输效率显著提高。2010年,中部六省内河货运量达6.7亿吨,港口货物吞吐量达9.2亿吨,分别是2005年的2.9倍和1.8倍。

民航方面,民用运输机场数量达25个,占全国机场总数的14.2%,

形成了以长沙、武汉、郑州机场为区域枢纽,南昌、合肥、太原等干线机场及张家界、运城、宜昌等支线机场为支撑的中部地区机场网络体系。

　　截至 2010 年,中部地区铁路里程占全国的 23.1%,高速公路通车里程占全国的 27%,内河航运通航里程为 3.3 万公里,占全国的 26.4%。2009 年,中部地区营业铁路、公路和高速公路密度分别为 192、10165 和 171 公里/平方公里,均为全国平均水平的 2 倍多,超过东北和西部地区。三种交通线路总长密度为 1.07 公里/平方公里,为全国平均水平 0.46 公里/平方公里的 2.52 倍(见表 1-5)。

表 1-5　2009 年各区域铁路、公路和高速公路密度对比

(单位:公里/平方公里)

	营业铁路密度	公路密度	高速公路密度
全国平均水平	89	4022	68
中部地区	192	10165	171
东部地区	209	10594	260
东北地区	176	4328	65
西部地区	48	2191	27

表 1-6　2009 年中部地区综合交通线路基本情况

省份	线路总计（公里）	铁路运营里程（公里）	公路运营里程（公里）		内河航道通航里程（公里）	运网密度（公里/平方公里）
			总里程（公里）	高速公路（公里）		
山西	131333	3536	127330	1965	467	0.84
安徽	157630	2850	149184	2810	5596	1.13
江西	145361	2712	137011	2401	5638	0.87
河南	247530	3949	242314	4861	1267	1.48
湖北	208424	2980	197196	3283	8247	1.12
湖南	206593	3693	191405	2226	11495	0.98
中部合计	1096871	19721	1044440	17546	32710	1.07
占全国%	26.9	23.1	27.1	27.0	26.4	252

（二）交通运输能力不断增强

交通通达性大大增强。武广、石太等客运专线建成运营大大缩短了中部地区和环渤海、长三角、珠三角地区的时空距离，太原至石家庄、郑州至西安、合肥至武汉由 5 ~ 8 小时缩短至 2 小时以内，武汉至广州由 11 小时缩短至 3 小时，促进了区域一体化和同城化发展，也为旅游、商贸等服务业发展提供了巨大商机。目前，山西、安徽、江西、河南、湖北、湖南每天分别开行动车组列车 13、28、23、24、83、31 对，中部 6 个省会城市之间的半日交通网逐渐形成，城际间联系更加紧密。围绕长株潭城市群、中原城市群、武汉城市圈等城市群发展城际轨道交通，建成了南昌至九江城际铁路，时间缩短为半小时。目前已开工建设的长沙至株洲至湘潭、郑州至开封、郑州至焦作、武汉至黄石、武汉至孝感、武汉至咸宁、南京至安庆等城际铁路将使得中原、武汉、长株潭等城市密集地区逐步形成城际轨道交通主架构，实现公交化轨道交通运输，省会等中心城市与邻近城市正逐步形成两小时交通圈。

客货运能力大幅增加。2010 年，中部地区铁路完成旅客发达量 3.8 亿人，比 2005 年增加 1.2 亿人；完成旅客周转量 6232 亿人公里，与 2005 年相比增加 895 亿人，增长 9.5%；完成货物发送量 9.8 亿吨，较 2005 年增加了 1.4 亿吨；完成货物周转量 22280 亿吨公里，较 2005 年增加 13261 亿吨公里，增长 23.6%，货运量增长实现历史性突破。其中，京广铁路武广段比武广高铁开通前增加 33 对货物列车，日均增运 4000 车；大秦铁路 2010 年运量达到 4.05 亿吨，侯月线运量达到 1.8 亿吨，分别比 2005 年新增 2.5 亿吨和 0.8 亿吨；正在加快推进的山西中南部通道、张家口至唐山、黄陵至韩城至侯马以及宁西铁路复线、邯长邯济复线、石长复线、漯阜复线、新荷兖日电话改造等煤运通道建设，将在"十二五"期间建成投产，届时全路煤炭运输能力可达到 30 亿吨以上。2010 年，中部地区内河货运量达到 6.7 亿吨，港口货运吞吐量达到 9.2 亿吨，分别是 2005 年的 2.9 倍和 1.8 倍。机场共完成旅客吞吐量 5255 万人次、货邮吞吐量 43 万吨、飞机起降 83 万架次，分别是 2006 年的 2.7 倍、2.2 倍和 2.1 倍。

　　交通枢纽地位更加突出。太中银铁路的开通运营,形成了一条贯通中部、联结东西部的现代化铁路大通道,填补了陇海铁路以北、宝中及包兰铁路以东、京包铁路以南、同蒲铁路以西地区南北宽 780 公里、东西长 520 公里区域内没有东西向铁路干线的空白。宜昌至万州、重庆至怀化等西向通道以及赣州至龙岩、铜陵至九江东向通道的建设,则进一步增强了中部地区对外客货交流。结合客运专线、区级干线等建设,对武汉、郑州、长沙、南昌、合肥、太原等枢纽进行改造,建成投产了武汉、长沙、衡阳等一批现代化客栈,开工建设了郑州、合肥、太原等大型客栈,形成与其他交通无缝衔接的综合交通枢纽。建成投产了武汉集装箱中心站、郑州集装箱中心站、武汉北编组站等工程,开工建设了合肥枢纽南环线、南昌枢纽西环线、太原枢纽西环线等枢纽项目,形成现代化综合客运中心、物流中心,进一步发挥了中部地区中心城市的辐射功能和带动作用。

表 1-7　2006—2010 年中部地区交通运输能力情况

	铁路营业里程(万公里)	公路里程(万公里)	高速公路里程(公里)	旅客周转量(亿人公里)	货物周转量(亿吨公里)
2006 年	17392	97.9	11839	4676	10059
2007 年	17574	99.7	14790	5159	11161
2008 年	18493	102.1	16316	5975	20732
2009 年	19721	104.4	17546	6232	22280
2010 年	21000	110.1	20055	——	——

五、城市群辐射能力持续增强,
特殊困难地区发展加快

(一)六大城市群辐射功能日益增强

　　"十一五"期间,中部地区初步形成了以武汉城市圈、中原城市群、长株潭城市群、皖江城市带、环鄱阳湖城市群和太原城市圈六大城市群为主的发展格局,成为中部地区发展的核心增长极,经济实力和综合竞争力不断增强。2009年,六大城市群以占中部六省29%的面积,集聚了40.2%的人口,创造出55.6%的地区生产总值,城镇化进程大大高于全省平均水平,其中长株潭城市群达到56.3%,高于全省平均水平13.1个百分点;城镇化水平相对较低的中原城市群城镇化率也达到45.5%,高于全省平均水平7.8个百分点。5年来,中部地区产业向城镇集聚、人口向城镇集中趋势明显。根据第六次人口普查数据,中部地区常住人口向城市群及其核心区集聚的趋势越来越明显。以安徽省为例,合肥市常住人口在全省排序由2000年第6位上升到2010年的第2位,常住人口占全省比重由7.57%上升到9.58%。皖江城市带人口占全省比重由43.9%上升为45.6%。以武汉城市圈为例,武汉国土面积不足城市圈的15%、人口不足城市圈的30%,2010年生产总值占全省60.6%,地方财政一般预算收入占全省55.0%,规模以上工业增加值占全省58.6%,全社会固定资产投资占全省62.6%,社会消费品零售总额占全省64.0%,外贸进出口总额占全省81.4%。

几年来,城市群在推进发展规划、基础设施建设、社会事业、产业发展、生态环境、公共交通等一体化建设方面取得重要进展。长株潭城市群建成了三市550千伏环网、220千伏双环网络构架,成为全国首个通信同号升位和三网融合试点城市群,实现了一体化存取款体系,居民储蓄通存通兑。武汉城市圈试点城乡低保一体化,建立了统一的社会救助服务号码,推进了医疗急救建设一体化。太原城市圈实现了核心区太榆之间的公交同城化、广播电视同城化,等等。

(二)老工业基地和资源型城市发展取得新进展

"十一五"时期,中部地区老工业基地城市和资源枯竭城市地区生产总值、固定资产投资、工业增加值、地方一般预算收入等多项经济指标的增速普遍高于全国和全省平均水平,经济发展后劲明显增强。以安徽淮北为例,2006 年转型前的 GDP 增速为 10.1%,分别比安徽省和全国平均水平低 2.8 个百分点和 1.5 个百分点,转型后的 2010 年 GDP 增速达到 13.5%,分别比安徽省和全国平均水平高 3.5 个百分点和 3.2 个百分点。经济转型取得重要进展,山西省老工业基地围绕建设新型能源和工业基地目标,全力推进国有企业重组和传统优势产业升级改造。如太钢集团不锈钢薄板、不锈钢无缝钢管产业升级项目、太重集团煤机成套项目、山汽集团与南方重汽合作生产重型汽车项目、通达集团生产重型汽车项目等。安徽省老工业基地结合皖江城市带承接产业转移示范区建设,改造提升传统产业、培育打造新兴产业,合肥市迅速崛起成为全国白色家电中心,芜湖市着力培育海螺水泥、奇瑞汽车等企业。河南省老工业基地重点解决国企改革等重点领域和关键环节的问题,郑州老工业基地国企完成改制 210 多家,形成了汽车、装备制造、煤电铝、食品、纺织服装、电子信息等优势产业,中信重工、洛阳轴承、中国一拖等老工业企业通过整合重组,建立了现代企业制度。湖南省老工业基地结合长株潭"两型社会"综合配套改革试验区建设,推进老工业基地产业结构优化升级,主要经济指标增速均超过了全国和全省平均水平。

资源型城市接续替代产业发展势头强劲。资源型产业"一业独大"局面有所改变,采矿业占 GDP 的比重逐年下降,非资源开采产业比重快速上升。截至到 2010 年底,中部地区资源枯竭城市非资源开采产业占地区生产总值的比重达到 85.8%。其中,铜陵市 2010 年采掘业比重为 16.9%,较 2007 年降低了 8 个百分点。部分城市多元化产业格局初步形成,一批接续替代产业重点项目和集聚园区相继开工或建成,龙头带动、集聚发展的良好态势初步显现。如焦作的旅游、萍乡的工业陶瓷、大冶的保健酒、铜陵的电子元器件、冷水江的木纤维服饰等形成了一定的竞争优势。

探索出了各具特色的转型和振兴之路。大同市提出了"转型发展、绿色崛起"的新思路,积极承接产业转移,大力发展现代服务业和旅游业,打造历史文化名城,老工业基地振兴和转型发展成效显著;阳泉市加快经济结构调整步伐,大力实施发展新型接续产业的百项工程,向打造中国"鲁尔区",建设"太行明珠城"的目标迈进;晋城市精心实施"一矿办一企、一矿带一企"工程,走出了一条富有本地特色的转型发展道路;朔州、长治、临汾、吕梁等地,煤炭企业也纷纷进入现代农业、旅游业、文化产业、信息产业、新型材料业等领域,大力改造提升传统服务业,培育发展现代服务业,取得了积极成效。

(三)贫困地区脱贫致富步伐加快

中部地区共有 151 个国家扶贫开发工作重点县。根据国家统计局数据,贫困县农民人均纯收入已从 2005 年的 1895.6 元增加到 2010 年的 3380.6 元,增长了 78.3%,中部地区贫困人口从 2005 年底的 1904.4 万人减少到 2010 年底的 713 万人(扶贫标准 1196 元以下),贫困发生率从 6.7%下降到 2.5%,下降了 4.2 个百分点,比全国同期快了 0.2 个百分点。如,山西省贫困人口由 2005 年的 312 万人下降到 2010 年的 276 万人,35 个国家扶贫开发工作重点县农民人均纯收入由 2005 年的 1566 元提高到了 2010 年的 2594 元,5 年提高了 1028 元,年均增长 10.6%。2010 年,江西省国家扶贫开发重点县达到 2940 元,高于全省农民人均收入增幅 0.4 个百分点。

贫困地区发展条件进一步改善。到 2010 年底,中部国家扶贫开发工作重点县通公路、通电、通电话、通广播电视的自然村比重分别为 88.7%、98.8%、96.2% 和 95.6%,有学前班、卫生室、合格乡村医生、卫生员的村比重分别为 60.7%、84.9%、82.5% 和 79.1%。这两类指标已高于全国平均水平。山西省在 10 个县开展了易地扶贫搬迁试点工作,对 118 个村、4685 户、14951 人实施了易地扶贫搬迁,建设住房 30.96 万平方米,学校、卫生所、村委会办公室、文化活动室等附属设施 3.17 万平方米,使生存在自然环境恶劣偏远山区、常规性扶贫难以脱贫的近 1.5 万人彻底改变了生活生产条件。江西省 5 年间硬化通村公路 1.6 万公里,通组公路 8000 公里,开展贫困地区劳动力转移就业技能培训和农村实用技术培训 26.7 万人次,搬迁深山区、库区和地质灾害频发区生存困难群众 25 万多人。

六、社会事业全面发展,人民生活明显改善

(一)教育事业稳步发展

"十一五"是中部地区教育发展最快、改革最深刻、对经济社会发展贡献最大的时期,《国家教育事业发展"十一五"规划纲要》提出的各项教育规划目标基本全部实现。

义务教育普及与巩固水平保持较高水平。"十一五"期间,中央财政对中部地区累计投入城乡义务教育经费达 756 亿元,其中 2010 年为 224 亿元,是 2006 年的 10 倍多。5 年来,中部地区义务教育普及与巩固水平保持高位,小学净入学率一直保持在 99% 以上,超过了发达国家 96% 的平均水平。2009 年,中部地区初中毛入学率达到 100%,初中三年保留率达到 95%,农村和城市义务教育阶段学生学杂费用全部免除,全面实现免费城乡九年义务教育,惠及中部六省中小学生 4700 万人。农村义务教育完成了"以县为主"管理体制改革,教育资源得到了有效整合,进一步强化了省级政府对各县财力均衡分配的转移支付制度。

高中阶段教育规模不断发展。2010 年,中部地区高中阶段教育毛入学率达到 82.5% 以上,招生规模达到 475.2 万人,江西和湖南初中毕业生升学率超过 90%,高出全国平均水平。中等职业教育招生占高中阶段招生比例达 50.4%,比 2005 年提高 7.6 个百分点,中等职业教育规模与普通高中规模大体相当。

职业教育取得长足发展。"十一五"期间,中央财政安排中部六省 32.9 亿元,支持了 1286 所县级职教中心和示范性中等职业学校的建设;实施职业教育实训基地建设项目,安排中部六省资金 6.66 亿元,建设实训基地 429 个。中央财政共投入 1.22 亿元,支持中部地区培训职业学校专业骨干教师 7704 人,组织 227 名专业骨干教师出国进修,资助 1431 所

学校聘请兼职教师 5929 人次。国家支持中部地区大力推进职业教育体制机制创新,努力扩大职业教育规模,提升技能型人才培养水平和能力。2010 年,中部地区中等职业教育招生占高中阶段招生比例达 50.4%,比 2005 年提高了 7.6 个百分点,中等职业教育规模与普通高中规模大体相当。

高等教育办学质量稳步提高。5 年来,全国高校累计向中部省份增投招生计划 44.1 万名,年均增长 7.1%,高于全国平均水平 1.9 个百分点。2010 年,中部地区普通高等教育招生共 195.9 万人,比 2005 年增长 36.1%,比全国平均增速高近 4 个百分点,专业学位硕士研究生等应用型人才招生规模进一步扩大,大众化水平进一步提高。高校自主创新能力明显提高,新增布局教育部工程研究中心 53 个,新增建设国家大学科技园 8 个,依托高校组织立项建设国家工程实验室 5 个、国家工程研究中心两个、国家工程技术研究中心 4 个。与此同时,职业教育获得较大发展,教育信息化水平不断提高,民办高等学校和独立学院发展在全国名列前茅,办学体制改革逐步深化,教育投入力度加大,基础能力建设不断加强。

人力资源开发水平较大提升。经过 5 年发展,中部六省人力资源开发水平进一步得到提升。到 2010 年,中部地区 15 岁以上人口平均受教育年限达到 9 年以上,新增劳动力平均受教育年限超过 12.4 年,青壮年文盲率已降至 3.5% 以下,为中部地区崛起提供了强有力的人才保障和知识贡献。

(二)医疗卫生事业取得新进展

医疗卫生服务条件不断改善。2009 年,我国各地区卫生机构总数为 278337 个,其中部地区有 79527 个,占全国 28.57%,略高于人口比重。中部地区卫生人员总数达到 205 万人,其中执业医师(含助理)58.3 万人,注册护士 46.4 人,卫生机构病床数 113.6 万张,分别比 2005 年增加 67 万人、11 万人、19 万人和 31 万张。主要健康指标优于全国平均水平。人均期望寿命均有一定提高,婴儿死亡率不断下降,如湖南省人均期望寿命由 2005 年的 73.1 岁提高到 2010 年的 74.7 岁；婴儿死亡率由 2005 年的万分之三点九下降到 2010 年的万分之二点六。

基本医疗卫生体系不断健全。从社区医疗卫生条件来看，2009 年中部六省社区卫生服务中心诊疗人次 2627 万人次，较 2005 年有较大幅度增长。从农村卫生室数量来看，由于河南与湖南的行政村数量大，中部六省村卫生室的数量相对较大，与东部地区基本持平，高于西部地区 20% 左右。从村卫生室的覆盖率来看，中部地区与西部地区相持平，高于东部地区 14 个百分比，高于全国平均水平。其中，安徽、江西、河南和湖南四省村卫生室的覆盖率为 100%。

新型农村医疗合作制度日趋完善。"十一五"期间，中部地区新农合制度发展迅速，由起步试点到 2008 年实现全覆盖，参合率稳步提高，筹资水平和保障能力大幅提升。截至 2010 年底，中部地区共有 1046 个县（市、区）开展了新农合，参合人数由 2006 年的 1.28 亿增加到 3.46 亿。中部地区新农合受益总人数由 2006 年的 0.64 亿增加到目前的 4.07 亿人次。目前，中部地区新农合门诊统筹范围不断扩大，提高儿童重大疾病医疗保障水平试点工作开始启动，支付方式改革逐步深入，新农合制度得到进一步巩固和完善。

表 1-8　中部地区各地医院等级情况

	合计	三级	二级	一级	未评级
全国	19712	1192	6780	4989	6751
中部	6249	319	2199	1549	2182
山西	1025	39	238	177	571
安徽	720	30	241	241	208
河南	1174	35	433	380	326
湖北	593	60	243	127	163
湖南	767	42	295	178	252

资料来源：《2009 年中国卫生统计年鉴》

(三)就业工作积极推进

就业规模不断扩大。5 年来,中央财政累计向中部六省安排就业补助资金 491.6 亿元,并指导中部地区实施积极的就业政策,全面落实税收减免、小额信贷、社保补贴、岗位补贴、职业介绍补贴等各项就业再就业扶持政策,六省城乡就业总人数增加了近千万人。其中,湖北省累计新增城镇就业 352 万人,比"十五"期间增加 42%,城镇登记失业率控制在 4.2% 左右,低于 4.5% 的控制目标。安徽省城镇累计新增就业 253 万人,新增转移农业劳动力 320 万人,分别完成"十一五"目标的 126%、107%;城镇登记失业率由 2005 年的 4.4% 下降到 2010 年的 3.7%。湖南省累计转移农村剩余劳动力 480 万人,转移就业总人数达到 1320 万人,劳务收入突破 1000 亿元。山西省新增转移农村富余劳动力 185 万人,比"十五"时期增加 31 万人。2009 年中部地区就业人数 2.04 亿,比 1990 年增长了 30%。就业人员占全国的比重先升后降,2001 年达到高峰值 28.8% 后连续下降,2009 年为 27.2%,低于人口占全国的比重,其中:城镇就业约 4100 万人,占全国城镇就业的 13.6%;农村就业约 1.6 亿人,占全国农村就业的 33.4%。

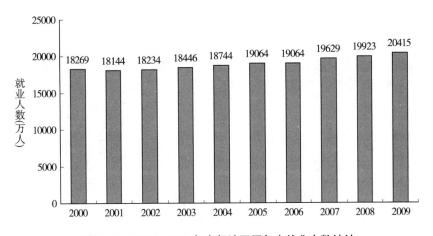

图 1-13　2000—2009 年中部地区历年来就业人数统计

就业结构趋向合理。随着中部地区产业结构调整的加速,三次产业间从业人员的构成也发生了较大变化。2000年,中部地区三次产业的就业比重分别为55.2%、17.6%、27.2%,2005年调整为48.6%、21.5%和29.9%。随着近年来中部地区工业化加速发展,就业结构有了较大变化,2009年三次产业就业比重分别为44.77%、25.3%、30%,各省第一产业就业均下降到50%以下,农业就业人口占绝大多数的状况发生了改变。但与全国相比,中部地区一产就业比重仍然高5.1个百分点,二产比重低1.9个百分点,三产比重低3.2个百分点。

表1-9　中部地区就业结构统计

	第一产业			第二产业			第三产业		
	2000	2005	2009	2000	2005	2008	2000	2005	2009
山西	46.0	43.5	40.6	24.9	26.1	26.4	28.4	30.4	33.0
安徽	59.8	51.0	44.7	15.8	21.9	27.0	24.4	27.1	28.3
江西	51.9	45.9	40.7	14.4	22.0	27.4	33.7	32.1	31.9
河南	64.1	55.4	48.8	17.5	22.1	26.8	18.4	22.5	24.4
湖北	48.0	42.4	35.4	18.3	19.5	24.6	33.6	38.1	40.1
湖南	60.7	53.6	49.6	14.7	17.5	20.0	24.6	28.9	30.4
中部	55.2	48.6	44.7	17.6	21.5	25.3	27.2	29.9	30
全国	50.0	44.8	39.6	22.5	23.8	27.2	27.5	31.4	33.2

资料来源:《中国统计年鉴》(1998、2004、2010)

在各种所有制单位中,国有经济是吸纳劳动力最多的,2009年这一比例为38.9%,其次是个体经济,占19.6%,私营企业占16.8%,港澳台和外资企业就业比重仅为2.6%。与全国相比,中部地区国有和集体经济就业比例高10.1个百分点,个体经济就业比例高1.7个百分点。

表1-10 2009年中部地区就业所有制结构 （%）

	国有	集体	股份合作	联营单位	有限责任单位	股份有限公司	私营企业	港澳台企业	外商投资企业	个体
山西	50.3	5.5	0.7	0.1	12.1	3.2	11.9	1.2	0.7	14.3
安徽	34.7	4.2	0.8	0.2	11.7	4.6	16.0	1.1	1.5	25.1
江西	38.5	3.0	0.6	0.1	7.1	2.3	22.7	1.7	1.7	22.1
河南	40.6	7.1	1.0	0.3	16.6	5.1	11.0	1.0	1.1	16.2
湖北	36.3	3.2	0.6	0.3	10.4	4.7	18.0	0.9	2.3	23.4
湖南	35.1	4.2	0.8	0.2	11.1	5.1	22.6	1.3	1.3	17.9
中部	38.9	4.7	0.8	0.2	12.1	4.4	16.8	1.2	1.4	19.6
全国	21.3	2.2	0.5	0.1	7.3	2.8	17.0	2.2	3.1	11.9

创业带动就业工作成效明显。有关部门进一步完善有利于劳动者创业的税收优惠、小额担保贷款、资金补贴、场地安排等扶持政策，不断优化创业环境，确定了中部地区24个城市为首批85个创建创业型城市活动的试点。中部6省积极开展了以创业带动就业工作，加快完善并落实小额担保贷款等鼓励创业的优惠措施。江西省2009年下发了《关于扶持返乡农民工就业创业的若干意见》等文件，将原来针对城镇下岗失业人员创业的优惠政策全面延伸到农民工，通过提供小额担保贷款、简化申办程序等措施，全面支持农民工创业。2006—2009年，江西省向农民工发放的小额担保贷款从1034万元增加到78993万元，扶持创业人数从207人增加到20109人，分别增长了约75倍和96倍。安徽省2008年出台了《关于促进以创业带动就业工作指导意见的通知》，将返乡农民工作为重点扶持对象，在3年孵化期内，对入园企业减免水电费、场地租赁费及部分税费，并按照每名创业者2000元的标准给予一次性创业补助。湖南省自2009年起每年设立5000万元高校毕业生创新创业专项扶持资金，专项扶持高校毕业生创业。

劳动者技能素质明显提高。中部地区根据产业升级发展需要，大力加强职业技能培训工作，逐步形成了涵盖就业前培训、在职培训、再就业培训和创业培训在内的多元化技能人才培养和职业技能鉴定体系。5 年来,安徽省共有 200 万人取得了国家职业资格证书,劳动者技能素质和就业竞争能力明显提高。湖北省先后组织实施了"高技能人才培养工程"、"农村劳动力技能就业工程"和"新技师培养计划"。湖北省组织城镇和农民工各类技能培训 882.4 万人次,比"十五"增加 120.6%,并涌现了"湖北电工"、"建筑鄂军"、"荆楚刺绣女"、"石首建筑防水工"、"阳新鞋匠"、"监利玻铝商"、"襄阳柳编技工"、"鄂州金刚石刀具工"等一批享誉海内外的劳务品牌,促进了劳动者由体力型向专业性、技能型转变。

(四)社会保障制度不断完善

社会保障体系基本形成。"十一五"时期,中部地区社会保障制度建设取得突破性进展,覆盖城乡居民的社会保障体系框架基本形成,形成了以各级社会保险经办机构为主干、以银行及各类定点服务机构为依托、以社区劳动保障工作平台为基础的社会保障管理服务组织体系和服务网络,并逐步向乡镇、行政村延伸。中部 6 省全面建立了城镇职工基本养老保险省级统筹制度,山西省积极开展事业单位养老保险制度改革试点,河南、湖北、山西、湖南开展了做实基本养老保险个人账户试点。积极推进新型农村社会养老保险制度试点,6 省共有 86 个县纳入国家首批新农保试点,107 个县纳入国家第二批新农保试点。"十一五"期间,包括中央财政在内的各级财政对中部六省新农保试点补助合计 51 亿元,其中中央财政补助 40 亿元。各级财政对新农合的补助标准从期初的每人每年 40 元提高到 120 元,极大地改善了广大群众特别是低收入群体的生活,使更多的人分享到经济社会发展成果。

覆盖范围不断扩大。中部地区社会保障建设快速推进,社保覆盖范围从国有企业扩大到各类企业,从单位职工扩大到灵活就业人员和居民,从城镇扩大到农村,越来越多的人享有基本的社会保障。截至到 2010 年底,中部六省全面建立了城镇职工基本养老保险省级统筹制度。目前,中部地区初步形成了城镇职工医保、城镇居民医保、新农合、城乡医疗救助四大板块相衔接的保障制度,基本实现了对城乡全体居民的医保制度全覆盖。社会保险覆盖范围逐步从国有企业扩大到各类企业,从单位职工扩大到灵活就业人员和居民,从城镇扩大到农村,覆盖面逐年扩大,覆盖人群逐年增加。截至 2010 年底,中部地区养老保险、失业保险、医疗保险、工伤保险、生育保险参保人数分别比 2005 年增长 37.6%、7.9%、263.4%、92.0% 和 122.6%。

表1-11 "十一五时期"中部6省的社会保险扩面情况统计

险种	2010 年底参保人数	比 2005 年增加	增长%
养老保险	4926 万人	1347 万人	37.6%
失业保险	2521 万人	185 万人	7.9%
医疗保险	9578 万人	6942 万人	263.4%
工伤保险	2527 万人	1211 万人	92.0%
生育保险	2050 万人	1129 万人	122.6%

(五)城乡居民收入实现较快增长

城镇居民可支配收入较快增长。2010 年,中部地区城镇居民人均可支配收入 15958 元,与 2005 年相比年均增长 12.7%,比"十五"时期快 0.5 个百分点。工资性收入、转移性收入、经营净收入和财产性收入等各分项收入均保持快速增长。

农民人均纯收入大幅增加。2010 年,中部六省农村居民人均纯收入平均达到 5500 元,比上年增加 700 元以上,是近年来年均增收额最大的一年。与 2005 年相比年均增长 13.2%。

表1-12 2006—2010 年中部地区城乡居民收入 （单位:元）

	2006 年	2007 年	2008 年	2009 年	2010 年
城镇居民人均可支配收入	9902	11634	13226	14370	15958
农村居民人均纯收入	3283	3844	4453	4793	5500

七、节能减排成效明显,可持续发展能力增强

(一)资源利用效率明显提高

"十一五"是中部地区节能工作得到空前重视并取得积极进展的5年。按照党中央、国务院统一部署,中部地区节能降耗工作力度不断加大,各项政策措施逐步深入落实。几年来,六省不断优化能源结构,大力发展清洁能源,逐步减少煤炭在能源生产中的比重,减少大气污染物的排放,加快淘汰落后工艺,积极引进国内外先进设备,加快传统生产工艺改造,提高资源利用效率,推行清洁生产,节能减排取得长足进步。2010年,中部地区万元GDP能耗较2005年末下降了20%以上,6省均超额完成了"十一五"减排任务。

表1-13　2009年中部六省与其他省区节能减排完成情况的对比

单位:%

地区		2009年万元地区生产总值能耗量减低目标	2009年万元地区生产总值能耗量降低率	"十一五"前四年万元地区生产总值能耗累计降低率	"十一五"节能目标完成进度
中部六省	山西省	5.60	5.72	18.28	81.23
	安徽省	4.00	5.13	16.13	78.82
	福建省	3.20	3.52	13.22	81.32
	江西省	4.00	4.54	16.68	81.79
	河南省	4.80	6.02	17.03	83.65
	湖北省	4.40	5.84	18.46	91.43
	湖南省	4.50	5.02	18.20	90.02

续表

地区		2009 年万元地区生产总值能耗量减低目标	2009 年万元地区生产总值能耗量降低率	"十一五"前四年万元地区生产总值能耗累计降低率	"十一五"节能目标完成进度
东部七省	北京市	4.00	5.57	23.34	119.14
	上海市	3.60	6.17	17.12	84.14
	江苏省	4.06	5.17	17.51	86.28
	浙江省	4.00	5.41	17.36	85.42
	福建省	3.20	3.52	13.22	81.32
	海南省	1.00	2.78	7.12	57.75
	广东省	3.70	4.14	13.77	84.99
西部六省	广西省	3.40	4.43	13.48	89.10
	贵州省	4.30	3.95	15.00	72.84
	云南省	4.30	4.60	14.11	81.63
	四川省	3.80	5.83	16.36	80.05
	新疆省	2.00	1.50	8.55	40.05
	青海省	5.00	6.46	12.53	71.84

资料来源:国家发改委 2010 年第 8 号公告。

(二)环境治理取得一定成效

中部六省狠抓工程减排、结构减排和监管减排措施的落实。"十一五"期间,中部地区工业废水排放量增长 10.5%,远远低于同期工业增加值增幅;工业烟尘、工业粉尘和工业二氧化硫排放量分别降低 34%、32.6% 和 12.4%;工业废水排放达标量和工业"三废"综合利用产品产值增长 28.8% 和 86.3%;化学需氧量和二氧化硫分别下降 10.03% 和 14.25%。2010 年底,中部地区重点流域水污染防治专项规划治污工程项目完成率均超过 75%,水质监测考核断面中八成断面水质达标。5 年间,中部地区建成了一大批污水处理厂、脱硫设施等环境基础设施。如河南省建成城镇污水处理厂 146 座,形成年化学需氧量减排能力 63 万吨,共有210台装机容量4265万千瓦燃煤机组建成脱硫设施,形成二氧化硫减排量65.52万吨,全省有272家重点企业通过了强制性清洁生产审核,形成年化学需氧量减排量1.35万吨、二氧化硫减排量4.38万吨。山西省实现县县建成污水处理厂,污水处理能力达到每日295万吨,与2005年相比,新增城镇污水处理厂118座,新增污水处理能力每日216万吨。

(三)生态建设成绩显著

森林覆盖率进一步提高。"十一五"期间,国家在中部地区大力推进天然林资源保护、退耕还林和防护林体系建设等重大生态工程,生态建设取得明显成效。5年间,中部六省共完成造林519.29万公顷,其中人工造林407.84万公顷、飞播造林8.67万公顷、封山育林102.78万公顷。根据第七次全国森林资源清查结果,中部六省林地面积4807.14万公顷,活立木总蓄积149500.73万立方米,森林面积3418.39万公顷,森林蓄积129714.00万立方米,森林覆盖率33.30%。与第六次清查相比,六省林地面积增加265.36万公顷,活立木总蓄积净增29613.58万立方米,森林面积净增318.18万公顷,森林蓄积净增29227.31万立方米,森林覆盖率净增3.10个百分点。黄土高原、长江中游、淮河上游、珠江上游、太行山等重点地区绿化水平明显提高。

沙化和石漠化治理成效显著。沙化和石漠化是中部地区的两项重点生态问题。"十一五"期间,国家在山西省继续推进京津风沙源治理,在湖南、湖北启动实施岩溶地区石漠化综合治理工程。根据2009年开展的第四次全国荒漠化和沙化监测结果显示,中部地区沙化土地总面积为16680平方公里,与第三次全国荒漠化和沙化监测(2004年)相比,5年间中部地区的沙化土地面积减少了1160平方公里。据国家林业局监测显示,石漠化三年试点阶段基本完成了《规划大纲》确定的到2010年各项目标,实现了生态改善,遏制了石漠化扩展的趋势,加快了经济社会发展。

水土流失得到遏制。通过小流域治理、坡耕地水土流失综合整治、丹江口库区及上游水土流失防治、首都水资源、京津风沙源、晋陕蒙砒砂岩、黄土高原淤地坝等水土保持重点生态工程建设,累计治理水土流失面积1.7万多平方公里。生态修复理念得到广泛认同,中部六省22个地市和近200个县实施了封山禁牧,国家水土保持重点工程区全面实现了封育保护,累计实施生态自然修复15万多平方公里,有约7万平方公里生态修复面积初见成效,植被自然恢复良好。

自然保护区和湿地保护取得新进展。"十一五"期间,中部地区57个自然保护区基础设施得到建设,提升了野生动植物保护的水平。截至2009年底,中部地区已建立各级各类自然保护区共481个,初步形成了类型比较齐全、布局比较合理、功能比较健全的全国自然保护区网络。实施了24个湿地保护与恢复项目,建设湖北大九湖等国家湿地公园49处。中部地区湿地类型自然保护区建设步伐进一步加快,一大批自然湿地得到了抢救性保护,水质得到显著改善,有5处湿地被纳入国际重要湿地名录。

八、对外开放水平不断提高,
国内区域合作日益深化

(一)对外开放步伐进一步加快

对外贸易总量持续扩大,出口商品结构不断优化。"十一五"以来,中部地区积极推进开放带动战略,培育了一大批出口龙头产品和骨干企业,进出口贸易快速发展。2005年,中部六省外贸进出口总额为415亿美元,2010年进出口总额实现1167亿美元,比2005年增长了1.81倍,年均增长23.0%,占全国的比重由2005年的2.9%提升到2010年的3.9%。其中,出口总额635亿美元,比2005年增长了1.6倍,年均增长21.1%;进口总额532亿美元,比2005年增长2.1倍,年均增长25.5%。在外贸规模不断扩大的同时,进出口商品结构不断优化,出口产品的技术含量不断提升,高新技术产品出口额增长迅速,工业制成品在国际市场的竞争力不断增强,其中,机电产品出口总额从2005年的58.34亿美元上升至2010年的237.7亿美元,增长了3.1倍,年均增长32.5%,高于全部出口年均增幅11.4个百分点,所占比重为37.7%,比2005年提高13.6个百分点。高新技术产品出口额58.2亿美元,是2005年的4.6倍,年均增长35.9%,高于全部出口年均增幅13.8个百分点,所占比重为18.8%,比2005年提高8.3个百分点。贸易方式不断优化,加工贸易出口呈现加速发展的良好势头。

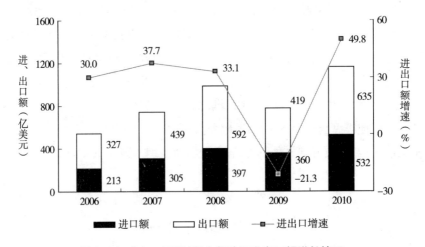

图1-14　"十一五"时期中部地区进出口额增长情况

表1-14　2010年中部六省出口产品构成

项目 地区	出口总额 (亿美元)	机电产品 (亿美元)	高新技术产品 (亿美元)	两类产品占 出口比重(%)
山西	47.1	12.1	4.6	35.5
安徽	124.2	48.4	20.1	55.2
江西	134.2	45.4	27.1	54.0
河南	105.3	25.8	6.1	30.3
湖北	144.4	78.0	——	54.0
湖南	79.6	27.0	5.7	41.1

数据来源:根据2010年中部各省《国民经济和社会发展统计公报》。

利用外资成效显著,质量和水平持续提高。中部地区抓住国际国内产业深刻调整和加速转移的机遇,加快对外招商引资步伐,营造利用外资的有利环境,利用外资规划继续扩大。"十一五"期间,中部地区累计设立外商投资企业15900多家,实际使用外资290亿美元,分别比"十五"期间增长19.2%和9.7%,外商直接投资已经成为中部地区经济平稳较快增长的重要"推进器"。中部地区积极引进具有世界先进水平的技术、设备和管理理念,外商直接投资的大项目日益增多,一批跨国公司陆续进入中部地区,外资投向已由原来主要集中在房地产和商贸领域,开始向旅游开发、研发中心、金融、服务外包等现代服务业领域拓展。同时,中部地区利用外资的结构进一步优化,项目质量有所提高,对外资的吸引力不断增强。

对外经济合作步伐加快,合作领域和范围不断拓展。"十一五"期间,中部地区对外承包工程、对外劳务合作和对外直接投资发展较快。五年来,中部地区累计对外投资49.6亿美元,对外承包工程营业额26.4亿美元,对外劳务合作营业额24.4亿美元。服务外包企业达到1066家,从业人数23.95万人,接包合同执行金额29.3亿元,分别占全国的8.4%、10.3%和7.3%。企业跨国并购和境外资源投资合作成为新亮点,其中仅湖南省2009年新核准境外投资企业就达94家,同比增长54%,中方合作投资额已达到11.93亿美元,同比增长5倍,超过历年对外投资中方合同投资额的总和,对外投资实际发生额10.16亿美元,位居全国前列。

(二)国内区域合作进一步深化

"十一五"时期,中部地区开展区域合作的积极性和主动性大大提高各省党政高层领导互访日趋频繁,交流合作的广度和深度进一步加强,在基础设施规划建设、区域市场对接、产业协调发展等方面取得了新的进展。

与东西部地区合作形式和内容不断丰富。"十一五"期间,中部六省纷纷提出了与东部地区合作的发展战略。如江西省以"昌九工业走廊"为核心,对接长珠闽,深化与毗邻浙江、福建、广东等省的合作。安徽省以皖江城市带为核心,积极融入长三角,推动合肥和马鞍山市加入长三角城市经济协调会。湖北加快与沿长江地区的经济合作与交流。湖南省按照巩固珠三角、拓展长三角、积极对接环渤海和海峡西岸经济区的总体思路,加强与省外重点区域的合作。同时,六省还通过各种载体开展与西部地区交流合作。如山西、河南两省推动晋陕豫黄河金三角四市开展区域协调发展试验,推动了编制发展规划,建立健全联席会议制度,着力推进规划统筹、交通同网、信息同享等八个方面的一体化合作。湖南、湖北省与重庆、贵州合作推进武陵山区经济协作。此外,自2006年以来,中部六省每年轮流举办的"中部投资贸易博览会",至今已成功举办了5届,成为中部地区扩大对外开放、加强交流合作的重要平台。

承接产业转移取得初步成效。"十一五"时期,中部六省狠抓机遇东部发达地区产业向中西部地区转移的契机,全力打造产业承接平台,承接产业转移迈出新步伐。安徽省皖江城市带承接产业转移示范区在规划批复后的1年内就引进国内外产业转移资金近5000亿元,其中合肥市近5年引进了京东方、彩虹玻璃、赛维LDK等179个项目,合计引资4300亿元,建立了新型平板显示、太阳能光伏等产业集群。河南省累计引进省外资金9300亿元,富士康等一批重大项目相继落户。江西赣州累计引进内资项目2300个,总投资超过1000亿元,兴建了香港产业园、台湾产业园等。产业转移带动了中部地区加工贸易的大发展。2010年中部六省加工贸易实现出口161亿美元,是2005年的3.4倍,年均增长28%,高于全部出口年均增幅5.9个百分点,所占比重为13.8%,比2005年提高2.6个百分点。

中部六省内部合作不断深化。中部六省建立了党委、政府首脑定期会晤机制,建立了跨行政区的多层次、多领域区域合作体系。2006年,中部六省广播界开展合作,打造了中部六省电台联盟。2009年,中部六省质检部门《中部六省质量监督互认协议》,在推进名牌产品互认、标准一体化、市场准入互认以及产品监督抽查信息互通等方面取得了一定成果,旅游部门签署了《中部六省旅游合作框架协议》,打造旅游旅游通道,推出旅游一票通。2010年,中部六省省会城市签署了《中部六省省会城市建立农业经济协作日常工作合作协议》,在农产品流通、农业科技、农业信息等方面开展深入合作。

第三章 "十二五"中部地区发展环境分析

一、"十二五"时期我国经济
社会发展的阶段性特征

进入本世纪以来,以全球市场整合和扩大规模经济为特征的新一轮全球化高潮成为推动全球经济增长的主要力量。东亚、拉美和东欧等新兴市场经济体融入全球经济体系,依靠全球分工体系深化带动和资本等生产要素的大量投入,实现了经济快速增长,创造出巨大的经济效益。国际金融危机标志着全球化由高潮期转向低潮期。贸易保护主义重新抬头,各国对金融市场的开放也更加谨慎,经济全球化进程可能会放慢脚步。金融危机导致发达国家经济陷入深度衰退,新兴市场和发展中国家经济增速大幅放缓。虽然美欧日等发达国家和一些新兴市场国家相继采取了大规模的金融救援和经济刺激措施,但世界经济复苏将是一个曲折而缓慢的过程,存在较大的不确定性。从发展前景看,世界经济复苏将是曲折、缓慢的过程,金融机构处置大量不良资产和实现资产负债表的平衡需要持续数年,全球经济失衡的调整也加大了复苏的复杂性。总体上看,国际金融危机使世界政治经济格局发生了深刻变化,引发了全球经济深度调整。

"十二五"时期是我国全面建设小康社会的关键时期,是深化改革开放、加快转变发展方式的攻坚时期。总体分析,我国仍处于重要战略机遇期,虽然国际金融危机的影响不可小视,但和平、发展、合作仍是时代潮流,国际环境总体上有利于我国和平发展,我国经济社会发展的基本面和长期向好的趋势不会发生根本改变。工业化、城镇化、国际化继续深入发展,产业结构和消费结构升级蕴藏巨大的需求潜力,中西部地区和广大农村市场有较大的回旋余地;深化改革、扩大开放,完善社会主义市场经济体制,将为经济社会发展注入新的动力和活力。与此同时,也要清醒地看到,我国经济在保持30多年快速增长的同时,各种结构性、深层次矛盾和问题也进一步凸显,特别是短期问题与长期矛盾交织在一起,全球经济增长减速与国内周期性结构调整叠加在一起,发展面临的形势更加复杂严峻,我国发展中的不平衡、不协调、不可持续问题仍然十分突出。初步分析,我国经济社会发展将呈现一些新的阶段性特征:

(一)投资主导向消费主导的转型

投资—消费失衡是我国现行经济发展方式的突出矛盾。从投资和消费的关系看,投资对经济增长的贡献长期高于消费。最近几年,消费的贡献率在逐步提升,尤其是2008年以来,随着经济刺激政策的出台,消费的增长比较明显。但总体来看,我国居民消费率仍然处于较低水平,2009年仅为48%,是改革开放以来的最低点。从国际比较看,我国消费率不仅远远低于发达国家,而且落后于同等发展水平的国家。例如,2008年,金砖四国中的巴西是80.9%,印度是67.1%,俄罗斯是63.7%,我国落后于这三个国家15—30个百分点。"十二五"时期,我国要坚持扩大内需特别是消费需求的战略,充分挖掘我国内需的巨大潜力,着力破解制约扩大内需的体制机制障碍,加快形成消费、投资、出口协调拉动经济增长新局面。一方面,从国际经验看,在人均GDP达到3000美元的时候,投资、出口对GDP的影响呈下降趋势,消费开始成为经济增长的主要动力,如果处理不好收入分配和贫富差距拉大等矛盾,就会导致经济增长动力不足,内需萎缩,引发经济失衡和社会动荡,陷入所谓的"中等收入陷阱"。当前,我国人均GDP已超过4000美元,要跨过"中等收入陷阱",顺利实现工业化和城镇化,就必须形成以消费为主导的投资、消费双拉动型经济增长模式。另一方面,我国城市消费开始进入以汽车和住房为主的阶段。

从汽车需求来看,2009 年我国汽车销售量达到 1300 多万辆,2010 年更是突破 1800 万辆,跃居世界第一位。从城镇住房需求看,保障性住房需求、改善性住房需求、投资性住房需求全面增大。此外,农村消费潜力巨大,农村生存性的消费需求支出下降到 45% 左右,发展性的消费支出逐年提升,消费潜力开始逐步释放,这将对形成消费主导格局产生巨大的影响。

(二)工业化主导向城市化主导的转型

2009 年,我国城镇人口占总人口的比重为 46.7%,较世界平均水平低 1.6 个百分点,较中等收入国家平均水平低 12 个百分点左右,较高收入国家低 32 个百分点左右,表明我国城镇化潜力巨大。"十二五"是我国城镇化由量变到质变转化的关键时期。按照目前每年城镇化率提高 0.8—1 个百分点左右的增速来看,我国城镇化率将可能在 2013—2015 年超过 50%,城市社会将逐步占据主导地位。城市是消费的主要载体,加快城市化进程是构建消费大国或形成消费主导的关键。从工业化主导到城市化主导,对发展方式转变有着决定性影响:一是加速产业结构调整。大批农民向城市转移,对城市基础设施产生巨大需求,带动投资需求的增长,同时农民消费行为逐步城市化,必将促进消费需求的增长,带动服务业的快速发展。二是城乡一体化进程进一步加速。快速的城市化必然建立在改变城乡二元结构、推进城乡一体化的基础上。从实践来看,城市化水平高的地区城乡差距小,城市化水平低的地区城乡差距大。城市化程度越高,城乡收入差距就越小,以城市化为重点将有利于实现城乡一体化。三是有利于缓解资源环境压力。城市化的快速发展将带来城市化地区的土地、交通和生态环境矛盾更加突出,但从总体来看,如果控制得当,城镇化带来的资源集约利用水平的提高又有利缓解整体的资源环境压力。四是劳动力就业规模进一步扩大。人口向城市集聚和服务业的快速发展无疑将扩大劳动力的就业范围和提高劳动力的就业水平。

(三)公共产品短缺向基本公共服务均等化的转型

随着经济结构加快调整,新兴产业部门拥有更高收入增长弹性和市场需求,因而收入水平更高,而相当数量的劳动力因为不具备这些现代化部门所需要的素质和技能,滞留在传统产业部门,使得收入差距明显扩大,人民生活由"生存型"向"发展型"转型趋势更加明显,对教育、健康、环境、文化、社保等公共产品需求持续增长。但目前我国公共服务支出在财政支出中的比重以及占 GDP 的比重仍然偏低,公共产品短缺问题比较突出。为此,"十二五"规划明确提出,坚持民生优先,完善就业、收入分配、社会保障、医疗卫生、住房等保障和改善民生的制度安排,推进基本公共服务均等化,努力使发展成果惠及全体人民。可以预见,"十二五"是我国公共服务大发展的时期,财政支出结构将进一步向民生领域倾斜。对民生的大手笔投资,会明显改善全国基本公共服务的现状,改善经济社会发展条件,并由此加快形成人力资源优势,对经济发展方式转变将产生重要影响。

(四)中高碳经济向低碳经济的转型

随着经济总量迅速扩大、城市人口持续增加和居民生活方式改变,特别是重化工业部门的加快发展,近年来我国能源、资源消耗迅猛增长,供需缺口越来越大,对国外资源的依存度不断提高。作为一个正处于工业化、城市化加速发展的发展中大国,我国能源资源消耗的较快增长将是一个长期趋势,即使采取节能措施和提高资源利用效率,今后一个时期,能源资源消耗的增量也可能超过世界上任何国家。因此,国际社会要求我国承担约束力的减排责任压力剧增,国内经济发展面临资源和环境硬约束更趋强化。"十二五"规划明确提出,面对日趋强化的资源环境约束,必须增强危机意识,树立绿色、低碳发展理念,以节能减排为重点,健全激励与约束机制,加快构建资源节约、环境友好的生产方式和消费模式,增强可持续发展能力,提高生态文明水平。这不仅是对现有发展模式的挑战,更是加快转变发展方式的重要历史机遇;不仅涉及节能减排的技术创新,更是以破解结构性矛盾为核心的制度变革;不仅是一场环境革命,更是一场深刻的经济社会革命。为推动这一转型和变革,国家正着手推进以下几项改革:一是以资源税改革为资源价格改革的切入点,制定并实施有利于资源节约和环境保护的财税政策,推进资源价格形成机制改革。二是在改革能源成品的终端定价机制的基础上,推进能源资源开发、加工、运输、贸易和物流等相关环节的配套改革,建立健全能源储备制度,进一步增强政府对能源供给的调控能力和能源价格的间接干预能力。三是推进环境产权制度改革,促进环境产权的公平交易,研究开征环境税,逐步使环境污染企业合理负担其开发过程中实际发生的各种成本,形成"完全成本价格"。四是推进碳交易体制机制建设,在碳现货交易的基础上,研究考虑把碳交易逐步列入期货交易品种中,建立并完善市场在碳交易中的价格发现机制。

二、"十二五"时期中部地区
发展面临的机遇和挑战

世情、国情的深刻变化使"十二五"时期中部地区发展既面临重大机遇,又面对严峻挑战。经济全球化区域一体化带来的生产要素加速流动和市场的进一步发展,必然给区域发展包括中部地区的发展带来更多机遇。国家整体经济实力不断增强,使国家在调控区域发展中主动性更强,能够通过更多政策手段和其他手段来解决落后地区的发展问题,这将会给中部地区带来政策上和其他方面一些更大的支持。国际国内产业转移加快,国家对中西部地区承接产业转移非常重视,各项平台建设、政策支持更加完善,为中部地区在现有的基础上优化产业结构、提升产业水平提供更为良好的环境。但这并不意味着,实现促进中部地区崛起的环境就一片大好了。受多种因素影响,中部地区比较优势未能转化为现实竞争力,体制机制制约仍十分突出,发展潜力仍难以充分激发。

（一）中部地区经济社会发展面临的重大机遇

从有利的因素来看，随着国家外需拉动战略向内需推动战略的转变，中部地区广阔的市场潜力和承东启西的区位优势将进一步得到发挥。在市场倒逼机制作用下，东部地区产业转移步伐大大加快，有利于中部地区通过有序承接产业转移，推动产业结构调整。同时，危机中孕育的科技革命和产业革命的动力，也为中部地区大力发展战略性新兴产业并在新一轮竞争中占据有利位置创造了条件。

1. 城镇化快速推进将为中部地区加快发展提供强大动力。"十二五"时期是我国城镇化快速推进时期，大批农民向城市转移，对城市基础设施产生巨大需求，农民消费行为逐步市民化也将促进消费需求的大幅度增长。中部地区地域广阔，人口占全国的近27%，农村人口占全国的近三分之一，正处于工业化和城镇化快速发展阶段，城乡居民消费结构升级和产业结构升级、基础设施建设、社会事业发展、环境保护和生态建设都蕴藏着巨大的需求和增长潜力，特别是城镇化的加速推进为中部地区经济社会发展提供了强大支撑。按照总人口规模测算，中部地区城镇化率每提高一个百分点，就有300多万农村人口转变为城镇人口。目前城市居民的人均消费水平为农村居民的2.7倍，城乡居民人均消费绝对差为5873元，300多万人口转型每年增加的购买力近200亿元。城市投资需求和消费的快速增长有利于为中部地区经济快速增长提供重要支撑，同时对改变社会人口结构、需求结构、投资结构，进而对生产方式、产业结构和社会发展产生重要影响，成为推动中部地区经济发展方式转变的重要力量。

2. 实施扩大内需战略使中部地区有望成为全国市场中心。从全国来看，人口大国尤其是发展中的人口大国这一基本国情，决定了我国比世界上任何国家都更加具备立足扩大国内需求推动发展的有利条件。"十二五"时期，我国城乡居民消费结构仍将处于不断升级过程中，伴随着居民收入的持续增长和社会保障体系的进一步完善，城乡居民消费增长的潜力还很大。改革开放前30年，东部地区凭借沿海优越的区位大力实施出口导向型发展战略，实现了经济快速增长。随着国家推动国民经济增长的重点由过去过分依赖出口转向扩大内需,这使得居于内地中心的中部地区将重新获得市场优势,为中部地区发展提供了重大机遇,中部地区在国内统一大市场中的经济地理区位优势更为凸显。

3. 产业结构升级为承接产业转移和培育新兴产业创造更多机遇。东部沿海地区产业受要素成本持续上升、资源环境压力明显加大和竞争加剧等因素的影响,正重新调整发展规划,优化战略布局和资源配置,主动"腾笼换鸟",加快经济转型,把部分劳动密集型传统产业向中西部地区转移,从而为发展资金密集型、技术密集型和高科技产业提供更多空间,实现自身产业结构优化升级。同时,原来那种基于外向型产业和劳动力成本比较优势考虑的产业梯度转移思路,即所谓按照首先是劳动密集型、然后是资本密集型、最后是技术密集型企业的顺序依次进行产业转移的一般规律正被打破,产业跨区域转移呈现多元化、跨梯度趋势,国内外许多资本密集型、技术密集型企业和服务业企业将直接投资于中部地区,中部省份的产业发展有可能实现垂直升级。中部地区正处于承接沿海地区产业转移和技术转移,进而实现产业结构调整优化升级的大好时机,面临着高新技术产业、高知识含量服务业突破性发展和三次产业结构更为优化的重大机遇。特别是金融危机爆发后,全球科技革命和产业革命动力空前增强,世界各国和各地区都在争相发展新能源、节能环保、新材料、新一代互联网等新兴产业,积极培育新的经济增长点,希望在未来竞争中赢得先机。国际金融危机促使西方发达国家出现"再工业化"和重归实体经济的发展趋势,中部地区通过改变依靠要素投入的产业发展模式,着力增强自主创新能力和提升劳动者素质,培育发展战略性新兴产业,有利于增强在传统产业领域的国际竞争力,并在新兴产业领域争取更大的市场空间。特别是目前新兴产业目前正处于发展的起步阶段,各地区的起点相差不大,这为中部地区赶上新一轮全球产业调整发展步伐,抢占未来产业发展的战略制高点,缩小与发达地区的差距,改变中部地区在全国市场分工格局中的不利地位,提供了重要契机。

4. 资源要素价格上涨为中部地区加快发展提供有力支撑。相当长一段时间以来,由于社会主义市场经济体制还不完善,要素市场发展明显不足,加上政府人为限制要素价格的上升,导致要素价格持续扭曲,中部地区作为资源生产地,长期处于吃亏状态。近年来,资源价格不断上涨使得部分资源型地区经济发展有了很大起色,资本积累速度大大加快。"十二五"时期,全国资源要素价格仍将在高位运行,这有利于加快中部资源型地区的资本积累,促进当地产业经济发展。特别是随着资源税改革措施的到位,资源型地区的财政实力将进一步增长,公共服务水平有望大幅度提升。

5. 体制机制创新为经济社会发展提供坚强保障。应对国际金融危机以来,中部地区按照党中央国务院的战略部署,实施了一揽子应对国际金融危机的计划和政策措施,有效遏制了经济急速下滑态势,为加快推进经济发展方式转变创造了有利的条件。同时,中部地区进一步推进体制机制改革,深化国有企业改革,优化非公有经济发展环境,深化资源性产品价格改革,节能减排的体制机制不断健全,社会管理体制机制改革深入推进,公共服务体系建设得到加强,这些改革创新都为"十二五"时期中部地区发展提供了强大动力。

(二)中部地区经济社会发展面临的挑战

从不利的因素来看,国际需求在短期内难以恢复到危机前的水平,各种形式的保护主义抬头将在一定程度上制约中部地区外向型经济发展步伐,中部地区部分产业面临较大冲击,一些行业产能过剩、企业经营困难的问题将更加突出,中部地区的经济发展方式、产业结构和体制机制面临更大的调整压力。

1. 资源环境压力日益加大。长期以来,东部地区经济的快速增长很大程度上是依靠资源的高度消耗和低效利用、生态环境的严重破坏等为代价实现的,同时也是依靠较为廉价的要素价格和环境成本发展起来的。进入新世纪以来,资源环境问题日益突出。为此,"十二五"规划明确将科学发展作为主题,加快转变经济发展方式为主线。这就意味着,中部地区不可能再走东部地区的老路,中部地区发展面临的资源价格和环境成本要明显高于东部地区,中部地区要获得与东部地区一样的发展需要付出更大的资源环境成本,这无疑是制约中部地区发展的重要因素。中部地区森林面积占全国的18%,森林覆盖率超过33%,是南水北调中线工程的重要水源地,也是主要江河的重要水源涵养区,在维系国家生态安全中占有重要地位。随着经济的快速增长,中部地区面临的生态环境压力日益加剧。目前,中部地区单位 GDP 能耗高于全国平均水平,比东部地区高近50%,二氧化硫排放量占全国的近 1/3,特别是中部地区是全国重要粮食生产基地,肩负着保证国家粮食安全的重任,中部地区不得不在工业化、城镇化快速发展与保持耕地面积不减少的尖锐矛盾中艰难地寻找实现可持续发展的路径。同时,伴随着经济的快速发展和人口的迅速增长,中部地区的环境污染正从点源污染扩展到面源污染;从工业污染扩展到农业和生活领域的污染;从城市污染扩展到乡村地区污染,而且各种污染复合叠加,增加了环境治理的难度和成本。

2. 产业结构有待进一步优化。从整体上看,中部产业层次比较低下,高度依赖资源型产业,产业结构较为单一,先进制造业、战略性相关产业等具有国际竞争力的产业基础比较薄弱,一旦市场出现变化,仅仅依靠做原材料基地和初级产品加工车间这一条腿走路是不可持续的,很容易受到影响和冲击。中部地区是我国钢铁、水泥、平板玻璃、煤化工、多晶硅等资源型产业的重点发展地区,受产能过剩冲击的影响较为突出,企业总体效益低下,不利于增强自主创新能力和产业结构优化升级。无论从发展机遇,还是从现有产业结构和产业基础看,中部地区产业提升的空间很大,但由于农业比重大和以资源型、粗加工为主的工业结构,很大程度上将限制中部地区产业附加值的提升。从农业看,中部地区一直是全国人地矛盾非常突出的地区。2002～2008 年,中部地区建设扩张占用耕地占耕地减少部分的比重远远高于全国50%的平均水平,2007 年已经达到86.51%,2008 年高达93.49%,其中 2008 年江西和山西两省高达98%以上,接近极限。目前,中部地区正处在快速工业化初期,工业化和城市化对土地的需求强度大,城市建设用地处于快速扩张时期,耕地面积减少的速度必然呈现加快趋势,人地矛盾日益尖锐。尽管近年来中部地区农业投入不断加大,但农业基础设施仍然薄弱,抗灾减灾能力偏低,农业增产不增收问题突出,农民生产积极性受到影响。从工业看,受区位条件、政策环境等多方面因素的影响,中部地区在产业基础、产业层次、经济效益和企业规模等方面与东部沿海地区还存在较大差距,在全国具有总量优势的行业较少,拥有的核心技术与知名品牌不多,产业及产品都缺乏竞争优势。从第三产业看,服务业仍是中部地区的薄弱环节,与全国和沿海经济发达地区相比仍较落后,2010 年,中部地区服务业增加值只占 GDP 的34% 多一点,比全国平均水平低 8 个百分点,总体上仍处于较低水平。

3."三基地、一枢纽"建设缺乏有力支撑。一是能源基地发展的后续资源潜力不足。中部地区的煤炭资源较为丰富,但经过 50 多年大规模、高强度的开采,部分地区资源渐趋枯竭,一些地方的开采难度和成本不断上升。目前,山西省煤炭开采强度达到 23.13% ,分别高于陕西 14.3% 、内蒙古 14.7% 的开采强度。2010 年,中部地区煤炭产量占全国的34.5% ,比 2005 年的 41.7% 下降了 7 个百分点,比最高峰期的 1993 年下降了 10 个百分点,煤炭生产在全国的地位趋于下降。水能资源开发利用的程度已经很高,除山西外,中部其他省区水力资源的开发利用程度都远远高于全国平均水平,尤其是作为水电大省的湖北,水能资源的利用程度已达 88.6% ,水电开发已接近饱和,进一步发展的潜力不大。二是原材料基地发展面临多重挑战。矿产资源保证程度呈下降态势,如江西省主要矿产资源可采储量已多年呈负增长,可利用的矿产储量明显不足,接替资源严重短缺。湖北、湖南等省优势矿产资源也濒临枯竭,武钢、马钢、江铜等企业已向国外大量进口矿石,部分企业将厂区迁往沿海地区。资源开发利用集约化程度偏低,矿山企业采选技术和装备水平较低,矿石采选综合回收率和共伴生矿产综合利用率较低,造成资源浪费现象仍很严重,采主弃富、采富弃贫、采易弃难、重采轻掘、乱采滥挖现象仍较普遍,资源优势被削弱。原材料工业发展层次偏低,主要集中在资源加工的初中级层次上,落后产能过剩,深加工和精深加工的比重小,产品结构高度同质化,加工能力出现不同程度的过剩,竞争日趋激烈。三是现代装备制造及高技术产业尚处于起步阶段。中部地区装备制造产业规模偏小,排名整体靠后,门类存在缺失,资产质量低,经济运行效益差。除湖北省外,其他各省装备制造业配套不齐全,缺乏集设计、制造、服务于一体的成套总包企业,围绕大型企业的中小企业群体尚未真正形成,原材料供应、外协配套件等相关产业发展不足,协作配套能力较弱,部分行业主要企业的装备水平不相适应,成套能力不足,尚未形成专业化分工、社会化配套的制造体系,这既制约了装备制造业产业总体规模、经济效益和竞争力的提高,也未能对区域经济发展产生显著的带动作用。高技术产业整体规模与发达地区相比差距更大,在国民经济中所占份额较小,产业增值率低,拉动力弱,基本处于"低投入、低产出、低回报"的产业模式。电子及通信设备制造业、电子计算机及办公设备制造业发展尤其滞后,成为制约中部地区高技术产业整体规模扩大的主要因素。中部地区过度重视高技术产业的引进,而忽视了本地传统产业的高技术化改造,导致传统产业集群被锁定在价值链的低端。四是综合交通运输能力有待提升。中部地区现有干线公路中低等级公路的比重比较高,截至 2010 年,中部地区等级公路比重与全国基本相当,但江西、河南、湖南分别仅为 72%、74.5%、80%,分别比全国平均水平低 10.4、7.9% 和 2.4%。在等级公路中,高速以及二级以上公路占等级公路的比重也低于全国平均水平。铁路路网技术改造任务繁重,中部铁路技术水平基本处于全国平均水平。在内河航道中,仅 7% 左右的通航航道达到 3 级及以上,只有 40% 的航道达到国家规划标准,部分航道仍为自然状态,维护设施落后。部分港口功能单一,运量较低。民航 4A 级机场比重较低,支线机场较少,简易机场多,影响了地方经济,尤其是资源开发与旅游业发展。

4. 政策支持力度不足。国家实施区域发展总体战略,重点始终放在西部地区。在 2010 年党中央、国务院出台的深入推进西部大开发文件中,明确提出"西部大开发,在我国区域协调发展总体战略中具有优先位置"。西部地区是我国的边境地区、民族地区和贫困山区集中的区域,发展基础和条件都较差,有关部门在制定优惠政策时很自觉地想到对西部地区倾斜。与西部地区相比,中部地区发展条件好一些,经济基础也强一些,相对而言,需求显得不如西部一些地方那么急迫,也就不容易引起重视,较难受到特殊政策照顾,政策制定和实施时也容易形成"口惠而实不至"。一直以来,"两个比照"政策是中部地区的主要政策。实施3年多来,比照县获得了一些资金和项目支持,比照市经济发展活力也有所增强。但中部六省普遍反映,因政策设计本身的制约和外部环境变化,"两个比照"政策实施情况不够理想,比照市得到的实质性支持较少,面临的困难还没有真正解决,发展后劲难以激发;大多数比照县自我发展能力依然不强,与本区域发达县的差距继续拉大。特别是2009年以来,随着《国务院关于进一步实施东北地区等老工业基地振兴战略的若干意见》(国发[2009]33号)和《中共中央、国务院关于深入实施西部大开发战略的若干意见》(中发[2010]11号)的相继出台,国家给予东北地区和西部地区更大的政策支持,尤其是新的西部大开发政策支持力度之大更是前所未有。长此以往,中部地区与东北和西部地区的政策差距将不断拉大,不仅难以实现自身崛起,更难以在全国经济发展中发挥支撑作用。

此外,中部地区虽然人力资源、教育科技资源十分丰富,拥有武汉、合肥等教育科技资源居全国前列的城市,但劳动力技能相对较低导致未能充分享受"人口红利",科技资源丰富未能转化为强大的自主创新能力,自主创新、科技转化能力明显不足,科研水平也不够高,科研机构能力也尚未有效发挥,特别是缺乏全国性、世界性的名牌产品,产业升级、发展质量提升缺乏强大的自主创新能力支撑。中部地区在承接产业转移方面有优势但也面临着多方面的竞争,西部地区资源、劳动力成本等优势更大。与此同时,部分沿海地区为防止GDP流失,出台一系列政策措施千方百计将有意向外转移的企业留在省内,再加上东南亚一些国家如越南、泰国等和南亚一些国家利用其优越地理位置、更低的生产成本和更优惠的政策,不仅对全球投资商表现出较强的吸引力,也对在我国的部分企业产生了较大的诱惑力。这些因素客观上都对中部地区加快承接产业转移造成较大压力。

综合判断,"十二五"时期,中部地区发展面临的机遇难得,但挑战巨大;自身的潜在优势很多,但问题和制约也不少。总体分析,机遇大于挑战,有利因素多于不利因素,中部地区有条件继续实现又好又快发展。

第二篇 思路篇

目前,西部、东北、中部、东部四大区域板块呈现出你追我赶、奋勇争先的态势,区域竞争形势日趋严峻,中部地区若不奋力赶超,可能面临再次掉队的危险。要在认真分析国内外经济形势变化及其影响的基础上,准确把握中部地区发展态势和阶段特征,顺势而为,充分利用有利条件,努力克服不利因素影响,不断创新发展思路,特别是要着力突出工作重点,探索有效途径,全面发挥中部地区比较优势,激发发展潜力,有效化解各种错综复杂的矛盾和问题,逐步消除制约发展瓶颈和障碍,尽快提升总体发展水平和竞争力,力争在较短时间内使中部地区经济社会发展再上新台阶。为实现这一战略目标,"十二五"期间促进中部地区崛起,要围绕以下四个方面探索新的发展路径。

一是如何夯实"三基地、一枢纽"的战略定位。这是中央10号文件对中部地区发展最主要的定位,这一定位在今后一个相当长的时期内仍不会改变,必须始终坚持。要在以往工作基础上,进一步充实"三基地、一枢纽"内涵,巩固提升其地位,更加凸显中部地区在全国发展大局中的支撑作用。围绕建设国家重要的粮食生产基地,要进一步加大对农业发展的投入,改善农业生产条件,提高粮食综合生产能力,继续保持粮食稳产增产。围绕建设全国重要能源原材料基地,要积极推进大型煤炭基地和大型电力项目建设,加快发展新能源特别是可再生能源,努力提高原材料精深加工水平。围绕建设现代装备制造及高技术产业基地,要以核心技术、关键技术研发为着力点,增强自主创新能力,提升装备制造业和高技术产业整体实力和水平。围绕建设连接东西、纵贯南北的全国重要交通运输枢纽,要加大交通基础设施建设力度,加快现代综合交通运输体系建设,提升中部地区综合交通运输能力,加快建设全国物流中心。

二是如何解决好影响全局的关键环节。中部地区发展面临的困难和问题比较多,如何突出重点、抓住薄弱环节并取得突破是必须解决好的重大问题。一是要突出构建现代产业体系,继续发挥比较优势,加快钢铁、有色金属、食品加工、建材等传统产业升级步伐,积极承接国际和东部沿海地区的产业转移,加强对战略性新兴产业的统筹规划和合理引导,注重自主品牌建设和自主创新能力的提升,努力发展具有中部特色的现代产业体系,走新型工业化道路。二是要突出城镇化发展。城镇化是中部地区发展的"短板",也是潜力所在,要坚定不移地推进城镇化进程,着力发挥城市群的辐射、带动、示范和支撑作用,大力促进县域发展,加快城乡经济社会发展一体化进程,通过新型城镇化、工业化带动和提升农业现代化,通过农业现代化夯实工农协调互动、城乡共同繁荣的基础,促进"三化"协调发展。三是要按照主体功能区的要求,优化国土空间开发结构,规范开发秩序,以资源环境承接力为依据,继续推进条件较好地区发展,成为在全国有重要影响力的经济区;继续支撑革命老区、民族地区和贫困地区加快发展,不断增强自我发展能力,逐步形成重点带动、多点支撑、共同发展的区域发展格局。四是要着力推进体制机制创新,围绕消除影响发展的深层次矛盾和问题,大力支持粮食主产区经济发展,继续推进行政管理体制改革,深化经济体制改革,加强社会管理体制改革,加快构建有利于科学发展的体制机制。

三是如何贯彻落实科学发展观的基本要求。科学发展观是指导经济社会发展的重大战略思想,要始终坚持把科学发展观的要求落实好各项工作中,最重要的是要坚持以人为本,把保障和改革民生作为促进中部地区崛起工作的出发点和落脚点,逐步完善符合国情、比较完整、覆盖城乡、可持续的基本公共服务体系,使全体城乡居民能够更加公平地分享发展成果。要加快转变经济发展方式,加强资源节约和环境保护,大力发展低碳经济和循环经济,着力构建资源节约、环境友好的生产方式和消费方式,增强可持续发展能力。

四是如何进一步深化区域合作与联动发展。扩大开放是中部地区发展的根本出路,区域合作是中部地区需要重点加强的薄弱环节。要推动全方位、宽领域对内对外开放,进一步加强省际、城际间横向经济联合,积极推进经济一体化进程,不断提升中部地区的整体竞争力。一方面,要积极拓展合作领域。在区内,要通过各种有效形式推进全方位的合作,特别是推进发展规划、基础设施建设、市场发展、产业布局、环境保护等关键方面的一体化发展;在区外,要从一般经济贸易合作逐步深入到实行产业转移与承接、重点地区共同开发管理等深度合作。另一方面,要不断丰富合作形式,充分利用已有的各类平台推动政府间的沟通协调和企业间合作交流,不断深化区域合作领域。

第四章　新时期大力促进中部地区崛起的总体要求

促进中部地区崛起是一项复杂而艰巨的系统工程。要从国家发展全局和战略的高度,充分认识中部地区在全国的战略地位和作用,全面把握新时期大力促进中部地区崛起的时代意义,正确理解中部崛起的时代特征和基本内涵,合理设置崛起目标,明确促进中部地区崛起的总体要求。

一、正确把握中部地区在全国发展格局中的位置

促进中部地区崛起战略实施以来,尽管中部地区发展速度大大加快,经济实力有了明显提升,但由于起点低、底子薄,中部地区与全国平均水平和其他区域相比,在很多方面仍有较大差距,相对落后的局面还没有根本改变。

(一)经济发展相对滞后

"十一五"时期,中部地区年均经济增长速度仅快于东部地区,仍然滞后于西部和东北地区,年均增速分别比西部和东北地区低 0.5 和 0.4 个百分点。从年度看,2006 年中部地区全国最低,只有 2010 年略高于东北地区,其余 4 年均低于东北地区,5 年全部低于西部地区。从人均 GDP 看,中部地区低于全国平均水平的局面仍没有明显改善,2010 年,中部地区人均 GDP 不足全国平均水平的 80% ,仅相当于东部地区的一半、东北

地区的 70%，只比西部地区高 10%。从人均财力看，2010 年，中部地区人均财政支出只有 4200 元，仅相当于全国平均水平的 63%，是东北地区的 60%、东部地区的 65% 和西部地区的 70%，是四大板块中最低的。从中部地区经济总量占全国比重看，尽管占比近年有所回升，但尚未恢复到 1978 年 21.6% 的水平。

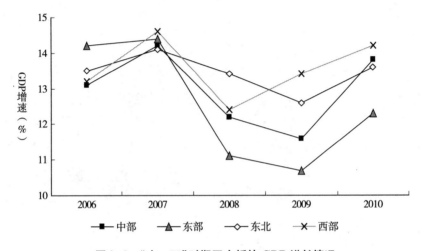

图 2-1　"十一五"时期四大板块 GDP 增长情况

表 2-1　2006—2010 年中部地区人均 GDP 及与其他地区比较

年份	中部地区 人均 GDP(元)	相当于东部 地区水平(%)	相当于东北 地区水平(%)	相当于西部 地区水平(%)
2006 年	12269	44.5	67.1	111.9
2007 年	14754	45.7	68.4	111.7
2008 年	17860	48.0	68.8	111.6
2009 年	19824	48.8	70.5	107.9
2010 年	23997	50.7	70.4	109.0

表2-2 中部地区人均财政支出与全国及其他地区比较

年份	中部地区人均 财政支出(元)	相当于东部 地区水平(%)	相当于东北 地区水平(%)	相当于西部 地区水平(%)
2005 年	1339	53.7	54.9	77.0
2006 年	1732	59.8	60.2	82.1
2007 年	2183	61.1	61.8	80.4
2008 年	2783	64.4	62.1	73.8
2009 年	3503	68.0	63.1	73.2

(二)城乡居民收入较低

"十一五"时期,随着国家对"三农"的投入和对农民补贴继续大幅度提高,以及城镇就业形势的向好、地方相继提高最低工资标准等,对中部地区城乡居民收入增长产生了积极影响。2010年,中部地区城镇居民人均可支配收入15958元,是2005年的1.81倍;农村居民人均可支配收入5507元,是2005年的1.86倍。农村居民收入增长幅度略高于城镇居民。但从人均收入水平来看,中部地区与东部地区的收入差距仍然较大,与东北地区和西部地区相比也不占优势。以2010年为例,中部地区城镇居民人均可支配收入只相当于全国平均水平的84%,远远低于东部地区,略高于东北地区和西部地区。农民人均纯收入只相当于全国平均水平的93%,仅高于西部地区,低于东部地区和东北地区。中部地区较低的居民收入水平,直接制约了消费增长,间接导致人力资本投资的滞后,不利于生产力的发展和经济结构的优化升级。此外,低收入、低人力资本积累人群的就业困难也容易造成社会劳动和时间资源的浪费,给中部地区经济社会又好又快发展带来一系列不稳定因素。随着资源和生态环境的刚性制约日渐突出,中部地区主要依靠投资驱动的增长模式也将难以持续,如何加快经济发展方式转变、推进产业结构优化升级,成为当前中部地区面临的一个重大难题。

表2-3　中部地区城镇居民收入与其他地区比较

年份	中部地区城镇居民人均可支配收入（元）	相当于东部地区水平（%）	相当于东北地区水平（%）	相当于西部地区水平（%）
2006 年	9902	66.2	100.7	101.8
2007 年	11634	68.5	101.5	102.9
2008 年	13226	68.9	100.8	102.0
2009 年	14367	68.6	100.3	101.1
2010 年	15958	69.0	100.7	101.0

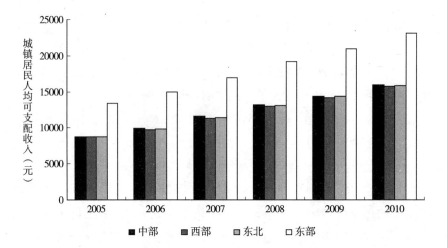

图2-2　四大区域城镇人均可支配收入对比

表2-4　中部地区农村居民人均纯收入与其他地区比较

年份	中部地区农村居民人均纯收入（元）	相当于东部地区水平（%）	相当于东北地区水平（%）	相当于西部地区水平（%）
2006 年	3283	63.3	87.7	126.9
2007 年	3844	65.7	88.4	126.9
2008 年	4453	67.5	87.3	126.6
2009 年	4793	67.0	87.8	125.6
2010 年	5507	69.4	85.1	124.7

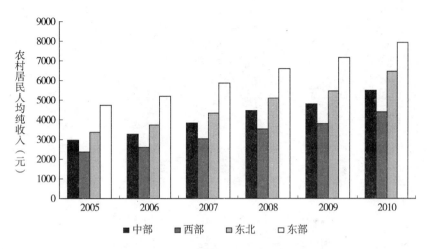

图 2-3　四大区域农村居民人均纯收入对比

（三）产业结构不够优化

中部地区一、二、三产业比重由 2005 年的 16.7∶46.8∶36.6 调整为 2010 年的 13.2∶52.7∶34.1,产业结构有所优化,但第二产业所占比重过大,在四大板块中列第一位,而且主要集中在重工业领域,轻工业发展相对落后;农业所占比重与西部并列第一;第三产业比重最低,现代服务业发展滞后。与其他地区相比,中部地区产业结构"同构化"和"低度化"问题突出,产业竞争力低下,工业企业存在着产业集中度较低、创新能力不足、产品附加值较低等问题,缺乏市场竞争力。农业基本上仍然是传统农户经营的模式,生产规模小、效率低、农业产业化水平低。服务业以餐饮、运输、批零等传统低层次行业为主,金融、保险、信息、物流等现代服务业发展滞后。在现代市场经济中,产业结构和经济发展之间的相互作用越来越明显,中部地区产业结构失调已成为制约中部六省经济发展的主要障碍。

（四）城镇化水平仍然偏低

根据世界银行发展报告的分析,低收入国家在人均 GNP 为 500 美元

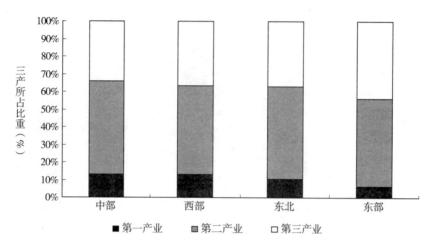

图 2-4 2010 年四大区域三次产业结构对比

时,城镇化水平已达到 52.7%。人均 GNP 在 1000 美元的国家平均城镇化率为 63.4%,我国人均 GDP 为 1000 美元时城镇化率为 40.5%,3000 美元时城镇化率为 45.7%,而中部地区人均 GDP 在 1000 美元时城镇化率仅为 36.3%,3000 美元时仅为 42.3%,既低于按照钱纳里"标准模式"推算的城镇化率,也明显低于全国水平。中部地区城镇化率与"标准模式"的差距表明,中部地区的城镇化水平与经济发展阶段相比严重滞后,城镇化发展潜力仍然较大。从全国比较来看,2009 年,中部地区城镇化率约为 42.3%,低于 46.6% 的全国平均水平,比东北地区低 15.8 个百分点,比东部地区低 15 个百分点,仅比西部地区高 2.9 个百分点。中部六省中城镇化率最高的湖北省低于全国 0.6 个百分点,最低的河南省低于西部地区 1.7 个百分点。

(五)消费与投资相对不足

从消费来看,2010 年,中部地区人均消费 8800 元,低于全国平均水平,仅相当于东部地区的 50.8% 和东北地区的 66.4%,稍高于西部地区,居民消费能力与消费需求相对不足(见表 2-5)。同时,中部地区还存在消费环境不够良好、消费结构有待优化的问题,城乡居民消费潜力没有得

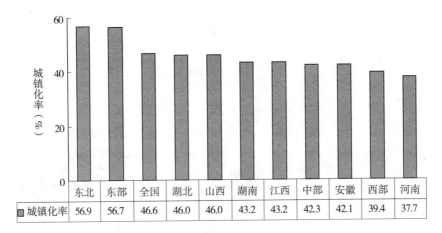

	东北	东部	全国	湖北	山西	湖南	江西	中部	安徽	西部	河南
■ 城镇化率	56.9	56.7	46.6	46.0	46.0	43.2	43.2	42.3	42.1	39.4	37.7

图2-5　2009年中部地区城镇化水平对比统计

到释放,消费需求对扩大内需的作用没有得到充分发挥。从投资看,尽管"十一五"时期中部地区投资呈现高速增长的态势,年均增长31.6%,占全国投资的比重为22.6%,投资总量仅次于东部地区,但中部地区人均投资水平仍然偏低,远低于东北和东部地区,只比西部地区略高。与东部沿海地区相比,中部地区民间投资严重不足,存在一定的盲目扩张和重复建设现象,未形成投资与消费的良性互动关系,投资对增加就业、改善民生的作用还不明显。

表2-5　中部地区人均消费与其他地区比较

年份	中部地区 人均消费(元)	相当于东部 地区水平(%)	相当于东北 地区水平(%)	相当于西部 地区水平(%)
2006 年	4311	47.5	65.6	116.9
2007 年	5095	48.5	66.1	117.6
2008 年	6416	49.9	66.4	118.0
2009 年	7418	50.6	66.3	118.3
2010 年	8800	50.8	66.4	118.2

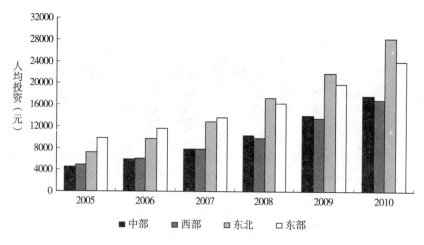

图 2-6 2010 年四大区域人均投资对比

（六）资源环境压力日益加大

1. 能源利用效率仍然较低。2009 年,中部地区资源性工业产值占全部工业产值的比重比全国平均水平高出 14 个百分点,万元地区生产总值能耗比全国高 13%,万元工业增加值能耗比全国高 40%。从表 2-6 可以看出,中部地区能源消费增长率除 2008 年低于全国平均水平外,其他年份均超过全国平均水平,其中 2002—2005 年能源消费增长率超过全国的 10%,2006、2007 年也超出 9.6% 和 9.3%。中部地区电力消费一直处于增长状态,而且每年增速均很快,2004 年和 2007 年高达 19.56% 和 18.22%,2001—2008 年中部地区电力消费增速与全国持平。中部高耗能高污染产业所占比重一直较高,而且发展很快,各省支柱产业仍然多以高耗能高污染产业为主,产业结构转型特别是向"两型"产业方向转变进程缓慢。

表2-6　中部地区的能源和电力消费情况

年份	能源消费（万吨标准煤）				电力消费（亿千瓦小时）			
	全国		中部		全国		中部	
	消费总量	增长率（%）	消费总量	增长率（%）	消费总量	增长率（%）	消费总量	增长率（%）
2001	143199	3.53	34333	7.57	14679	7.27	2914	8.85
2002	151797	6.0	38402	11.85	16713	13.86	3221	10.55
2003	174990	15.28	43134	12.32	19155	14.61	3687	14.47
2004	203226	16.14	50877	17.95	22286	16.35	4408	19.56
2005	224682	10.56	56702	11.45	25003	12.2	4808	9.07
2006	246270	9.61	62165	9.63	28489	13.94	5411	12.54
2007	265583	7.84	67925	9.27	32719	14.85	6397	18.22
2008	285000	7.31	71624	5.4	34334	4.94	6653	4.0

2. 环境污染问题仍然突出。从大气污染物排放量来看，2004—2008年，中部地区工业废气增长了72.4%，占全国的比重增加了0.4个百分点。工业粉尘、二氧化硫和烟尘排放量虽有所下降，但占全国的比重基本与2006年持平。其中，山西、河南的大气环境问题突出。2008年，全国共有10个省的二氧化硫排放量超过100万吨，中部地区的河南省和山西省的排放量分列第2和第5位；共有3个省烟尘排放量超过60万吨，中部地区的山西省和河南省分别排第一和第三位。从污水及主要污染物排放量看，2008年，中部地区工业废水排放总量占全国的20.5%，而COD排放量和氨氮排放量比重达到了23.2%和26.6%，每万吨工业废水化学需氧量排放量和工业废水氨氮排放量分别较全国平均水平高12.9%和68.3%。由于上游生态环境的破坏，长江、黄河的水体里面含有大量的泥沙，水质不断恶化。长江、黄河流域两岸许多中小型企业排放的含有汞、镉、铅、锌、砷等有毒物质的工业废水，进一步恶化了水质。湘江流域重金属污染较重。湖泊水质趋向于富营养化，巢湖、东湖污染严重，洞庭湖和

鄱阳湖水质分别为Ⅳ类和Ⅴ类,巢湖水质为Ⅴ类,东湖水质为劣Ⅴ类。环境恶化使得中部六省的环境污染与事故频频发生。

表2-7　中部地区"三废"排放指标

年份	工业废水达标排放率(%)		万吨工业废水化学需氧量排放量(吨)		万吨工业废水氨氮排放量(吨)		工业固体废物综合利用率(%)	
	全国	中部	全国	中部	全国	中部	全国	中部
2003	89.18	86.34	2.411	2.395	0.19	0.279	55.8	51.25
2004	90.70	89.17	2.305	2.394	0.191	0.295	56.48	53.82
2005	91.2	91.08	2.282	2.519	0.216	0.334	57.27	55.12
2006	90.7	90.83	2.254	2.416	0.177	0.291	61.11	58.59
2007	91.66	92.76	2.072	2.214	0.138	0.241	62.81	60.38
2008	92.4	93.3	1.894	2.138	0.123	0.207	64.95	65.41

(七)公共服务整体水平较低

1.教育发展相对落后。2008年中部地区人均教育经费支出784元,相当于全国平均水平的72.5%,相当于东部地区的64%,东北地区的78.3%,西部地区的90.3%,是四大地区中最低的。教育经费投入的不足,造成中部地区高等教育质量不高。2009年,全国普通高校1909所,其中中部六省481所,仅占全国普通高校校数的25.2%;国家重点建设的"211"工程学校有107所,中部地区只有13所,仅占12.1%,高等教育优质资源在中部地区的分布比例与中部地区人口占全国的比例不相协调。全国每10万人口高等教育在校生为1924人,而中部六省为1774人,比全国平均水平少150人;高等教育毛入学率全国平均水平为23%,而中部六省除湖北、江西外,其余各省均低于全国平均水平,且存在较大差距(湖南18.8%、河南19.7%、安徽19.7%、山西19%)。此外,中部地区职业教育发展落后,重普教、轻职教的观念比较普遍。职业技术学校师资薄弱、结构不优,在培养模式上过分追求学历教育,淡化了职校教育培养学生职业技术能力的功能。

2. 公共卫生有效供给不足。中部地区卫生经费占财政支出比重偏低,人均卫生事业支出不足全国平均水平的70%。2009年,中部地区每百万人医院机构14家,相当于全国平均水平的91.9%,相当于东部地区的97%,东北地区的65.6%,西部地区的83.8%,在四大板块中最低。2009年,中部地区万人病床数比全国平均水平低2.35张。2000~2009年,全国万人病床数由25.1增加到28.01,而中部地区仅由24.1提高到25.7,与全国的差距不断扩大,特别是山西省和江西省,万人病床数呈现下降趋势。2009年,中部地区每千人卫生技术人员数为3.45人,比全国平均水平低0.7人。除山西省高于全国平均水平外,其余5省均偏低。同时,中部地区医疗设备普遍陈旧落后,特别是农村地区,大部分设备都是20世纪80年代购置的。

表2-8　2009年中部地区科教文卫人均指标与其他地区的比较

	全国平均水平	中部地区	东部地区	东北地区	西部地区
人均教育经费(元)	1081	784	1225	1001	868
人均技术市场成交额(元)	227	59	460	173	65
每百万人专利申请受权量(件)	374	129	762	189	130
每百万人医院机构数(个)	15	14	14	21	17
每万人卫生机构床位数(张)	33	32	34	41	33

3. 社会保障水平不高。中部地区参加各类社会保险的人数逐年增加,但各类社会保险参保覆盖率在全国居于中下水平,农民工、乡镇企业工人和一些农民几乎与社会保障制度无缘。2009年中部六省最低工资标准普遍较低,安徽与宁夏并列全国倒数第1、2位;2010年虽然有所提高,但在全国仍然处于中下游。尽管中部地区所有县(市、区)均开展了

新型农村合作医疗制度,补助标准也从 2006 年的每人 40 元提高到 2010 年的 120 元,但各地农村合作医疗报销起点普遍偏高,超过起点报销比率较低,众多贫困家庭仍然存在看不起病的现象。

(八)对外贸易发展水平偏低

1. 外贸规模较小。2010 年,中部地区对外贸易额仅占全国的 3.9%,仍然存在着规模小、层次低、对经济增长贡献率低等问题,出口产品技术含量较低,换汇成本上升,贸易利益减少,基本上处于保本微利状态。进出口额总额虽然有所增加,但低于同期 GDP 增长速度,占全国比重仍然较低,在四大板块中排名最后。2006 年, 中部地区外贸依存度为

表 2-9　2009 年各地区的对外开放度

地区	开放度	名次	地区	开放度	名次
广东	2.455202	1	湖南	-0.2399	16
江苏	1.541811	2	海南	-0.24638	17
上海	0.822501	3	黑龙江	-0.24894	18
浙江	0.612037	4	广西	-0.25774	19
福建	0.304982	5	江西	-0.27413	20
辽宁	0.159963	6	云南	-0.28527	21
山东	0.145065	7	重庆	-0.28949	22
北京	0.126545	8	贵州	-0.31573	23
新疆	-0.04123	9	甘肃	-0.3271	24
四川	-0.10653	10	天津	-0.34036	25
安徽	-0.17373	11	宁夏	-0.4061	26
山西	-0.1913	12	青海	-0.42217	27
河南	-0.19933	13	内蒙古	-0.43957	28
湖北	-0.20196	14	吉林	-0.44921	29
河北	-0.22865	15	陕西	-0.48328	30

9.8%,2010年外贸依存度只有10%左右,总体对外开放度水平远低于东部,与西部相比也不存在优势,甚至还落后于西部某些省份。从内部来看,安徽省的对外开放水平较高,山西、河南、湖北三省在中部地区和全国的排名均处于中游,湖南、江西的对外开放度居于中下游水平。对外贸易发展滞后成为制约经济发展的瓶颈,大力发展开放型经济是当务之急。

2. 对外经济结构不合理。从进出口产品构成来看,目前中部地区出口商品主要为资源密集型产品、劳动密集型工业品以及一般的机电产品,高新技术产品所占比例不高,高附加值的产品很少,导致利润空间小,基本上处于保本微利状态,在人民币升值、国际贸易壁垒和贸易摩擦日益增多、国内资源价格上涨的种种压力下,产品缺乏竞争力,出口企业经营困难。此外,与东部沿海地区相比,中部地区还存在"走出去"能力有限、对外投资产业层次低、对外承包工程企业抗风险能力弱、对外劳务合作结构性矛盾突出、国际旅游外汇收入贡献较低等问题。

从以上可以看出,促进中部地区崛起战略实施5年来,尽管中部地区经济社会发展成效显著,但与全国其他区域相比还有不少差距。可概括为:经济保持较快发展,经济总量占全国的比重明显提高,但尚未恢复到改革开放初期的水平,人均GDP仅高于西部地区,不足全国平均水平的80%,人均财政支出在全国四大板块中处于垫底水平;产业发展层次较低,三次产业中一产所占比例高,三次产业发展相对滞后,产业发展整体竞争力不高;城镇化水平明显偏低,在全国四大板块中仅高于西部地区,大大低于东部地区和东北地区;资源环境压力加大,能源消耗较高,污染事件屡有发生,生态环境保护和建设任务较重;基本公共服务水平较低,人均教育、卫生经费支出位列四大板块末位;对外开放程度不高,体制机制创新任务艰巨,区域合作有待加强。总的来说,目前中部地区发展水平与其在全国区域发展格局中的重要战略地位相比还很不适应,大力促进中部地区崛起任重道远。

二、充分认识新时期大力促进
中部地区崛起的重大意义

促进中部地区崛起是国家区域发展总体战略的重要组成部分,是实现全面建设小康社会目标的重大部署,是继鼓励东部地区率先发展、实施西部大开发和振兴东北地区等老工业基地战略之后,党中央、国务院站在全局和战略高度作出的又一重大决策,是加快形成东中西互动、优势互补、相互促进、共同发展的区域发展新格局的必然选择。促进中部地区崛起,不仅是将中部地区潜在的比较优势转化为现实经济优势的需要,也是深入推进区域协调发展,形成优势互补、良性互动的区域经济发展新格局的需要。党的十七届五中全会通过的《中共中央关于制定国民经济和社会发展第十二个五年规划的建议》明确提出,要实施区域发展总体战略,大力促进中部地区崛起,发挥其承东启西的区位优势,改善投资环境,壮大优势产业,发展现代产业体系,强化交通运输枢纽地位。与其他区域相比,中部地区在区位条件、要素禀赋、产业基础等方面有其独特优势,国务院印发的《全国主体功能区规划》根据各地区资源环境承接能力,将中部若干地区列为重点开发区域,这些都要求中部地区发挥自身优势,在实施扩大内需特别是消费需求战略中发挥主力军作用,在推动经济发展方式转变方面发挥示范作用,在保持全国经济又好又快发展中发挥支撑作用。面对中部地区发展面临的机遇和挑战,在新形势下做好促进中部地区崛起工作,进一步发挥中部地区在全国区域发展大局中的重要作用,具有特别重大的意义。

(一)有利于实现经济社会又好又快发展

1966 年汤普森提出"区域生命周期理论",认为工业区域建立后如同一个生命有机体一样遵循一个规则的变化次序而发展,从年轻到成熟再到老年。处于生命周期不同阶段的区域面临一系列不一样的问题。当工业区域处于年轻期时,明显的市场优势导致投资资本大量涌入,广阔的市场前景和不断涌入的资本支持着新技术在该区域的不断出现,而新技术又促进区域不断发展。而当发展到成熟期后,相对于其他区域,该区域仍能保持其比较区位成本优势,但区域竞争逐渐加剧。到了老年阶段,区域过去的一系列优势不复存在,很可能陷入膨胀或萧条,但也可通过创新能力再生而进入新一轮生命周期循环。

按照这一理论,中部地区目前正处于区域工业年轻期,具有承东启西、连南接北的区位优势,广阔的市场、便宜的原料供应、较低的劳动力成本吸引资本大量涌入,科教基础较好,自主创新能力不断增强,具有明显的竞争优势。随着中部崛起战略的全面实施,国家对中部地区的支持力度进一步加大,广阔的市场资源、辐射周边的区位潜力也使中部地区面临着加快发展、迎头追赶的空前机遇。但中部地区仍然存在产业发展基础不牢、基础设施支撑能力薄弱、城乡公共服务能力不足、资源环境压力不断加大等制约长远发展的矛盾和问题,特别是中部地区仍以资源型经济和加工型产业为主,传统产业比重大,对要素投入依赖高,产业层次偏低,整体竞争力不强,面临的资源环境问题日益突出。加快促进中部地区崛起,有利于深化、细化、实化中央10号文件提出的各项要求,发挥中部地区综合优势,强化“三个基地、一个枢纽”建设,有利于有效化解各种错综复杂的矛盾和问题,逐步消除制约发展的瓶颈和障碍,切实增强发展后劲和活力,培育我国经济新的增长极;有利于加快转变发展方式,实现经济结构战略性调整,推动中部地区摆脱传统发展模式的路径依赖,走出一条资源节约、环境友好的路子,实现可持续发展;有利于提升总体发展水平和竞争力,巩固提升中部地区在全国发展格局中的战略地位,不断开创中部地区发展的新局面。

(二)有利于增强对全国经济社会发展的支撑作用

美国区域经济学家弗里德曼从产业发展和空间演变相结合的角度提出区域空间一体化理论。该理论认为,在区域经济持续增长过程中,空间子系统会重组,其边界会发生变化。这一过程往往按一定规则进行,其最终格局是全国区域经济全面一体化。弗里德曼根据一个国家工业产值在国民生产总值中所占比重的不同,将空间一体化过程分别四个阶段。第一阶段:均质无序的区域中存在若干缺乏等级结构的独立地方中心。这是前工业化社会特有的典型空间结构,相对稳定。每个城市坐落于一个小面积地区的中央,腹地范围小,地区间相互缺乏联系并相互割裂,存在大量的自给自足的经济。增长潜力很快就告枯竭,经济停滞不前。第二阶段:开始拥有单个强有力的中心。工业化初期所具有的典型结构,表现出不稳定态势,边缘区开始出现。由于拥有企业家素质的人才、知识分子和劳动力大量迁至中心,中心以外的其他地区的经济会遭到沉重打击;国民经济事实上只有一个单一大城市区域支撑,其增长潜力优先;边缘区域的长期停滞可能会导致社会与政治动荡。第三阶段:次级中心开始出现。这种空间结构反映了工业化成熟阶段的基本特征。这一阶段,战略次中心得到开发,因而使得全国的边缘区域范围缩小,大城市间的边缘区域更易管理;边缘区域的重要资源被纳入国民经济的生产性循环,国家中心的膨胀问题能得以避免;国家的增长潜力提高,但在大城市之间的边缘区域依然存在贫困与文化落后问题。第四阶段:功能上相互依存的城市体系结构形成。城市等级体系形成,交通网络发达,边缘性基本上消失,区域体系最终演变为组织良好的综合体。这种网络化的空间组织类似于克利斯塔勒提出的中心地市场网络结构。有组织的综合体是工业化后期或后工业化时期所追求的最终目标。城市间的边缘区将逐步纳入其邻近的城市经济中,在最后的有组织的综合体阶段,国家一体化、布局高效率、增长潜力最大化与重要的区际差异最小化等空间组织目标已经实现。

空间一体化理论揭示,我国幅员辽阔,区域差别巨大,仅靠长三角、珠三角、京津冀等几个经济增长极的辐射带动是难以支撑全国经济持续稳定发展的。中部地区区位独特,具有明显的综合资源优势,是连接东西部的桥梁和纽带,是沟通上述几大经济区的腹地,是全国最具有潜力的重点开发地区之一,也是培育形成新的经济增长极的优先区域。中部地区长期发展滞后,不利于发挥其资源优势,也难以发挥其承接东部、辐射西部的作用。促进中部地区崛起,有利于实现东西互动、南北合作,形成多中心带动的区域增长格局,为我国经济布局均衡和协调发展提供坚实支撑点;有利于发挥中部地区对全国经济增长的支撑作用,促进全国经济整体实现又好又快发展。

(三)有利于促进区域协调发展

梯度理论认为,由于经济与技术发展存在区域梯度差异,产业与技术呈现由高梯度向低梯度扩散和转移的趋势,这种产业和技术的梯度转移与传播是区际关系协调与区域经济布局优化的客观需要,要以效率优先、兼顾公平的原则优先发展条件好的地区,最终实现共同发展。当一个区域发展到老年阶段后,若其成熟产业不适时扩散出去,就会产生衰退产业与新产业在用地、用电、用水、用工等多方面的冲突,导致区域产业拥挤,区域经济陷入萧条乃至危机中,产业的适时转移成为高梯度发展地区产业结构调整和升级的客观需要。而将一些传统产业转移至落后地区可大大降低生产成本,增加落后地区就业机会,提高人民的收入水平,并以此为契机为经济起飞创造条件。产业与技术转移涉及区域经济布局格局的整体调整,而区域梯度转移的快慢与各个方向传播程度的强弱取决于三种力量的综合作用,这三种力量分别来自极化效应、扩散效应和回流效应:计划效应会使生产向优势突出的高梯度地区集中,导致梯度差扩大;扩散效应会促进低梯度地区发展,缩小梯度差;回流效应会遏制低梯度区域的发展,从而扩大梯度差。发达地区的推力不足或落后地区的拉力不足均不能使产业顺利转移。

按照工业发展水平,我国分为东、中、西三大梯度,东部地区经济发展水平高、速度快,具有人才和技术优势,中西部地区经济欠发达,技术水平落后,人才和资本严重缺乏,但自然资源丰富,具有比较优势。按照技术水平的高低,这三大地带客观上形成了从高梯度向低梯度过渡的局面。目前,东部地区已经率先发展起来,下一步战略实施重点应转向第二梯度即中部地区发展。几年来,尽管中部地区发展速度大大加快,但在很多方面与东部地区和全国平均水平相比仍有较大差距。当前,东部地区正在加速转移劳动密集型产业及一般制造业,为产业结构升级调整腾出空间,西部地区也在加快开发进程,努力实现跨越式发展。中部地区作为全国发展的重要资源保障,在能源、矿产资源、土地资源、水资源等方面具有举足轻重的地位,同时还是沟通东西部地区的重要纽带。在这一背景下,加快促进中部地区崛起,能够将中部地区潜在的比较优势转化为现实经济优势,深入推进区域协调发展,形成优势互补、良性互动的区域经济发展新格局。

(四)有利于增强我国经济整体竞争力

奥地利理论生物学家和哲学家贝格朗菲用机体论生物学批判并取代了当时的机械论和活力论生物学,建立了有机体系统的概念,提出了系统论的思想。该理论认为,系统是由若干相互联系的基本要素构成的,是具有确定的特性和功能的有机整体。系统有四个原则,即整体性原则、结构功能原则、目的性原则、最优化原则。关于整体性原则:整体具备要素所不具备的性质,系统不是各部分的简单组合,而有统一性,各组成部分或各层次的充分协调和连接,提高系统的有序性和整体的运行效果。要素的性质影响整体。要素之间相互影响、相互关联,构成了一个不可分割的整体。要素是整体中的要素,如果将要素从系统整体中割离出来,它将失去要素的作用。关于结构功能原则:系统结构反映系统内部各个要素相互之间的稳定联系。要素不变时,结构决定功能。关于最优化原则:为最好地实现目标而通过改变要素和结构使系统功能最佳。可以把全国看作整体,把各个区域看作整体的构成要素。全国作为一个拥有独立主权的国家具备各个区域所不具备的政治、外交等功能,国家的经济实力确定其在国际上的地位,而国家的综合国力又是由其各构成要素决定的,各要素之间相互影响、相互关联,如果要素结构功能良好,将产生大于各自力量之和的合力;而如果要素之间总是发生摩擦、产生内耗,结果只能是损害整体的利益。

系统论认为,政府作为经济系统的内生变量,掌握着较为充分的信息和资源,能够通过加强宏观调控,优化要素结构,减少不必要的内耗,从而实现全国利益最大化。在我国这样一个大的经济系统中,东部、中部、西部和东北地区是系统中的四个要素,综合国力的提高,依赖于各个要素实力的提高。不同区域间通过加强沟通合作,减少内耗,能够产生大于各自力量之和的合力,促进全国经济社会发展。国家大力实施促进中部地区崛起战略,充分发挥市场引导和政府调控的作用,有利于推动资源优化配置,进一步发挥中部地区的比较优势,实现东、中、西、东北四大区域经济资源的合理搭配与高效利用,实现区域生产要素的整体优化配置,形成东中西良性互动、优势互补、相互促进、共同发展的区域生产力布局新格局,提高我国经济整体竞争力。

(五)有利于拓展国民经济发展空间

受国际金融危机影响,全球经济发生深度调整,我国过分依赖出口拉动的经济增长格局受到严重冲击,调整经济结构、转变经济发展方式已刻不容缓。如何有效推动经济结构调整和经济发展方式转变? 一个重要途径就是扩大内需。扩大内需,有利于挖掘和释放国内市场的巨大潜力,为经济平稳较快发展提供广阔空间和强大动力。改革开放以来,在"先富带动后富"的政策指引下,东部沿海地区利用良好的区位和政策优势,大力发展外向型经济,推动了经济的飞速发展,在造就沿海地区繁荣的同时,也形成了较大的区域差距,人力、资本、物质等资源向东部沿海等优势区位聚集,导致区域间、区域内贫富差距日益扩大。大量沿海及内地"先富"资本涌入房地产和奢侈品消费等行业,这些资本在推高物价、房价的同时,并没有创造多少生产能力和就业机会,反而削弱了老百姓的收入及消费能力。广大中西部地区由于发展水平较低,消费能力有限,而那些大量涌入沿海地区的劳动力不仅收入低,由于户籍制度的限制还面临着医疗、子女上学等一系列支出,在高房价下也不得不压缩消费。这样,就形成了高收入群体人数少、消费能力强但消费需求不足,低收入群体人数多、消费需求强但消费能力不足的现象,导致内需长期不振,对经济的拉动作用一直得不到发挥。因此,仅仅依靠东部沿海地区的快速发展,无法承担扩大内需的重任。只有深入贯彻落实科学发展观,统筹城乡、区域发展,坚持把中西部地区作为扩大内需的主战场,特别要把中部地区作为拓展国民经济发展空间的重要区域。

党的十七届五中全会明确指出,坚持扩大内需特别是消费需求的战略,必须充分挖掘我国内需的巨大潜力,着力破解制约扩大内需的体制机制障碍,加快形成消费、投资、出口协调拉动经济增长新局面。中部地区经济发展外向度偏低,对外贸易规模虽有较大幅度增长,但对外贸易依存度仅为10%左右,比全国平均水平低46个百分点,推动区域经济发展的主要力量在于内需。在四大板块中,中部地区是最具内需潜力的地区,这一潜力来自于中部地区在快速工业化和城镇化进程中,推进基础设施建设、产业结构升级、生态建设和环境保护、社会事业发展所蕴藏的巨大需求,来自于3.6亿人口所拥有的广阔市场前景和实现富裕生活的美好愿望。2006年以来,中部地区社会消费品零售总额增速始终居四大板块前列,2010年增速达19%,比全国平均水平快0.7个百分点,充分证明了这一巨大市场的潜力。实施促进中部崛起战略,通过政策资源与市场力量的双重推动,有利于把中部地区潜在的市场需求转化为现实的市场需求,有效实施扩大内需特别是消费需求战略,极大地拓展国民经济增长空间。

(六)有利于如期实现全面建设小康社会

党的十六大确立了我国新世纪前20年的奋斗目标,提出要把较低水平的小康社会建设成为更高水平的全面小康社会。全面建设小康社会的重点在中部地区,难点在农村。中部地区是全国重要的农产品主产区,国土面积占全国的10.7%,耕地面积占全国的23.8%,农村人口占全国的30%,整体上人多地少、农业现代化水平不高、农民收入偏低,是全国“三农”问题较为突出和集中的区域,尤其是城乡基本公共服务差距十分明显。从义务教育看,无论在教学场地、校舍建设方面,还是在教学仪器、实验设备、图书资料方面,中部农村学校与城市都存在巨大差距。从医疗卫生资源为例,城乡之间明显不均等,2009 年,山西、安徽、江西、河南、湖北、湖南城市每千人床位数分别是农村的 3.5、2.5、2.6、2.8、2.4、2.6 倍,城市每千人卫生技术人员数分别是农村的 2.5、2.5、2.2、2.3、1.7、2.4倍,城市每千人口执业医师数分别是农村的 2.2、2.4、2、2.2、1.7、2.3 倍。从社会保障来看,中部城市普遍建立的社会保障项目包括养老、医疗、工伤、失业、生育等社会保险制度,老年人、儿童、残疾人等社会救济制度,低保、灾害救助、社会互助等社会救济制度,住房公积金、经济适用房、廉价住房社会保障制度,以及优抚安置等,基本涵盖了社会保障的所有项目。而农村社会保障仅包括养老、合作医疗等社会保险制度,五保供养、低保、特困户基本生活救助等社会救济制度,失业保险、工伤保险、生育保险、住房保障及不少社会福利项目没有或基本没有,农村养老保险覆盖率也还比较低。

　　"十二五"时期是全面建设小康社会的关键时期。中部地区能否实现城乡统筹发展,在工业化、城镇化深入发展中同步推进农业现代化,能否如期实现全面小康目标,直接关系到全国建设全面小康社会目标的顺利实现,能够为全国实现更高水平的小康社会打下具有决定性意义的基础。大力促进中部地区崛起,在继续保持经济平稳较快发展的同时,把做好中部地区"三农"工作作为解决全国"三农"问题的突破口,对于加快推进农业现代化、新型工业化和城镇化进程,努力促进城乡基本公共服务均等化,实现全面建设小康社会宏伟目标,构建社会主义和谐社会,同样具有十分重要的意义。

三、全面理解中部崛起的时代特征与主要内容

(一)中部地区崛起的基本特征

中部地区加快发展面临的困境,既有经济问题,也有政治、文化、社

会、生态等方面的问题。促进中部地区崛起战略不同于一般的区域发展战略,具有以下几个方面的鲜明特征。

1. 崛起目标的多重性。中部地区发展中面临的矛盾和问题,既有经济问题,也有政治、文化、社会、生态等方面的问题。因此,中部崛起,既包括经济的崛起,还包括社会事业发展、人民生活水平提高、社会保障体系更加健全完善等多个方面。

2. 崛起目标的阶段性。中部崛起既是一个努力追求的目标,又是中部地区发展必须经历的新阶段。中部崛起的目标有其特定的判断标准、指标和标志,实现这一目标,不是一蹴而就的,应当经历一个长期过程和若干发展阶段。

3. 崛起任务的时代性。中部崛起战略是我国在全面建设小康社会的新时期,在工业化、城镇化进入新阶段的背景下提出的,其内容和进程都具有鲜明的时代特征。"十二五"时期,要在已有基础上,把握工作重点,充实崛起内容,创新发展思路,完善推进方式,促进中部地区加快崛起。

4. 崛起形势的复杂性。在中部崛起的过程中,"三农"问题、城乡问题、区域发展差距问题等多种深层次矛盾和问题交织在一起,既是中部地区特有的,也有新世纪新阶段我国经济发展进入转型期所出现的矛盾和问题,中部崛起面临的任务更为复杂和艰巨。

(二)中部地区崛起的衡量标准

从一般意义上讲,衡量中部地区是否崛起,应该主要包含以下五个方面:

1. 经济崛起。主要看中部地区经济总量在全国所占的份额是否扭转下降势头并保持持续上升,也就是是否从"塌陷"真正转到了"崛起",这应是最重要的标志。具体来讲,就是经济增长速度快于全国平均水平、经济发展水平达到全国平均水平,与东部地区经济发展差距缩小,经济转型加快推进推进,经济结构调整取得重大突破,经济发展由资源依赖型、投资驱动型向创新驱动型为主转变,综合实力和竞争力明显提高,成为全国经济发展的重要增长区域。

2. 体制崛起。坚持改革开放是东部沿海地区经济社会发展取得巨大成就的基本经验和路径。相比之下,中部地区各方面改革还不到位,体制机制仍不完善。所以,推动体制机制改革创新,既是促进中部地区崛起的强大动力,也是衡量"崛起"的重要标志。这意味着中部地区要在体制机制改革创新方面走在全国前列,建立起更加完善的社会主义市场经济体制,重点领域和关键环节改革取得重大突破,服务型政府建设卓有成效,建立起有利于加快经济发展方式转变的制度环境,对外合作领域和空间不断拓展,国内外区域合作不断加强。体制崛起还体现在公民政治参与有序扩大,农村基层民主制度日益完善,公民基本权利得到保障。

3. 文化崛起。促进文化事业全面繁荣和文化产业快速发展,关系全面建设小康社会奋斗目标的实现。中部地区文化底蕴深厚,发展文化事业和文化产业,能够满足人民群众不断增长的精神文化需要,在促进中华民族伟大复兴中发挥更大作用。文化崛起的内涵包括:公共文化服务体系和基础建设日益完善,文化产业成为国民经济支柱性产业,占地区生产总值明显提高,区域文化竞争力明显提高,形成一批地域特色明显、具有较大影响力的文化品牌,成为传承弘扬中华优秀传统文化重要区域。文化体制机制改革不断深入,创新公共文化服务运行机制,基本形成统一、开放、竞争、有序的现代文化市场体系,逐步形成以公有制为主体、多种所有制共同发展的文化产业发展格局。

4. 社会崛起。社会转型迈出重要步伐,教育科技文化发达,社会事业全面进步,人民生活水平明显改善,收入分配更加合理,城乡差距缩小,贫困人口显著减少,覆盖城乡的社会保障体系更加完善,社会管理体系更加完善,社会安定和谐。

5. 生态崛起。人口、资源、环境与经济发展相协调,可持续发展能力显著增强,生态环境明显改善,产业结构与建设资源节约型和环境友好型社会相适应,耕地资源得到有效保护,环境绿化日益改善,生态质量明显提高。

四、明确促进中部地区崛起的目标

2009 年 10 月国务院批复实施的《促进中部地区崛起规划》,明确提出了到"十二五"末和 2020 年促进中部地区崛起的分阶段目标。

(一)近期目标

到 2015 年,中部地区崛起要努力实现以下目标:

1. 经济发展水平显著提高。重点地区开发开放取得成效,"三个基地、一个枢纽"地位进一步提升,经济发展方式明显转变,质量和效益有较大提高,整体经济实力进一步增强,经济总量占全国的比重进一步提高,人均地区生产总值力争达到全国平均水平,城镇化率提高到48%。

2. 经济发展活力明显增强。公有制经济不断巩固和发展,国有经济在重要行业和关键领域的地位进一步增强。非公有制经济加速发展,非公有制工业增加值占工业增加值的比重有较大提升。承接产业转移取得积极成效,自主创新能力显著提高,形成一批具有国际竞争力的自有品牌、优势企业、产业集群和产业基地。

3. 可持续发展能力不断提升。万元地区生产总值能耗累计下降25%,能源利用效率逐步提高;万元工业增加值用水量累计减少30%,水资源利用更加集约;单位地区生产总值和固定资产投资新增建设用地消耗量持续下降,耕地保有量保持稳定;大江大河防洪体系基本形成,防灾减灾能力不断增强,主要污染物排放量得到有效控制,生态环境质量总体改善。

4. 和谐社会建设取得新进展。社会主义新农村建设取得显著成效,城乡基本公共服务明显改善,高中阶段教育基本普及,城乡公共卫生和公共文化服务体系基本建立,城乡就业更加充分,覆盖城乡居民的社会保障体系逐步形成,城乡居民收入年均增长率均超过9%。

（二）远期目标

到 2020 年,中部地区现代产业体系基本建立,创新能力显著增强,体制机制更加完善,区域内部发展更加协调,与东西部合作更加紧密,人与自然和谐发展,基本公共服务趋于均等化,城乡一体化发展格局基本形成,整体经济实力大幅提升,对全国经济发展的支撑作用明显增强,全面实现建设小康社会目标。中部地区成为彰显发展优势、充满发展活力、城乡欣欣向荣、人民安居乐业、社会和谐稳定、生态环境良好,支撑全国发展的重要人口和产业承载地区。

第五章 "十二五"促进中部地区崛起的基本思路

"十二五"时期实施促进中部地区崛起战略,必须根据国家"十二五"规划纲要关于促进区域协调发展的总体思路,即"形成区域经济优势互补、国土空间清晰、国土资源优化配置、主体功能清晰定位、人和自然协调发展,使各个地区的人民能够逐步享受均等化的基本公共服务水平"的要求,明确工作思路,找准主攻方向,选择适宜的路径和方略加以推进,有针对地解决中部地区发展中遇到的问题。

一、始终坚持科学发展,努力实现经济社会又好又快发展

在全面建设小康社会的新时期,中部崛起目标日益多元化,不仅要实现经济增长,还要实现政治、社会、文化发展和生态文明。而当前中部地区经济社会发展中还存在诸多不平衡、不协调、不可持续问题,经济发展相对较慢,资源消耗和环境保护问题严重,城乡、工农差距明显,经济与社会发展"一条腿长、一条腿短"矛盾突出。中部地区存在的问题,一方面是发展"病",总体发展水平偏低,发展速度相对落后,需要坚持发展是第一要务,始终立足加快发展、跨越发展,努力缩小与发达地区的差距;另一方面是结构"病",结构性问题突出,桎梏经济发展,必须坚持科学发展,加快转变经济发展方式,避免走东部地区"先污染、后治理"的发展老路,实现可持续发展。

解决这些问题的关键在于把加快发展和科学发展结合起来,正确处理"好"和"快"的关系,促进经济长期平稳较快发展。"好"是科学发展的前提,"快"是科学发展的体现,科学发展观的实质就是实现经济社会又好又快发展。坚持发展是硬道理,本质要求就是坚持科学发展,更加注重以人为本,更加注重全面协调可持续发展,更加注重统筹兼顾,更加注重保障和改善发生。一是要坚持科学发展,推动中部地区经济社会迈上新台阶。贯彻落实科学发展观是新时期促进中部地区崛起的必然要求。中部地区要以科学发展观为统领,加快转变发展观念,不断创新发展思路,坚持走科技含量高、经济效益好、资源消耗低、环境污染少、人力资源优势得到充分发挥的发展道路。特别是在保持较快发展速度的同时,要着重解决结构不合理、经营方式粗放,高投入、低产出的问题,走新型工业化道路,加快构建现代产业体系。要坚持以人为本,发展依靠人民、发展为了人民、发展成果由人民共享,在加快经济建设的同时,加大对科技、教育、文化、卫生、体育等社会事业的投入,使社会事业发展与经济发展同步,实现经济社会协调发展。二是要以加快经济发展为中心,为科学发展创造必要条件和基础。发展的差距最主要体现在经济发展水平上。中部地区要增强只争朝夕、时不我待的紧迫感,在抓机遇上先人一步,在抓谋划上高人一等,在抓落实上快人一拍,用新的发展思路实现经济又好又快发展。必须站在新的历史起点上确立中部地区科学发展目标,明确赶超方向,充分发挥自身的区位和资源优势,创造发展新优势,实现改革新突破和经济发展新跨越。

二、始终坚持在工业化、城镇化深入发展中推进 农业现代化,促进"三化"协调发展

农业现代化、工业化和城镇化,是我国现代化建设的基本组成部分,三者相辅相成、互为依托。改革开放以来,囿于特殊的历史背景和条件,我国东部沿海地区工业化、城镇化的发展大多是以牺牲粮食和农业生产

为代价来实现的,实践证明,这条道路是不可推广、不可持续,也是不现实的。作为全国重要的粮食主产区和"三农"问题最为突出的区域,中部地区的发展显然不能再走这样的老路,必须坚持工业农业齐抓共促、城市农村统筹发展,通过城镇化、工业化和农业现代化的良性互动,实现以新型工业化带动和提升农业现代化,以新型城镇化带动新农村建设,以农业现代化夯实工业化和城乡繁荣的基础,建立健全工业反哺农业、城市支持农村的长效机制,形成城乡统筹、以城带乡、以农兴工、以工促农、产城融合的"三化"协调发展新格局。

促进中部地区崛起必须实现"三化"协调、同步发展。一是大力推进农业现代化,为工业化和城镇化夯实根基。农业现代化是工业化、城镇化的前提和有力支撑,如果农业出现了问题,粮食及其他农产品的供给不能得到有效保障,工业化和城镇化就会失去基础和支撑,现代化进程就会走弯路,甚至可能影响到国家的长治久安。中部地区是全国重要的粮食主产区,要毫不放松粮食生产,加快粮食生产能力建设,确保国家粮食安全,巩固提升中部地区在保障国家粮食安全中的重要地位。要加快农业结构调整,推动农业转型升级,加快农业科技进步,推进农业产业化经营,,完善农业社会化服务,提高农业从业者素质,积极构建开放统一、竞争有序的农产品市场体系,推进农业现代化。二是加快推进新型工业化,为农业现代化和城镇化创造条件。工业化是"三化"协调发展的核心,具有引领带动作用。新型工业化的内涵不再是工业部门的单独发展,而是通过工业化,把整个经济系统有机地整合起来,实现经济社会的全面发展。这时农业和农村不再是工业化的工具,而是工业化的目标和重要内容。工业化既为农业增长注入现代物质条件和现代科学技术,提升农业装备水平和改造农业生产方式,又为农村非农产业的成长注入新的活力,推动农村经济结构的优化和升级,还为农村富余劳动力转移和就业开辟新的和更广阔的空间。面对日益严峻的资源约束和环境压力,中部地区必须建立创新驱动型、资源节约型和环境友好型的现代工业发展模式,不断提高工业质量和效益,从而带动农业现代化和城镇化快速发展。三是稳步推进新型城镇化,为工业化和农业现代化提供动力。城镇化是工业化的必然产物,是现代生产方式和生活方式结合的必然选择,是经济社会现代化的重要标志,也是扩大内需、调整经济结构的重要依据,是解决中部地区"三农"问题的根本出路。城镇化状况在一定程度上制约着农业产业化和工业化的发展水平,城镇化水平低长期制约中部地区的发展。要把城镇化作为推进"三化"协调、科学发展的着力点和结合点,发挥中部地区城市群和中心城市的支撑带动作用,着力破除城乡二元结构,走出一条以城市群为主体,大中小城市与小城镇、农村社区协调发展、互促共进的新型城镇化道路。要强化城镇化的产业支撑,引导生产要素向城市、园区、产业带集中,推动劳动力转移就业,使城镇发展节奏、规模与产业、人口集聚程度有机结合。要积极探索多种类型的城镇建设模式,构建经济支撑有力、基础设施完善、服务功能健全、人居环境优美、发展协调有序的现代城镇体系。要以制度创新作为推进城镇化的重要动力,进一步推进统筹城乡改革试点,探索加快城镇化发展的新途径。

三、始终坚持"三基地、一枢纽"的战略定位,
巩固提升在全国发展中的重要地位

促进中部地区崛起,必须立足于中部地区现有基础,充分体现中部地区发展要求,全面分析面临的突出问题,找准战略推进的着力点。"三个基地、一个枢纽"是国家在综合分析比较优势和发展条件的基础上,对中部地区作出的重要战略定位,既是中部地区优势所在,自身发展使然,也是国家赋予中部地区的重大历史使命。因此,"十二五"促进中部地区崛起工作,必须始终围绕中央 10 号文件精神,紧扣"三基地、一枢纽"这一战略定位,着力在重要领域、重点地区、关键领域改革和重大政策方面下足功夫。一方面,加快建设"三基地、一枢纽"是中部地区实现崛起的有效途径。中部地区具有十分明显的粮食生产优势,粮食加工能力居全国第一位,为保证全国家粮食安全作出了巨大贡献。能源原材料同样是中

部地区的优势所在,包括煤炭、钢铁、有色金属等原材料的生产加工。现代制造业以及高新技术产业的发展,既是中部的既有优势,也是未来中部地区产业发展的主攻方向。中部地区处于全国中心腹地,有着成为全国交通枢纽的天然优势,联通全国的便捷交通对于实现"三个基地"建设也有着促进作用。"十二五"时期,加快建设粮食生产基地,能够充分发挥中部地区农业生产优势,使农民能够从粮食生产和加工中得到更多的实惠,利在中部、惠及全国。建设能源原材料基地,有利于做大做强能源原材料精深加工,不断优化产品结构,拉长产业链,实现资源高效利用。加快建设现代装备建造及高技术产业基地,有利于发挥中部地区重大技术装备、交通设备制造等产业优势,在新一轮竞争中占领制高点。推进综合交通运输枢纽建设,能够推动中部地区建立起与人口、经济和城镇布局相适应的区域交通格局,为中部地区深化区域合作与扩大对外开放提供有力支撑。另一方面,建设"三基地、一枢纽"是国家对中部地区提出的总体要求。国家在综合分析中部地区比较优势和发展背景的基础上,从宏观层面对中部地区作出了建设"三基地、一枢纽"的重点战略定位和总体要求,这既是推动中部地区发展的重大机遇,也是国家赋予的不可推卸的重要责任。中部地区为国家工业化和现代化建设作出了不可磨灭的历史贡献,目前在发展中还面临着存在的产业发展基础不牢、基础设施支撑能力薄弱、城乡公共服务能力不足、资源环境压力不断加大等制约长远发展的矛盾和问题逐步凸显出来,亟须认真研究解决。强化"三个基地、一个枢纽"建设,有利于巩固和提升中部地区在全国发展格局中的战略地位,有效化解各种错综复杂的矛盾和问题,逐步消除制约发展的瓶颈和障碍,切实增强发展后劲和活力,继续发挥综合优势,尽快提升总体发展水平和竞争力。

四、始终坚持以加快重点地区开发开放为 突破口,推动区域协调发展

中部各省之间存在一定的发展差距,省内区域发展差距也很明显。

"十二五"期间,要按照"抓两头、促中间"的基本思路,着眼于缩小"两极"差距,实施重点突破,从整体上推动中部地区区域协调发展,最终达到同步实现全面建设小康社会目标。这就要求既注重鼓励条件较好地区率先发展,提升整体实力和竞争力,继续发挥辐射、带动、引领、示范作用;又要坚持不断加大对欠发达地区的政策扶持力度,破解发展中的突出制约和瓶颈,增强自我发展能力。一方面,要促进条件较好地点加快发展,发挥辐射带动能力。要认真贯彻落实"十二五"规划纲要和《全国主体功能区规划》,继续以资源环境承载力强、开发潜力大的重点地区为区域发展的突破口,实行整体推进和重点突破相结合,加快形成沿长江、沿陇海、沿京广和沿京九"两纵两横"经济带,更好地发挥增长引擎的辐射带动作用。重点是大力培育壮大武汉城市圈、中原城市群、长株潭城市群、皖江城市带、环鄱阳湖城市群、太原城市圈六大城市群,积极推进长江中游经济带开发开放,加快支持中原经济区建设,促进皖江城市带、鄱阳湖生态经济区等又好又快发展,形成支撑中部崛起、促进东中西协调发展的重要区域。另一方面,要支持特殊困难地区加快发展,提高自我发展能力。要加大政策扶持力度,继续支持中部贫困地区、民族地区加快发展,大力支持大别山区、中央苏区等革命老区加快发展,支持老工业基地城市走新型工业化道路,推动资源型城市加快经济转型,不断增强特殊困难地区自我发展能力。

五、始终坚持立足自身比较优势,走具有中部特色的跨越式发展道路

中部各地发展条件迥异,要素禀赋各有特色,自然资源、人才和生态环境优势非常突出。经过几十年的建设和发展,目前已有较好的发展基础。但目前中部地区发展相对落后的现状,决定了中部地区在产业分工中的弱势地位。现代化进程是一种竞争的游戏,谁占得先机,谁就取得优势。当后发地区加快发展时,面对的是先发地区凭借强大的经济技术以

及文化优势所建构的自身利益为中心的价值链体系,后发地区不得不处在一种事实上不平等地位下的所谓"公平"、"自由"竞争。资金、技术等生产要素集中在先发地区,在生产分工中始终处于优势地位,后发地区很难摆脱产业分工的弱势地位。美国经济学家亚历山大·格申克龙(Alexander Gerchenkron)在总结德国、意大利等国经济追赶成功经验的基础上,于1962年提出了"后发优势理论",这一理论认为,后发经济体可以通过引导、模仿、学习先发经济体的技术和制度,获得后发利益,实现追赶式高速增长。"十二五"时期加快实现中部地区崛起,关键在于发挥中部地区的比较优势、后发优势,提升发展质量,增强竞争力。一方面,要发挥各地比较优势,开创发展新格局。要根据中部地区各地实际,实行分类指导,不断完善区域政策体系,从加快重点地区发展、落实重大发展战略、深化区域合作和对外开放等不同角度出发,继续研究出台尺度适宜、内容务实、可操作性强的区域规划和政策文件,提出各有侧重的发展思路和工作重点,提高区域发展质量,充分体现各地特色和比较优势,破解制约发展的难题,将区域发展的潜力转化为现实生产力,形成你追我赶、竞相奋进的良好局面。另一方面,要积极培育发展新优势,实现加快赶超。相对东部沿海地区来说,中部地区工业化进程比较落后,可以通过选择不同于东部沿海地区的发展道路和发展模式,从实际出发,通过引进先进技术、设备和资金,加快制度移植变迁,大力发展非公有制经济,建立完善市场经济体制,缩小与东部沿海地区在制度和机制方面的发展差距,在学习借鉴成功经验、吸引失败教训的基础上,充分发挥技术和制度上的后发优势,在一个较高的起点上推进工业化进程,推动经济高速增长,从而实现技术和经济水平的赶超,不断培育和形成新的区域比较优势,增强竞争力。

六、始终坚持经济社会发展与资源环境
保护相协调,实现可持续发展

中部地区是我国长江、淮河、黄河等重要河流的流经地和重要水源涵

养地,是鄱阳湖、洞庭湖、巢湖等重要湖泊及湿地的所在地,是南水北调中线工程的重要水源地,同时还是我国东部地区重要的生态屏障。目前中部地区正处于工业化、城镇化加速发展的阶段,生态建设、环境保护的任务十分艰巨,资源环境压力日益突出。要在经济快速发展过程中,更加重视资源节约和环境保护,形成经济发达、水清天蓝、山川秀美的生态区域,为维护全国生态稳定和平衡提供重要支持。一方面,要加强资源节约和环境保护,推动经济发展方式转变。离开环境保护谈经济发展势必是"竭泽而渔"。环境保护对经济发展具有保障、促进和优化作用,环境承载力越来越成为经济发展规模和发展空间的主要制约因素。资源环境对经济增长的约束强化,这既是中部地区发展的薄弱环节,也是发展的潜力所在。要以节约资源和保护环境作为加快转移经济发展方式的重要着力点,将环境保护的"倒逼机制"传导到经济调整和经济转型上来,更好地推进中部地区走上生产发展、生活富裕、生态良好的文明发展道路。中部地区要把资源环境的挑战化为机遇,着力强化资源节约和环境保护机制建设,加快调整和优化经济结构,大力发展循环经济和低碳经济,加快形成节约能源资源和保护生态环境的产业结构、增长方式和消费模式。另一方面,要加快经济发展方式转变,推动经济社会发展和环境保护双赢。环境与发展密不可分,环境问题究其本质,是经济结构、生产方式和发展道路问题,离开经济发展谈环境保护必然是"缘木求鱼"。中部地区发展相对落后,发展仍是解决所有问题的关键,随着经济规模进一步扩大,资源供需矛盾和环境压力将越来越大。为此,中部地区要坚决摒弃以牺牲环境、破坏资源为代价的老路,坚持在发展中促转变、在转变中谋发展,改变经济运行的高投入、高消耗、高污染,以尽可能少的资源投入和污染物排放实现经济较快发展,大力提高资源综合利用水平,加快促进经济发展模式向高能效、低能耗、少排放模式转变,以尽可能小的资源环境代价支撑更大规模的经济活动,实现经济长期持续又好又快发展。

七、始终坚持深化改革和扩大开放，不断增强发展的活力和动力

中部地区承东启西、连南接北，区位优势比较明显，市场潜力巨大，但受基础设施建设滞后、区域间对接不畅，体制机制改革不到位、地区封锁依然存在等多方面因素影响，还没有形成现实中便捷的四通八达，区位优势难以发挥，市场发育程度较低，消费能力尚未充分激发。中部各省更倾向于融合周边，立足中部的积极性略差一些，同质竞争还比较明显，力量分散，没有形成合力。长期以来，中部地区开放型经济发展严重滞后，外贸依存度低、出口总量低、出口商品层次低。由于先发地区在体制改革、市场机制建设和对外开放方面处于领先地位，具有体制优势，这种优势使其对经济资源具有更大的吸引力。与先发地区相比，中部地区在行政管理体制、市场机制、创新机制等方面还存在较大差距，如不及时进行改革，将严重影响长期发展。一是要加快推进改革，完善体制机制。改革是促进经济社会发展的强大动力，是强国富民的必由之路。这些年来，中部经济在保持高速发展的同时，也存在着经济增长速度与质量、效益不协调，社会领域发展相对滞后，经济增长主要靠增加投资、消耗资源、损害环境作支撑等问题。造成这些问题的根本原因在于体制机制不合理。要全面贯彻落实科学发展观，加快转变经济发展方式，实现科学发展，必须推进改革。科学发展对改革提出了新任务，要求改革必须有新举措、新突破，着力解决深层次矛盾，注重制度和机制创新。对中部地区来说，要不断调整不适应生产力发展的生产关系，使体制机制更好地适应社会主义市场经济的要求和社会生产力发展的客观规律，更大程度地发挥市场机制的作用，更加有效地配置和利用资源，促进城乡、区域、经济社会协调发展和人与自然和谐发展，为中部地区经济社会发展注入持久活力和动力。二是要深化区域合作，扩大对外开放。搭建有效的对内合作平台能为对外开放提供载体，深化对外开放也能为推进国内合作提供更多机遇。"十

二五"时期,中部地区要认真处理好扩内需与稳外需、"引进来"与"走出去"的关系,把对内合作与对外开放紧密结合起来,既要深化国内区域合作,加快推进重点地区的一体化发展进程,又要优化对外开放格局,加快推进对外合作,实现以开放促合作,以合作带开发,把中部地区的发展潜力变为增长现实。深化区域经济合作是在更大范围优化资源配置、实现区域互动发展的有效途径。中部地区都是内陆省份,不靠海、不靠边,深化国内区域合作对中部地区发展具有典型意义。中部地区要在这方面狠下功夫,通过交通基础设施的对接,促进区域的互动,来获取各方面的支持,借助各方面的资源和要素,加快发展。要继续发挥承东启西的区位优势,扩大与京津冀、长三角、珠三角和海峡西岸地区的合作交流,提升与港澳台地区合作层次。要深化中部地区省际间合作,加快建设区域市场体系,加强区域内基础设施、公共服务和社会管理等方面的对接与整合,不断健全合作机制,完善地方政府间定期联席会议机制,建立跨行政区多层次区域合作体系,加快推进区域一体化进程,发挥各自的合理优势,合理分工,实现优势互补,形成规模优势。与此同时,要积极推动外向型经济发展,形成全方位对外开放新格局。经过30多年的改革开放和持续增长,中部地区产业竞争力和整体经济实力大大增强,但原有的比较优势正在改变,主要靠劳动力低成本和要素投入增长支撑的发展模式难以长期为继,这就要求中部地区通过继续扩大开放,更大程度上在全球范围内优化配置资源,更有效地利用两个市场、两种资源,提升中部地区参与国际合作与竞争的能力。"十二五"时期,中部地区要实行更加积极主动的开放战略,拓展新的开放领域和空间,努力提高利用外资水平,扩大对外贸易规模,加快"走出去"步伐,以开放促发展、促改革、促创新,创造更多的互利共赢空间,为中部地区发展创造可持续的良好外部环境。

八、始终坚持自力更生与国家支持相结合,形成推动发展的强大合力

中部地区发展的突出问题不仅在于资源和资金不足,而且在于自身体制机制以及经济结构不合理。内因是事物运动、变化和发展的内部根据,外因是发展变化的外部条件,外因通过内因起作用。中部地区能否实现加快发展,如果单纯把希望寄托在来自外部的支援上,肯定是不够的或者是靠不住的,关键还是要发挥六省的主观能动性,加快体制机制改革,把国家支持和自身努力有机地结合起来,形成促进中部地区崛起的合力。一方面,要充分发挥中部地区的广大干部群众的智慧和力量,挖掘自身发展潜力,提高自我发展能力。中部地区要实现加快崛起,必须充分发挥自身的潜力和优势,调动广大干部群众的积极性,上下一心,奋进跨越、加快赶超。要坚持以改革促发展,以发展促改革,大胆探索、先行先试,力争在一些重点领域和关键环节取得突破。要深化行政管理体制改革,推进国有经济战略性调整,支持和引导非公有制经济发展,稳步推进中部地区扩权强县改革试点,加快建设公共财政体系。要继续推进武汉城市圈、长株潭城市群"两型社会"综合配套改革试验区建设,进一步深化山西、河南等省煤炭资源有偿使用制度改革试点工作,积极推动山西资源型经济转型。另一方面,要积极争取国家更多政策和资金支持,缩小与西部等其他区域的政策差距,创造良好发展条件。在全国各区域中,中部地区所处的位置相对比较尴尬,与东部沿海发达地区相比,难以获得国家在体制机制方面给予的先行先试权或其他改革创新试验;与西部地区相比,中部地区发展条件又相对好一些,经济基础也强一些,相对而言不易引起"同情",较难受到特殊照顾。在这种情况下,"十二五"时期,要尽力弥补促进中部地区崛起政策资源的不足,采取政策比照和政策设计相结合的办法,一方面尽量平移其他区域政策,另一方面要适时出台新的政策。对于中部地区来说,要把争取国家政策支持的核心放在解决一些由于非自身原因

造成的问题上,比如对于中部地区由于保障国家粮食安全的使命而形成的增值能力受限问题,采取相应机制予以补贴和解决;对于发展机遇不公平等问题,争取通过相应的产业政策和项目支持、开发开放平台建设等予以改善,等等。

第三篇 任务篇

中部地区要根据国家"十二五"规划纲要关于促进区域协调发展的总体要求,进一步增强机遇意识和忧患意识,主动迎接严峻挑战,积极利用有利条件,以科学发展为主题,以加快转变经济发展方式为主线,进一步加大工作力度,推进中部地区经济社会发展全面跃上新台阶。新时期应特别做好以下5方面的工作:

一是继续推进"三基地、一枢纽"建设,巩固提升在全国的重要地位。"三基地、一枢纽"是国家从战略层面对中部地区提出的总体要求,也是中部地区实现崛起的有效途径。要继续加强粮食综合生产能力建设,进一步巩固提升全国重要粮食生产基地地位;积极发展传统优势产业,大力发展战略性新兴产业,进一步加快能源原材料基地、现代装备制造及高技术产业基地建设;加快完善交通运输网络,进一步强化中部地区现代综合交通运输枢纽和物流中心地位,推动形成产业体系完善,基础设施保障有力,工业化、城镇化和农业现代化协调发展的新格局。

二是加快重点地区和重点领域发展,不断拓展经济发展空间。大力推动武汉城市圈、中原经济区、长株潭城市群、皖江城市带、鄱阳湖生态经济区、太原城市圈等一批重点地区加快开发开放,继续培育形成新的经济增长极;大力支持县域发展,继续加大对革命老区、民族地区、贫困地区和资源枯竭型城市、老工业基地的扶持力度;大力实施扩大内需战略,积极稳妥推进城镇化,扎实推进新农村建设,大力发展服务业,着力夯实中部地区内生增长和自我发展的经济基础。

三是大力推进改革创新,进一步提升开放合作水平。深入推进依法行政,积极打破行政垄断和地区封锁,大力推进以人为本、符合国际通行做法的法制体系建设,营造公平、公正、开放透明的兴业宜商环境,深化中部各地区间的合作交流,促进一体化深入发展;加强与东部沿海地区和西部毗邻地区的融合发展,促进互利共赢。同时,继续推进中部地区对外开放平台建设,大力发展内陆开放型经济。

四是加强资源节约和环境保护,提升可持续发展能力。以"两型"社会建设为重点,以推进山西资源型经济转型和落实鄱阳湖生态经济区规划等为契机,继续加强中部地区生态建设和环境保护,促进资源节约集约利用,大力发展循环经济,积极探索生态补偿机制,促进经济社会与人口资源环境协调发展,实现物质文明与生态文明协同进步。

五是切实保障和改善民生,大力促进和谐中部建设。把保障和改善民生、促进和谐发展作为促进中部地区崛起的重要目标和各项工作的出发点和落脚点。加快发展教育、卫生、文化等各项社会事业,切实解决就业、住房、社会保障等突出民生问题,促进城乡区域基本公共服务均等化,确保广大人民共享改革发展成果。加强和创新社会管理,保障社会长治久安。

第六章 发展现代农业,加快 推进农业现代化

　　中部地区农业资源丰富,耕地面积约占全国四分之一,粮食、油料、棉花等主要农产品产量在全国占有举足轻重的地位,是全国重要的农产品基地。"十一五"以来,中部地区始终把农业发展放在突出重要的地位,通过制度变革、政策扶持、市场推动、工业和科技支撑,探索中国特色的农业现代化道路,取得了初步成效。可以说,"十一五"是中部地区农业发展最快、农村变化最大、农民增收最多的 5 年,农业农村经济发展主要任务全部完成,画上了圆满句号。中部地区农业在取得长足发展的同时,也面临农业产业化水平低、农业基础设施保障能力差、农村劳动力转移就业压力较大、农民持续增收难等一些突出困难,影响和制约了中部地区经济社会协调发展。长期以来,中部粮食主产区承担着保障国家粮食安全的主要任务,但却承担着市场的巨大风险,往往是产粮越多,贡献越大,农民收入越低,财政包袱越重,特别是一些产粮大县始终没有改变"农业大县、工业小县、财政穷县"的面貌。以河南省为例,2010 年河南省农民种粮亩均净收益为 588 元,按照户均种植 5 亩计算,如果不计算种粮补贴,每户农民全年种植粮食的收入是 2940 元,大体相当于一个农民工外出两个月的务工收入。因此,发展现代农业,加快推进农业现代化,是"十二五"时期中部地区面临的一项重大而艰巨的任务,也是促进中部地区崛起的必由之路。

　　"他山之石,可以攻玉"。这里我们不妨了解一下一些发达国家农业现代化道路,总结其共性的东西,以期对中部地区现代农业发展提供借

鉴。从 20 世纪 50 年代起,西方发达国家分别走上了各具特色的农业现代化道路,形成了所谓的美国模式、日本模式和西欧模式,其中不乏可资借鉴的经验。一是美国模式,以提高劳动生产率为主要目标,又称"节约劳动型"模式,包括美国、加拿大、澳大利亚、俄罗斯等国。这些国家人少地多、劳动力相对短缺,如美国人均占有耕地近 0.73 公顷,是世界人均水平的 3 倍,导致机械相对价格长期下降,而劳动力价格不断上升。在市场机制作用下,农场主为了获得最大利益,凭借发达的现代工业和低价能源的优势,充分利用良种技术,大力提高农业机械化使用水平,扩大种植面积和经营规模,节约劳动投入,提高农产品总产量。二是日本模式,以突破土地资源短缺约束,提高土地生产率为主要目标,又称"节约土地型"模式。它以日本为代表,包括荷兰、韩国等国家。日本人多地少、资源贫乏,人均占有耕地仅 0.049 公顷,不足世界人均耕地的 1/10,土地供给缺乏弹性,土地价格与工资价格同步上升,土地和机械替代人力无利可图。这些国家在充分利用劳动力和实现农业集约经营方面寻找出路,通过加强农业基础设施建设,运用小型农业机械对土地精耕细作,依靠科学技术尤其是生物技术,改良农作物品种、品质,科学施用农药和化肥,提高单位面积农产品产量,增加农产品供给。三是西欧模式,以提高劳动生产率和土地产出率并重为主要目标,又称"中间类型"模式,具有代表性的国家有法国、德国、英国、意大利等。这些国家既不存在劳动力短缺,也不存在土地资源匮乏的情况,因此,在农业现代化发展过程中突出使用综合手段,将农业生产技术现代化与农业生产手段现代化放在同等重要的位置,既重视用现代工业装备农业,又重视现代科学技术的推广、运用与普及。通过分析以上三种农业发展模式,可以为中部地区提供以下经验:第一,必须从自身资源禀赋和生产力发展状况出发,采取差异性和弥补性的方式,使农业发展模式的选择体现对短缺资源的节约和对充足资源的利用。第二,农业发展方式的转变是农业现代化的基础,要通过改革农业管理体制、农业投入体系、农业技术创新体系,强化制度变迁,实现从传统粗放型农业增长方式向现代集约型农业发展方式转变,从单一的技术变革型向多元的综合技术变革型转变，从劳动密集型向要素综合利用型的转变。第三，要转变农业生产发展思路，从以农产品生产主导型向以消费需求导向型的转变，重视在买方市场上消费的决定作用，注重农产品品质、品种对市场需求的适应度和满意度。

"十二五"时期，中部地区农业农村经济发展面临许多有利条件和积极因素，工业化、城镇化进程将深入发展，中央强农惠农政策力度进一步加大，各部门重视农业、支持农业的氛围更加浓厚，农产品消费需求将持续增长、结构加快升级，为现代农业发展既提供了广阔的市场空间。与此同时，中部地区耕地、水资源相对紧缺，农业靠天吃饭的局面还没有根本改变，特别是在加快工业化和城镇化的进程中，农村资金、劳动力等生产要素加速外流，如果处理不好，现代农业就会更加滞后。借鉴发达国家发展现代农业经验，"十二五"时期，中部地区要牢牢把握加快发展现代农业的重大任务，坚持走中国特色农业现代化道路，把转变农业发展方式作为主线，把保障国家粮食安全作为首要目标，把促进农民持续较快增收作为中心目标，以新型工业化带动和提升农业现代化，以新型城镇化带动和推进新农村建设，进一步优化农业生产力布局，着力巩固和完善强农惠农政策，保护和调动地方政府重农抓粮、农民务农种粮的积极性；着力强化农业基础设施建设，改善农业生产条件，努力提高农业综合生产能力；着力加快农业科技创新，提高技术推广服务水平，不断增强科技对农业的支撑保障作用；着力统筹工业化、城镇化和农业现代化协调发展，建立工业反哺农业、城市支持农村的长效机制，充分发挥工业化、城镇化对发展现代农业、转移农村劳动力的带动作用，努力使中部地区现代农业发展取得阶段性明显进展，巩固提升中部地区在全国粮食生产中的重要地位，促进高产、优质、高效、生态、安全农业大发展，构建现代农业产业体系，不断提高农业现代化、规模化、标准化、集约化水平，努力推进中部地区农业现代化。

一、提高粮食综合生产能力,保障国家粮食安全

粮食问题是一个永恒主题,任何时候都不能出问题。对我国这样一个有 13 亿人口的发展中大国来说,解决中国人的吃饭问题只能靠我们自己。中部地区是全国重要的粮食生产基地,是我国粮食调出的重要地区。要结合实施全国新增千亿斤粮食生产能力规划,以加强粮食生产基地建设为重点,改进农业耕作方式,提升耕地质量,提高粮食生产规模化、集约化、产业化、标准化水平,增强粮食供给能力,巩固提升全国重要商品粮生产基地地位,在构建国家粮食安全保障体系中发挥更大的作用。

1. 稳定粮食播种面积。强化和落实耕地保护责任制,切实控制农用地转为建设用地的规模,努力稳定粮食播种面积。严格控制非农建设占用耕地,严格执行耕地先补后占、占补平衡的制度。稳定和完善农村基本经营制度,健全土地承包经营权流转市场,有条件的地方要培育专业种粮大户、家庭农场、农民专业合作社等规模经营主体,稳步推进土地适度规模经营,适当提高粮食生产规模化、产业化水平。

2. 切实提高耕地质量。合理引导农村节约集约用地,切实防止破坏耕作层的农业生产行为。加大土地复垦、整理力度。按照田地平整、土壤肥沃、路渠配套的要求,加快建设旱涝保收、高产稳产的高标准农田。加强地力培肥和水土保持,加快实施沃土工程,重点支持有机肥积造和水肥一体化设施建设,鼓励农民发展绿肥、秸秆还田和施用农家肥。扩大土壤有机质提升补贴项目试点规模和范围。增加农业综合开发投入,积极支持高标准农田建设,提高单产、优化品种、改善品质。

3. 加强农田水利设施建设。要把加强农田水利设施建设作为粮食生产的重点来抓,推进抗旱水源、农田水利等基础设施建设。加快大型灌区续建配套和节水改造,增加对中型灌区节水改造投入。加强大中型排涝泵站建设,搞好末级渠系建设,推行灌溉用水总量控制和定额管理。加强丘陵山区抗旱水源建设,加快中小型水源工程建设。加大病险水库除

险加固力度。增加小型农田水利工程建设补助专项资金规模。引导农民开展直接受益的农田水利工程建设。

4. 加快实施粮食生产重大工程。调整农业综合开发和土地开发整理等现有专项资金投向，重点向产粮大县倾斜。在中部地区加快实施骨干水利、基本农田、粮食科研创新、良种繁育和农技推广、农业机械化、防灾减灾、农业环保、粮食仓储物流等重大工程，按照田间设施齐备、服务体系健全、仓储条件配套的要求，建设区域化、规模化、集中连片的国家级商品粮生产基地。

5. 提高粮食生产科技贡献率。健全科技支撑与服务体系，加快优良品种选育及推广应用，完善粮食仓储运输设施，推广应用高产栽培、节水灌溉等技术，充分挖掘粮食单产潜力，增强粮食供给能力。加快粮食作物良种繁育和推广。加强粮食作物有害生物监测防治。继续实施粮食丰产科技工程，开展粮食高产创建活动，集成、示范、推广先进实用的高产栽培技术。支持有条件的地区率先实现耕种收综合机械化。

6. 加大政策支持力度。扩大对粮食主产区农田水利基础设施建设的投资规模，帮助粮食主产区解决种粮效益低、财政负担重等问题。研究建立粮食主产区与主销区之间的利益协调机制，建立由销区主要承担粮食风险基金的机制。逐步提高粮食直补、良种补贴和农机具补贴标准，扩大农资综合直补规模。加强对粮食生产、消费、库存及进出口的监测和调控，建立和完善粮食安全预警系统，维护国内粮食市场稳定。

二、加快农业结构调整，促进现代农业发展

要在稳定粮食生产的基础上，注重开发农业的多种功能，不断优化农业生产力布局，向农业的广度和深度进军，促进农业结构不断优化升级。

1. 积极发展经济作物生产。稳定棉花播种面积，促进棉花生产向优势区域集中。继续支持长江中游"双低"油菜带建设，实现规模化、标准化、优质化生产。因地制宜地发展水果、蔬菜、花卉、茶叶、蚕桑、苎麻等经

济作物和特色农产品生产,加快品种更新换代。积极发展花生、芝麻、胡麻、油葵、小杂粮等作物生产。合理利用山区资源,培育以油茶、核桃为主的木本粮油产业。

2. 加快发展畜牧水产业。按照预防为主、关口前移的要求,积极推行健康养殖方式,加强畜禽标准化规模养殖场(小区)和良种繁育体系建设,实行清洁养殖。扩大对养殖小区的补贴规模,继续安排奶牛良种补贴资金。积极发展节粮型畜牧业,积极推行秸秆养畜和种草养畜。充分利用长江和淮河流域丰富的水域资源,建设现代渔业生产基地。积极发展湖泊、水库等大水面生态养殖,科学发展稻田和庭院水产养殖,合理开发低洼地水产养殖。推广水产优良品种,加强水产养殖品种病害防治。

3. 大力发展特色高效农业。要立足各地自然和人文优势,适应人们日益多样化的物质文化需求,因地制宜地发展特而专、新而奇、精而美的各种物质、非物质产品和产业,特别要重视发展园艺业、特种养殖业和乡村旅游业。通过规划引导、政策支持、示范带动等办法,支持"一村一品"发展,培育主导产品。加快培育一批特色明显、类型多样、竞争力强的专业村、专业乡镇。大力发展高效、生态安全农业,重点发展无公害、绿色、有机农产品。推广使用生物有机肥料和低毒、低残留高效农药,控制农业面源污染。

4. 推进生物质产业发展。积极发展以生物能源、生物基产品和生物质原料为主要内容的生物质产业,拓展农业功能、促进资源高效利用。加快开发以农作物秸秆等为主要原料的生物质燃料、肥料、饲料,启动农作物秸秆生物气化和固化成型燃料试点项目,支持秸秆饲料化利用,积极发展生物质气化、成型燃料等生物质能。加强生物质产业技术研发、示范、储备和推广,组织实施农林生物质科技工程。鼓励有条件的地方利用荒山、荒地等资源,发展生物质原料作物种植。加快制定有利于生物质产业发展的扶持政策。

5. 优化农业区域布局。根据各地农业区划和农业生产力情况,统筹安排农业生产空间布局,突出重点,集中力量发展具有比较优势和市场竞争力的优势农产品,推进主要农产品专业化生产、产业化经营和标准化管理。因地制定地制定水土资源利用规划,研究推广节水、节地、节肥、节能等农业新技术,实现自然资源的合理匹配。

三、推进农业科技创新,强化农业发展的科技支撑

增强农业科技自主创新能力,积极推广应用高新技术及先进适用技术,加快农业科技成果转化应用,提高科技对农业增长的贡献率,促进中部地区农业集约生产、清洁生产、安全生产和可持续发展。

1. 增强农业科技创新能力。增加农业科研投入,加强国家级、区域性农业科研中心创新能力建设。着力扶持对现代农业建设有重要支撑作用的技术研发,加快推进农业技术成果的集成创新。建立鼓励科研人员科技创新的激励机制。充分发挥大专院校在农业科技研究中的作用。引导涉农企业开展技术创新活动,企业与科研单位进行农业技术合作、向基地农户推广农业新品种新技术所发生的有关费用,享受企业所得税的相关优惠政策。

2. 推广应用农业新技术。着力构建农业技术推广体系、农产品质量检测检验体系、农业技术人才培训体系、农业信息服务体系和优良品种繁育体系。改革农业耕作制度和种植方式,积极推广集约、高效、生态畜禽水产养殖技术,降低饲料和能源消耗。着力培育科技大户,发挥对农民的示范带动作用。积极开发运用各种节约型农业技术,提高农业资源和投入品使用效率。大力普及节水灌溉技术,扩大测土配方施肥的实施范围和补贴规模,进一步推广诊断施肥、精准施肥等先进施肥技术。

3. 提高农业机械化水平。改善农机装备结构,提升农机装备水平,走符合中部地区实际的农业机械化发展道路。加快粮食生产全过程机械化,因地制宜地拓展农业机械化的作业和服务领域,在重点农时季节组织开展跨区域的机耕、机播、机收作业服务,提高农机现代化水平。建设农

机化试验示范基地,大力推广水稻插秧、土地深松、化肥深施、秸秆粉碎还田等农机化技术。鼓励农业生产经营者共同使用、合作经营农业机械,积极培育和发展农机大户和农机专业服务组织,推进农机服务市场化、产业化。加强农机安全监理工作。

4. 加快农业信息化建设。健全农业信息收集和发布制度,整合涉农信息资源,推动农业信息数据收集整理规范化、标准化。加强信息服务平台建设,建立健全各级农业信息网络互联中心,推进农业物联网建设。加快建设一批标准统一、实用性强的公用农业数据库。加强农村一体化的信息基础设施建设,创新服务模式,启动农村信息化示范工程。

四、大力发展农产品加工业,
提升农业产业化经营水平

农产品加工业是中部地区农业发展的瓶颈之一。"十二五"期间要大力发展和改造提升以农副产品为原料的深加工业,积极推动农副产品的综合加工和再生利用,把中部地区的资源优势转化为经济优势。

1. 发展农产品深加工业。要做好小麦、玉米、水稻、油料、棉花、茶叶、林产品、肉类和水产品等系列产品的深度产业化开发,鼓励发展产业集群,延长农业产业链条,强化质量和品牌建设。特别是根据中部地区的粮、猪、菜等优势资源,从技术上、资金上重点扶持中部地区发展粮、肉、菜等农产品深加工产业,发展粮猪循环经济,提升粮猪转化增值率。各省要搞好项目规划,国家有关部门要重点倾斜。

2. 提高农业经营的组织化程度。大力发展农村合作组织和中介组织,引导龙头企业与农户建立利益联结机制,采用"公司+基地+农户"的产业化模式,加快培育一批生产专业化、经营精细化、产品特色化、技术高新化、发展有后劲的"专精特新"型农业产业化中小企业群体,形成与城市大企业大集团分工协作、专业互补的产业体系,实现农业增产、农民增收。

3. 扶持农业产业化龙头企业发展。有关部门要加强对龙头企业的指导和服务,通过贴息补助、投资参股和税收优惠等政策,支持农产品加工业发展。安排扶持农产品加工的补助资金,支持龙头企业开展技术引进和技术改造。完善农产品加工业增值税政策,减轻农产品加工企业税负。落实扶持农业产业化经营的各项政策,增加对农业产业化的资金投入。金融机构要加大对龙头企业的信贷支持,重点解决农产品收购资金困难问题。

五、完善农产品流通设施,健全农村市场体系

要强化中部地区农村流通基础设施建设,加快发展现代流通方式和新型流通业态,培育多元化、多层次的市场流通主体,构建开放统一、竞争有序的市场体系。

1. 加快发展现代物流业。采取优惠财税措施,支持中部地区农村流通基础设施建设和物流企业发展。要合理布局、加快建设一批设施先进、功能完善、交易规范的鲜活农产品批发市场。大力发展农村连锁经营、电子商务等现代流通方式。继续实施"万村千乡"市场工程和"双百"市场工程,新建和改造农家店和农村商品配送中心,积极推进"放心粮油"进农村工程。支持龙头企业、农民专业合作组织等直接向城市超市、社区菜市场和便利店配送农产品。切实落实鲜活农产品运输绿色通道政策。改善农民进城销售农产品的市场环境。进一步规范和完善农产品期货市场,充分发挥引导生产、稳定市场、规避风险的作用。

2. 加强农产品质量安全监管和市场服务。加快完善农产品质量安全标准体系,建立农产品质量可追溯制度。在重点地区、品种、环节和企业,加快推行标准化生产和管理。实行农药、兽药专营和添加剂规范使用制度,实施良好农业操作规范试点。继续加强农产品生产环境和产品质量检验检测,搞好无公害农产品、绿色食品、有机食品认证,依法保护农产品注册商标、地理标志和知名品牌。严格执行转基因食品、液态奶等农产

品标识制度。加强农业领域知识产权保护。加快实施农产品质量安全检验检测体系建设规划。加强对农资生产经营和农村食品药品质量安全监管,探索建立农资流通企业信用档案制度和质量保障赔偿机制。

3. 加快实施农业"走出去"战略。加强中部地区农产品出口基地建设,实行企业出口产品卫生注册制度和国际认证,推进农产品检测结果国际互认。支持农产品出口企业在国外市场注册品牌,开展海外市场研究、营销策划、产品推介活动。有关部门和行业协会要积极开展农产品技术标准、国际市场促销等培训服务。搞好对农产品出口的信贷和保险服务。减免出口农产品检验检疫费用,简化检验检疫程序,加快农产品特别是鲜活产品出口的通关速度。加强对大宗农产品进口的调控和管理,保护农民利益,维护国内生产和市场稳定。

4. 积极发展多元化市场流通主体。加快培育农村经纪人、农产品运销专业户和农村各类流通中介组织。采取财税、金融等措施,鼓励各类工商企业通过收购、兼并、参股和特许经营等方式,参与农村市场建设和农产品、农资经营,培育一批大型涉农商贸企业集团。供销合作社要推进开放办社,发展联合与合作,提高经营活力和市场竞争力。邮政系统要发挥邮递物流网络的优势,拓展为农服务领域。国有粮食企业要加快改革步伐,发挥衔接产销、稳定市场的作用。商贸、医药、通信、文化等企业要积极开拓农村市场。加大财政支持工业品下乡的力度,

5. 构建现代粮食物流中心。建设一批粮食储备和中转物流设施,重点支持郑州小麦物流节点和武汉、长沙、九江等稻谷物流节点建设。大力推进区域内散粮运输,形成散储、散运、散装、散卸的"四散化"粮食物流体系。推广农户科学储粮技术,实施农户科学储粮专项,支持农户建设标准化储粮装具。

六、加大资金支持力度,完善强农惠农政策体系

中部地区农业在全国占有重要地位。"十二五"期间,要多措并举,

增加对中部地区的农业投入,继续巩固、完善、强化支农惠农政策,形成支持中部地区农业现代化建设的合力,建立健全促进现代农业发展的支持保障机制。

1. 切实加大对中部地区"三农"的投入。按照总量持续增加、比例稳步提高的要求,不断增加"三农"投入。要深化农业投融资体制改革,多渠道增加农业投入。在财力许可的情况下,各级政府要更加重视和加大对农业生产的投资,国家现有农业固定资产投资、农业综合开发资金、土地复垦基金等要向中部粮食主产区倾斜。各级财政对农业的投入增长幅度都要高于财政经常性收入增长幅度。继续增加中部地区现代农业生产发展资金和农业综合开发资金规模。要综合运用税收、贴息、补助等财税杠杆,以及存款准备金、利率等货币政策工具,引导更多信贷资金和社会资金投向现代农业建设。

2. 健全农业支持补贴制度。要推动形成目标清晰、受益直接、类型多样、操作简便的农业补贴制度。要继续提高对种粮农民的直接补贴,加大良种补贴力度,扩大补贴范围和品种。扩大农机具购置补贴规模、补贴机型和范围。加大农业生产资料综合补贴力度。中央财政要加大对中部地区产粮大县的奖励力度,增加对财政困难县乡增收节支的补助。继续对重点地区、重点粮食品种实行最低收购价政策,并逐步完善办法、健全制度。

3. 完善农村金融服务体系。推动建立与中部地区农村经济发展水平相适应、与农村金融需求相协调、与监管水平相匹配的农村金融体制,健全农村金融市场主体架构,着力构建多层次农村融资服务新格局。研究制定差异化的货币政策和富有弹性的监管政策,改善农村金融市场的运行环境。金融机构要稳定和发展农村服务网络,积极拓展支农领域,进一步完善信贷功能,扩大贷款业务范围。深化农村信用社改革,适度放宽农村金融机构市场准入条件,允许更多的民间资金以更加灵活的方式从事"三农"金融服务。全面深化农村信用社改革,引导社会资金投资设立适应"三农"需要的新型农村金融组织,充分发挥商业性金融、政策性金融和合作金融在支持"三农"中的作用。

4. 建立农业风险防范机制。要加强自然灾害和重大动植物病虫害预测预报和预警应急体系建设,提高农业防灾减灾能力。积极发展农业保险,按照政府引导、政策支持、市场运作、农民自愿的原则,建立完善农业保险体系。扩大农业政策性保险试点范围,各级财政对农户参加农业保险给予保费补贴,完善农业巨灾风险转移分摊机制,探索建立中央、地方财政支持的农业再保险体系。鼓励龙头企业、中介组织帮助农户参加农业保险。

第七章 加快城市群发展,积极推进城镇化进程

　　城镇化是推进新型工业化和农业现代化的客观要求,是衡量一个国家现代化进程的重要标志。中部地区六省3.6亿人中有约2.1亿人生活在农村,人口多、特别是农业人口比重大,一方面推动城镇化任务繁重而急迫,另一方面也给城镇化带来巨大的潜在需要和发展空间。改革开放以来,特别是进入新世纪后,中部各省把加快城镇化进程作为重要发展战略之一大力推进,城镇化进入了加速发展时期,以城市群为主体形态的城镇体系逐渐形成,目前已初步形成了以武汉城市圈、中原城市群、长株潭城市群、皖江城市带、环鄱阳湖城市群和太原城市圈六大城市群为主的发展格局,城市群带动城镇化发展的"引擎"作用进一步显现。随着中部地区经济发展水平的提高和城镇化进程加快,在城市数量大幅增加的同时,城市功能也不断提升,城市面貌日新月异,城镇化发展方式更加科学,逐步形成了一些特色化、科学有效的城镇化发展方式。城镇化快速发展,还促进了农村劳动力转变就业,推动了基础设施和公共服务的发展,推动了城乡经济社会一体化发展,使广大农民的生存环境和生活品质都有了极大的改善。尽管发展势头强劲,但由于基础薄、困难多,总体上看,中部地区城镇化发展还比较滞后,城镇化水平明显偏低,工业化和城镇化发展不协调,城市体系不合理,综合实力总体不强,城市群集聚效应未充分显现,总体来看,中部地区城镇化还处于主要依赖地域扩张的阶段,城市管理水平相对较低。

　　城镇化是我国当前及未来一段时期经济增长的一个重要推动力,有

序推动城镇化进程,促进城镇化与新型工业化、农业现代化协调发展,是我国当前和今后相当长时期面临的重要战略任务。中部地区农村人口众多,资源禀赋和环境承载能力较强,具有加快城镇化的巨大潜力。由于城镇化水平大大滞后与东部和东北地区,而人口密度、人地关系紧张程度又大大高于西部地区,因此,中部地区推进城镇化面临的任务比其他地区更艰巨,所受的制约也远远高于其他地区。国家出台的《促进中部地区崛起规划》明确提出,"十二五"末,中部地区城镇化率要达到48%,以现有城镇化水平和城镇化率看,至少要转移2000万以上的农村人口,城镇化发展的任务相当艰巨,如果要达到全国平均水平,需要付出更大努力。为此,"十二五"时期,中部地区要深刻认识和准确把握国家城镇化发展的总体要求和对中部地区的具体任务,进一步发挥比较优势,加快人口和产业集聚,实现工业化和城镇化协调发展,探索走出一条适合自身特点的新型城镇化道路,努力破解城乡二元结构,构建统筹协调的城乡关系。

一、着力优化城镇总体布局,
构建完善的城镇体系

人多地少,保护耕地、保障粮食生产责任重,这些特殊因素决定了中部地区不可能继续走以建设用地大规模扩张为主的城镇化路径,而要立足于集约化发展,通过完善城镇布局,构建完善的城镇体系,提高城镇化效率,这样才能少走弯路,事半功倍。"十二五"时期,中部地区要依托重要交通通道,一手抓城市群建设,培育形成辐射带动能力强大城市;一手抓县域经济发展,充分发挥县域充分发挥县域在促进劳动力就地转移和统筹城乡方面的重要作用。概括起来,就是要以太原城市圈、皖江城市带、环鄱阳湖城市群、中原城市群、武汉城市圈和长株潭城市群为核心,打造沿京广、沿京九、沿陇海和沿长江的"两纵两横"经济带,推动形成网络化城市发展格局,构建大中小城市和小城镇协调发展的现代城镇体系。

（一）加强对城镇化的规划引导，促进城镇合理布局、集约发展

"十二五"规划纲要以一整章的篇幅提出了积极稳妥推进城镇化的战略安排和部署，明确了当前和今后一个时期我国城镇化发展三方面的重点任务：一是优化城市化的布局和形态，构建城市化战略格局，二是要稳步推进农业人口转变为城镇居民，三是增强城镇综合承载能力。可以看出，我国城镇化要走的路径主要是围绕"优化、稳妥和集约"展开。国家在注重提升城市化水平的同时，将提高城镇化发展质量放在突出重要的位置，明确了统筹规划、合理布局、完善功能、以大带小的城镇化发展原则，强调遵循城市发展客观规律，突出城市群的重要地位，提出要依托重要交通通道，促进大中小城市和小城镇协调发展。明确了促进经济增长和市场空间由东向西、由南向北拓展的发展方向。提出要坚持以人为本、节地节能、生态环保、安全实用、突出特色、保护文化和自然遗产的原则，科学编制城市规划，健全城镇建设标准，强化规划约束力。

中部地区城镇化发展要切实把握国家总体要求和原则，将其作为推动城镇化发展的立足点和重要前提，予以认真贯彻和落实。为此，必须要着眼长远，坚持高起点、高标准、高质量编制城市规划，科学预测城镇化需求，合理安排城镇空间布局，明确发展重点和途径，统筹安排产业发展与城市功能配置，推动住房、交通、水资源、生态环境、土地资源利用、重要基础设施和公共服务资源全面协调可持续发展。要加强城市规划与国家主体功能区规划、土地利用总体规划、重点区域发展规划、水资源规划及防洪规划等的衔接。统筹推进新区建设与老城改造，切实利用现有基础，着力增强承载能力。要正确处理好规划与实施的关系。注重和提倡"富规划、穷建设"的理念。规划上要定位准确、功能完善、科学前瞻；在方法上要公众参与、群策群力；在取向上要以人为本、协调发展。实施中要结合本地的实际情况，制定切实可行的规划实施方案，确保规划明确的各项任务的落实。要立足现实基础，根据区域经济发展水平、环境承载能力和现实需求，分步推动，稳妥推进城镇化建设。

（二）着力优化完善城镇体系，推动大中小城市与小城镇协调发展

要选择非均衡的发展道路，在加快城市群发展的同时，构建以大城市为中心、中小城市为重点、小城镇为基础，形成多层次的大中小城市和小城镇协调发展格局。支持优化中心城市发展形态，探索集约紧凑、组团发展模式，推动形成以中心城区为核心、周边县城和功能区为组团的空间格局，预防"城市病"。要着力增强中部地区核心城市地位，提升省会城市的综合实力和辐射能力，积极培育区域性中心城市，支持洛阳、芜湖等有条件的大城市拓展功能，加快发展，发挥更大辐射和带动作用，必要时可考虑在适当调整区域的基础上，在中部地区设立直辖市或增强副省级省会城市数量。积极推动县域经济和小城镇特色化发展，加快完善中小城市的产业体系，结合各地实际，大力培育和发展各具特色的优势产业，以企业、产业和市场为依托，增强基础设施和公共服务设施配套能力，形成特色鲜明、功能互补的发展格局。在保障农业和生态发展空间基础上适度扩大建设用地规模，促进经济和人口向县城集聚。积极创造就业条件，提高中小城市对农村人口的承载能力和吸纳能力。要把发展小城镇和农村产业结构调整、发展非公有制经济、发展特色产业和产品结合起来，解决农村富余劳动力就业问题，促进农民增收。要发挥小城镇的辐射带动作用，以基础设施和公共服务设施建设为基础，以产业发展为依托，加快乡村工业和人口向县域和镇区集聚，促进基础设施和公共服务向农村延伸，增强吸纳农村剩余劳动力的能力。要积极破除城乡二元结构的体制性障碍，改革完善现行的户籍制度和乡镇行政管理制度，为小城镇建设提供配套的制度保障。要加强县城教育、卫生、文化等基础设施建设，提高公共服务保障能力和辐射范围，大力提高县城服务业发展水平，不断增强承接中心城市辐射和带动乡村发展的能力。

（三）支持重点城市群加快发展，充分发挥辐射带动作用

国家明确将中部地区的太原城市群、中原经济区、皖江城市带、长江中游地区作为城镇化重点发展区，将对这些地区的城镇化发展予以积极

支持，培育和壮大城市群增长极。同时，也要求这些地区充分依托重要交通通道促进自身发展，要发挥集聚和辐射作用，提升区位优势。

一是进一步加快武汉、郑州、长沙、合肥、南昌、太原等中心城市的资源要素整合，推动武汉城市圈、中原城市群、长株潭城市群、皖江城市带、环鄱阳湖城市群和太原城市圈的发展推动中心、副中心城市与周边城市合理分工，充分发挥城市群在土地集约利用、人口和经济集聚以及生态环境保护方面的特殊优势，加强规划引导和政策支持，创新体制机制，优化空间布局，加强合作联动，拓展城市功能，实现合理分工、优势整合、推动一体化发展。

二是立足中部地区六大城市群各自特点，支持武汉城市圈率先在优化结构、节能减排、自主创新等重要领域和关键环节实现新突破，在科学发展、和谐发展上取得新进展。打造充满活力的区域性经济中心，全国"两型社会"建设的典型示范区。支持中原城市群把握国家支持建设中原经济区的战略机遇，以客运专线和城际快速轨道交通等重要交通干线为纽带，重点以郑东新区、汴西新区、洛阳新区建设为载体，整合区域资源，加强分工合作，推进区域内城市空间和功能对接，率先促进农业现代化、工业化和城镇化协调发展方面实现新突破，提升区域整体竞争力和辐射带动力，发挥在中原经济区的核心和引领作用，建设成为沿陇海经济带的核心区域和重要的城镇密集区、先进制造业基地、农产品生产加工基地及综合交通运输枢纽。积极支持长株潭城市群探索形成有利于资源节约、环境保护的新机制和城市群发展的新模式。建设成为先进装备制造业基地、电子信息产业基地、文化创意产业基地和高效率、高品质的组合型城市地区，为全国"两型社会"建设提供示范。支持皖江城市带推动沿江城市跨江合作和联动发展，加快形成产业密集区，建设成为重要的现代制造业基地和承接产业转移示范区。支持环鄱阳湖城市群以建设鄱阳湖生态经济区为目标，明确功能分区，优化空间布局，建设成为全国大湖流域综合开发示范区、长江中下游水生态安全保障区和国际生态经济合作重要平台。支持太原城市圈，率先推进资源型经济转型，稳步推进以太

(原)榆(次)为中心,公交、电信、金融、市政设施等领域"同城化"发展,建设成为全国重要的清洁能源生产与技术创新基地,山西省对外开放的主要平台,具有浓郁地方文化特色和较强辐射作用的现代化城市圈。

二、强化城镇化产业支撑,促进产业与城市融合发展

工业化是城镇化的重要载体,城市化的过程也是产业演进的过程,只有具备强大的产业支撑和合理的产业结构,城镇才能成为核心,才能增强集聚和辐射能力。加快推进中部地区城镇化,必须要将城市的扩张与产业支撑紧密结合起来,通过产业集聚为城镇化发展提供物质保障和支撑,形成城市核心竞争力,增强城市集聚和辐射能力,通过城市建设,为产业发展提供完善的配套服务,以及扩展市场,从而促进产业和城市融合发展。

(一)大力提升工业化对城镇发展的带动水平,促进产城融合发展

要合理安排城市产业、交通、居住和生态空间,促进人口和二、三产业高度集聚,强化产业分工协作与功能互补形成以产兴城、依城促产的发展格局。要优化城市空间格局,将产业集聚区纳入城市规划范围。大、中、小城市和相邻城市之间要立足比较优势,促进产业发展,加强协调配合,形成错位竞争、着力延长产业链条,形成规模效应,避免低水平重复建设和恶性竞争。城市扩张要以有效发挥产业发展和城镇化的互动作用为前提,避免盲目建设新区。要按照产业集聚区规划、城市总体规划、土地利用总体规划"三规合一"的原则,整合提升各类产业园区,建设产业集聚区,促进企业集中布局、产业集群发展、资源集约利用、功能集合构建、人口有序转移,成为构建现代产业体系、现代城镇体系和自主创新体系的载体。大力支持产业集聚区提升支撑能力,增强吸纳就业能力,鼓励有条件的产业集聚区逐步向综合发展区域和城市新区转型。加强城市道路管

网、通信网络、污水处理等基础配套设施建设，支持产业集聚区与城市基础设施共建设共享，扩大城市服务功能辐射范围，有序推动城镇化进程。以产为基，统筹现有城区与集聚区功能布局，推动城区基础设施向产业集聚区延伸，加快完善配套区内道路、水、电、气、通信等基础设施，以城市功能完善促进产业集聚，以产业集聚增强农村转移人口的吸纳能力，促进农村人口就地转移。

（二）加快发展产业集聚区，拓展城镇化发展空间

要按照"企业（项目）集中布局、产业集群发展、资源集约利用、功能集合构建"的要求，强力推进产业集聚区建设。一是进一步推动要素资源集中配置，完善投融资、中小企业贷款担保和土地整理储备平台，着力提高基础设施、公共服务、产业支撑和集聚发展四大保障能力。建成一批功能定位明晰、竞争优势突出、资源高效利用、产城互动发展的产业集聚区。二是培育壮大产业集群。围绕主导产业定位，重点引进关联度高、辐射力大、带动力强的龙头型、基地型项目，促进同类和关联企业、项目高效聚集，带动配套企业发展，发展各具特色的产业集群。三是推进集约节约发展。提高集聚区投资强度和产出效益，加快多层标准厂房建设，建立完善集聚区土地集约利用考核评价体系，实行评价结果与下年度土地利用指标直接挂钩，创建一批资源节约集约示范集聚区。切实加强环境保护，严格节能环保准入门槛，关闭淘汰落后工艺技术装备和环保不达标企业，在具备条件的产业集聚区全部建成污水处理厂和垃圾处理厂。积极推进清洁生产，创建一批环境友好型产业集聚区。四是推动创新发展。进一步完善政策支持体系，提高集聚区要素聚集、自我积累和自主发展能力。强化管理体制创新，支持在集聚区先行先试各项改革，扩大县域集聚区管理权限，形成统筹、高效、富有活力的管理体制。鼓励集聚区按市场机制建立多元化融资渠道，支持公共部门与民营企业合作，加快集聚区开发建设。坚持综合考核、竞赛晋级、政策挂钩、动态调整的管理模式，促进集聚区科学发展。

三、加大改革创新力度，提升
城镇管理水平和承载能力

中部地区城镇化进程有我国城镇化推进过程中面临的许多共性特点，如处于城镇化加速推进时期、城镇体系初具形态但还不完善、城镇化结构有所优化但发展方式仍然粗放、城市基础设施建设进展明显但管理水平滞后等，也有自身独有特点，如城镇化潜在需求十分突出、城市群布局相对密集但核心城市首位度都不高、城市核心竞争力和带动力普遍不强、统筹城乡任务非常繁重等。因此，中部地区要结合自身实际，深化城镇化体制机制创新，在重点领域和关键环节有所突破和创新，提高城镇管理水平，增强基础设施保障，提升公共服务供给能力、应急保障能力，注重城市文明建设，不断提升市民素质等。同时，走集约型、可持续型城镇化道路，高标准推动城市建设，传承区域文化，突显地方特色，提高城镇建设用地使用效率，注重城市生态建设，提高城市综合承载能力和可持续发展能力。

（一）探索解决城镇化发展面临的体制约束

要深化行政管理体制改革，改变以 GDP 为核心的政府考核体系，建立制度化、科学决策和激励机制，从根本上减少和解决城镇化推动过程中的短视、短期行为以及"形象工程"等现象。要进一步完善土地管理制度，在切实保护耕地和基本农田的前提下，探索实现耕地占补平衡的多种途径和方式，适度扩大中部地区城镇建设用地增加与农村建设用地减少相挂钩试点，推广试点经验，完善相关政策，在现行土地制定框架内有序推进农用地流转，建设城乡统一的土地市场，盘活土地资源，提高利用效率，促进资源的合理配置。要稳步推进户籍管理制度改革，探索建立全国城乡统一、以具有合法固定住所、稳定职业为基本条件的户口迁移政策，促进农民有序转移。探索推动失业保险等社会保障关系互联互认和养老、医疗保险关系异地正常转移接续，提高养老保障、医疗保障统筹层次。深化城镇市政公用事业投融资体制改革，大力推进城镇投资主体多元化，多渠道筹集城镇建设资金。适应城镇化发展需要，适当调整城市行政区划。

（二）不断提升城镇发展质量

在城镇建设和管理中，要兼顾效率与公平，实现依法管理与依法办事的统一、改革创新与完善机制的统一、共建共管与提高素质的统一。在推进城镇有序拓展的同时，要加强城市道路管网、通信网络、污水处理等基础配套设施建设，加大教育、医疗等基本公共服务供给能力，并优化布局。积极创新城市管理手段，推进数字化城市管理，建立高效的城市公共安全保障机制，特别是特大城市和大城市要切实提高应急保障能力。根据城市拓展需要，有序推动工业危险源搬迁和"城中村"改造。进一步完善和规范征地制度，切实保护群众利益。要正确处理好新城与老城的关系。实行新城发展和老城改造"两条腿"走路的方针，规范新城新区建设，防止盲目"摊大饼"。经批准的新城规划、建设、管理要立意高远、科学前瞻，坚持内涵式发展道路，严格控制城市规划过度扩张，提高城市的品位和现代化气息，加强配套设施建设，不断完善城市功能。要注重新老城区齐头并进、协调发展，老城的改造既保护传统文化，又融入现代气息，在城市改造和建设中切实保护群众利益。加强城镇历史文脉、风景名胜和地址遗迹等资源保护，突出特色，提升品位。下大力气解决交通拥堵、空气噪声污染等"城市病"问题，实现城市管理向规范化、精细化、高效化转变。

（三）加强城镇基础设施和公共服务设施建设

顺应城镇化快速发展的需要，进一步加强城镇基础设施和公共服务设施建设，完善城市功能，拓展发展空间，优化人居环境，塑造城市特色，建设复合型、紧凑型、生态型城市和宜居城市。加强城市交通建设。高水平、高标准编制城市综合交通规划。提高城市道路建设标准,完善城区路网,打通主要交通阻塞点和断头路。优先发展城市公共交通。加强城镇市政设施建设。加快中心城市现有城区老化管网改造,加快城市新区、产业集聚区配套管网建设。加强地下管网建设与管理,推进新建、改建、扩建城市道路配套建设市政消防栓和地下公共管沟。加快城市积水点改造,加强城市防洪、消防、抗震、人民防空等公共安全设施和无障碍设施建设。加强城市生态设施建设。加快公共服务设施和保障性住房建设。加大城镇教育投入,优先保障依据城镇规划布局调整的中小学建设用地,确保城镇居民和进城农民工子女入学需求。完善医疗卫生、文化等城市公共服务设施布局。积极推进城市和国有工矿棚户区改造,逐步解决城市低收入家庭住房保障问题。增强城镇承载能力。拓宽多元化投融资渠道,加强城镇基础设施和公共服务能力建设。

四、注重城乡统筹发展,稳步推进城乡一体化

城镇化发展和新农村建设是推动我国现代化建设进程不可或缺的两个方面,要坚持双轮驱动、共同发展。中部地区是我国农业、农村和人口集中的地区,一方面,必须加快推进城镇化,实现农村剩余劳动力有效转移,为解决"三农"问题,促进人口、资源进一步集聚,从而提高资源利用效率,加快发展找到出路;另一方面,中部地区城镇化的最终目标,不可能是完全消除农民,而是在农村和城镇间寻找最佳平衡点,实现资源优化配置,也就是要积极推进城乡一体化发展。要将统筹城乡放在突出重要的位置,促进城镇基础设施、公共服务等向农村延伸,推动农村劳动力有序转移,实现城镇化与新农村建设同步推进,加快城乡一体化发展。

(一)扎实推进新农村建设

加强城镇体系规划与村镇体系规划的有机衔接,统筹村庄布局,建设富裕、民主、文明、和谐的社会主义新农村。按照规划先行、就业为本、量

力而行、群众自愿的原则，积极稳妥开展新型农村社区建设试点，促进土地集约利用、农业规模经营、农民就近就业、农村环境改善。加强农民最急需、最关心的道路、给排水、环卫、通讯、电力等基础设施和医疗卫生、教育文化等基本公共服务设施建设，改善农村生产生活条件，使广大乡村居民安居乐业。合理安排农村生产、生活、生态用地，稳步推进农村土地整治。加快实施农村安全饮水工程，提高农民饮用水质量，支持联村供水建设，积极扶持有条件的地区实行城乡供水一体化，逐步提高自来水普及率，全面解决农村饮水安全问题。加快通乡通村道路建设，同步推进村庄内外道路硬化，加快实施农村公路改造工程，提高农村交通网络的覆盖水平和通畅程度。开展农村环境综合整治，加强村内道路、给排水和垃圾处理设施建设，推进村镇居民区、街道等公共场所净化、美化、绿化、亮化，因地制宜开展农村生活污水、垃圾污染治理，着重解决人畜混居等突出问题，改善农村环境卫生状况和村容村貌。扩大农村危房改造试点工程，推进农村节能省地型住宅建设。推动城市建成区内现有城中村加快转变为城市社区，同步推进村民转化为市民。加快地质灾害威胁区、煤矿塌陷区、深山区等不宜居住的村庄以及弱小村、偏远村的整体搬迁。研究制订农村集体建设用地管理条例，逐步建立城乡统一的建设用地市场，规范有序地推进农村宅基地和村庄整理。

（二）提高以城带乡发展水平

支持有条件的中心城市建设空间上涵盖城市、农村和生态用地的复合型功能区，率先实现城乡一体化。发挥县（市）促进城乡互动的纽带作用，把中小城市作为吸纳农村人口就近转移的重要载体，实现城乡之间公共资源均衡分配和生产要素自由流动。提升县城发展水平，支持有条件的发展为中等城市，不断增强承接中心城市辐射和带动乡村发展的能力。按照合理布局、适度发展的原则，支持基础较好的中心镇逐步发展成为小城市，强化其他小城镇对周边农村的生产生活服务功能。推进农村人口向城镇有序转移，积极解决进城务工人员就业、安居、子女就学、社会保障问题,逐步使符合落户条件进城落户农民真正变成市民,享有平等权益。鼓励城市骨干企业与农村建立对口帮扶长效机制。

(三)促进城乡基本公共服务均等化

建立城乡统一、规范的人力资源市场,提供公共就业服务,特别是针对农民工的就业服务。积极推动新农村建设,要通过多种途径安置被征地农民,维护农民的权益,采取多种手段保障农民在城镇安居并实现稳定就业。进一步完善城乡基本养老、基本医疗、失业、工伤、生育等社会保险制度,扩大覆盖范围,提高统筹层次。在严格保护耕地的前提下,推进征地制度改革,提高对农民的征地补偿标准,完善补偿机制,切实加强对农村失地农民、进入城镇就业或居住农民的权益保护,解决农民工和被征地农民的社会保障问题。统筹配置城乡社会保障服务资源,推进新型农村社会养老保险试点。加大财政支持力度,建立健全城乡救助体系,合理确定城乡低保标准和补助水平。全面落实农村五保供养资金,确保五保供养水平达到当地村民平均生活水平。积极推动城镇基础设施和基本公共服务资源向农村延伸,提高农村公共服务水平。健全以县级医院为龙头、乡镇卫生院和村卫生室为基础的农村医疗卫生服务网络。加快建设城市社区卫生服务网络,完善以社区卫生服务为基础的新型城市医疗卫生服务体系。建立城市医院与社区卫生服务机构的分工协作制度和城市医院对口支援农村医疗卫生的工作制度。加强农村医疗卫生人才队伍建设。

第八章 推进产业结构调整，
加快新型工业化进程

中部地区是全国重要的能源原材料基地,装备制造及高技术产业基地。自 2006 年国家实施促进中部地区崛起战略以来,中部六省坚持走新型工业化道路,将能源资源等优势转化为工业发展优势,发展速度明显加快,工业规模不断扩大,生产持续快速增长,产业基础日益雄厚,产业结构日趋合理,门类较为齐全,整体发展水平已进入工业化中期阶段。但总体看来,中部地区工业仍然呈现明显的重化工业特征,产业层次较低,发展水平和竞争力与东部沿海地区存在相当大的差距。中部地区第二产业比重较大,产业"重型化"特征明显,不仅加大了资源环境的压力,也影响经济整体素质和效益的提高。另外,中部地区是以装备制造、能源化工等产业为支撑的典型的重化工集聚区,长期以来经济增长主要依赖高投入、高消耗、高污染的粗放增长方式,在发展还处于工业化中期阶段时就面临着相当严重的资源和环境约束,节约资源和保护环境的任务十分艰巨。如何在资源环境约束条件下,从中部地区自身实际出发,发挥各自比较优势,加快新型工业化进程,推动经济发展与资源、环境相协调,成为"十二五"时期促进中部地区崛起工作的重要任务。

在中部地区推进新型工业化进程中,国内外有许多好的经验可资借鉴。发达国家推进新型工业化的主要做法有:一是以信息化推动新型工业化。美国在 20 世纪 80 年代开始的新一轮产业结构调整中,把制造业信息化技术列入"影响美国安全和经济繁荣"的 22 项技术之一加以研究开发,加大科技投入,提升信息化水平,将信息技术推广到各个部门和领域,传统劳动密集型产业成功升级为技术密集型产业。与此同时,大力发展信息技术产业,目前信息产业已经取代了汽车、建筑、钢铁等传统行业成为美国最大的支柱产业,成为经济新的增长点,尤其是计算机软件业,20世纪90年代以来,每年都在以12%的速度迅速增长,比美国经济增长率要高出四五倍。芬兰从1994年起,大力加强信息化基础设施建设、全面推进信息社会建设,推动新型工业化,促进经济转型,目前已成功实现在家庭、教育、科研、企业电子商务、政府电子政府等方面的信息化,涌现了以诺基亚为龙头的一大批信息和通信企业,森林工业、金属及机械制造业的技术密集程度得到了加强,生产效率明显提高,进入了新的经济增长期。二是以清洁生产推动新型工业化。粗放式的发展方式几乎在所有的先行工业化国家都造成了严重的后果。为了改变这种情况,各国开始力图保持资源的持续使用,实现环境和经济的协调发展。1989年联合国环境规划署制定《清洁生产计划》并全世界推行清洁生产之后,许多发达国家积极响应。加拿大制订了资源和能源保护技术的开发和示范规则,促进开展减少废物和循环利用及回收利用废物的工作,大力推广清洁生产,推动节能降耗,在降低企业成本的同时又减少了污染,实现了经济发展向低污染低消耗转变。荷兰政府大力推行污染预防工作,在荷兰经济部和环境部的大力支持下,荷兰技术评价组织于1988年对荷兰公司进行了防止废物产生和排放的大规模清查研究,制订了防止废物产生和排放的政策及所采用的技术和方法,并在10个公司中进行了预防污染的实践,其实施结果已编制成《防止废物产生和排放手册》,严格在企业中实行。日本积极推动循环型社会建设,政府推动构筑多层次法律体系,已形成了比较完整的、具有可操作性的循环经济法律体系,制定了一系列优惠财税政策激励循环经济的发展,重视发挥中介组织的作用,鼓励公众参与,提出"环之国"、"环之生活"、"环之地球"的新社会目标,要求国民从根本上改变观念,将垃圾视为有用资源,并加强宣传与监督,使循环经济理念深入人心。三是以制度创新推动新型工业化。日本政府在二十世纪末制定了通过循环经济推动经济发展方式转型的规划,并在2000年公布了《循环型社会形成推进基本法》,随后又出台了《食品再生利用法》、《建材再生利用法》、《汽车再生利用法》等多项综合法,形成了由一个基本法、两个综合法以及六部具体法规构成的比较完整的循环经济法律体系,保障循环经济的推进。20 世纪 90 年代,芬兰政府将信息化社会作为其首要发展目标,并制定了电信法、数据法、商务电子通信法、电子签名法和信息社会保护法等一系列法律,完善产业制度,开放电信市场,为信息与通信产业的发展创造了有利环境。法国设立专门机构,每年给清洁生产示范工程补贴 10% 的投资,个别的资助高达 50%,从 1980 年起还设立了无污染工厂的奥斯卡奖金,奖励在采用无废工艺方面做出成绩的企业。经过创新激励机制,企业纷纷上马循环节能项目,带动法国经济发展方式转型。

　　从国内看,东部沿海省市率先启动了各具特色的经济转型计划,推动经济发展方式从粗放型向集约型转变。北京市以产业结构调整推动新型工业化,坚持走科技含量高、资源消耗低、环境污染少、人力资源优势得到充分发挥的新型工业化道路,大力发展循环经济,注重依靠科技进步和提高劳动者素质,提高经济增长的质量和效益。天津市以低碳理念推动新型工业化,着力构筑高端产业、自主创新、生态宜居三个“高地”,以构建高端化、高质化、高新化产业结构为方向,加快推进产业结构优化升级,大力发展战略性新兴产业和低耗能产业,逐步形成了航空航天、新能源新材料、生物技术和现代医药等八大优势支柱产业,能耗“摊薄效应”明显。上海市大力发展循环经济,推广普及清洁生产,抓紧建设以张江为核心,由浦东微电子产业带、漕河泾和松江出口加工区构成的“一带两区”国家级微电子产业基地,以浦东软件园为核心主体的国家软件产业基地,以张江为核心的国家东部信息安全产品产业化基地,形成完整的 IT 产业链,推动形成以高端化、集群化、集约化和生态化为特征的新型产业体系。广东省于 2003 年 6 月出台关于加快推进广东新型工业化的意见,明确提出大力推进企业信息化,实现以信息化带动工业化,推进产业结构战略性调整,提高工业整体素质和产业国际竞争力,推动技术进步,促进科技和经济的紧密结合,深化国企改革,进一步提高开放水平,形成内源型经济和外源型经济共同推进新型工业化发展的格局。福建省重点开发和引进一批能够带动产业升级和结构优化的生产性项目,围绕主导产业,培育形成电子信息产品制造、机械、石化三大临海战略型产业集群,发展以中心城市为核心、以工业园区为支撑的工业经济区域,推动新型工业化进程。

通过借鉴发达国家和东部沿海地区在推进新型工业化过程中的成功经验,中部地区可以得到以下启示:一是为新型工业化创造良好的基础性条件,推进信息化基础设施建设,加大综合性研发、创新、共享、信息平台建设,增加相关产业的资本和政策投入,加快园区建设,推进产业聚集。二是依靠技术进步为新型工业化提供技术支撑,推进技术创新服务体系建设,以关键领域技术创新为突破口,增强消化吸收国内外先进技术和自主创新能力,发展战略性新兴产业,构建现代产业体系。三是建立有利于新型工业化发展的体制机制,营造公平竞争的体制环境、市场环境和法制环境,引导企业和个人节约资源、保护环境。四是制定有利于新型工业化发展的政策,鼓励高附加值产业、低消耗产业、资源循环利用产业及环境友好型产业发展,推行清洁生产,提高资源利用率。五是发挥自身比较优势,积极参与国内国际分工,充分利用外部资源。党的十六大提出,我国要走"科技含量高,经济效益好,资源消耗低,环境污染少,人力资源优势得到充分发挥"的新型工业化道路。"十二五"时期,中部地区要抢抓机遇、迎难而上,立足产业基础,发挥后发优势,进一步壮大产业规模,培育产业发展新优势,推进产业结构优化升级,努力形成传统优势产业、战略性新兴产业和现代服务业协调发展的现代产业体系,提升产业整体实力和竞争力。

一、着力培育优势产业,推动产业集聚发展

中部地区要结合自身资源要素禀赋优势,采取全面规划、重点突破的发展模式,大力发展能源原材料精深加工业,提升装备制造业整体实力和

水平,促进集聚发展,推动产业重组,提高行业集中度和市场占有率水平。
要以信息化、高端化、品牌化为主攻方向,推进传统支柱产业科技创新、制
度创新、管理创新,促进制造业由一般加工向高端制造提升、由产品竞争
向品牌竞争提升,大力发展先进制造业,提高产品科技含量。要围绕重点
产业的调整振兴,充分运用投资、财税、土地等政策,引导各类生产要素投
入鼓励发展的产业领域,加快形成电子信息、汽车、钢铁、家电等在全国有
较大影响力的产业集群,积极扶持龙头企业做大做强,延长产业链,提高
配套服务能力,促进产业集群式发展。

(一)大力发展原材料精深加工业

　　加快推进钢铁、有色、石化、建材等优势产业的结构调整和布局优化,
控制总量、淘汰落后,加快重组、提升水平,建设精品原材料基地。优化发
展钢铁工业。继续发挥中部地区作为国家重要钢铁生产基地的作用,依
托大型钢铁企业,在强化节能减排的基础上,重点做好钢铁产品结构优
化,加快高技术含量和高附加值钢材产品开发和生产。积极发展有色金
属精深加工。加强政策规范和市场引导,严格产业准入,发展有色金属深
加工,严格限制冶炼和一般加工能力规模增长,加快淘汰浪费资源和污染
环境的落后产能。加快发展石化工业,继续加强大中型石油化工企业技
术改造和改扩建,加快形成中部地区大型原油加工基地,实现集约发展。
推进建材工业结构调整和产业升级。推动水泥企业联合重组,逐步提高
水泥行业生产集中度。

(二)优化发展能源产业

　　优化能源结构和布局,提高开发利用效率,建立安全、高效、清洁的能
源保障体系。加强煤炭资源勘查和大中型矿井建设,推进煤炭资源整合
和兼并重组,培育大型煤炭企业集团,建设全国重要的煤炭基地。加强大
型坑口、路口煤电一体化电厂建设,规划建设外电进入中部地区的通道,
开展智能电网试点。在确保安全的基础上,稳妥推进核电建设。依托西

气东输等国家骨干燃气管道,完善支线管网,提高燃气覆盖率。建设成品油、天然气储备基地和煤炭物流储配中心。积极发展生物质能、太阳能等可再生能源。

(三)加快装备制造业转型升级

围绕中部地区装备制造优势行业,以核心技术、关键技术研发为着力点,按照高端、高质、高效发展的要求,加快产品结构调整,增强自主创新能力,提高行业集中度,加快集聚发展,提升装备制造业整体实力和水平,建设全国重要的先进制造业基地。发挥重大技术装备、交通设备制造业基础较好的优势,增强自主创新、系统集成能力,提升国产零部件配套水平,发展替代进口产品,扩大国内市场占有率。要提高重型机械工业的竞争力。依托骨干企业,进一步提高机械制造业研发和制造水平,加快结构升级,完善产品系列,扩大产品市场占用率。促进矿山机械、工程机械发展,加快研发关键总成零部件,促进集群化发展。要扩大重大成套装备制造业的国内市场占有率。加强技术引进和自主创新,按照机电一体化、多功能化的要求,重点研发先进适用、高附加值的主机产品和核心基础零部件。支持重点汽车企业提升自主研发能力和研发自主品牌汽车。围绕整车发展,增强零部件配套生产能力,推进汽车零部件生产规模化、专业化,建设若干汽车和零部件生产基地。积极发展轨道交通设备制造业。壮大船舶工业实力。加快推进船舶工业结构调整,提高自主研发能力和船用设备制造能力。

(四)积极培育优势产业集群

继续落实国家重点行业调整振兴规划,加强重点产业振兴和技术改造专项资金对中部地区的支持,推进钢铁、石化、有色金属、造船等产业升级改造,推动重大装备制造、汽车零部件、轻工、纺织等现代产业集群建设。继续淘汰一批炼钢、炼铁、水泥、造纸和平板玻璃落后产能。扎实推进国家新型工业化产业示范基地建设。发展优质安全食品和绿色食品加工业,加大食品生产加工企业监管力度,建立健全食品生产加工检验检测体系,保障食品质量安全。提升家用电器制造业国际竞争力,加快发展家电关键配套件产业,培育和发展产业集群。改造升级传统纺织服装业,鼓励发展高新技术纤维和生物质纤维,加快产业化进程。。

二、提高自主创新能力,促进产业结构优化升级

从某种意义上看,新型工业化是新的生产方式和新兴产业逐渐占据主导地位的过程,是产业结构持续优化升级的过程。中部地区要充分利用和整合现有科教资源,大力推动产学研结合,促进科教优势向产业优势转变,提高产业自主创新能力,大力培育具有比较优势的战略性新兴产业,改造提升传统制造业,促进工业化与信息化融合、制造业与服务业融合、新兴科技与新兴产业融合,走创新驱动发展道路。

(一)提高产业核心竞争力。加快构建自主创新体系,优化企业组织结构,培养企业家队伍,走创新驱动发展道路。发挥企业创新主体作用,构建自主创新体系。鼓励国家级科研院所、高校、央企在中部地区设立分支机构或建立成果转移中心,建立产业技术创新联盟,建设一批国家级企业技术中心、工程研究中心、工程技术研究中心、重点实验室、工程实验室等研发平台。围绕传统产业升级、新兴产业发展,支持组织实施一批重大科技专项和技术创新工程。完善创新创业支撑体系,支持创新型企业加快发展。鼓励和支持优质资本、优势企业跨行政区并购和重组,加快培育大型企业集团。探索建立与中央企业长效合作机制,开展多层次、多形式合作。打造一批具有国际影响力的知名品牌。完善以专业孵化器和公共专业技术服务平台为核心的创业服务体系,进一步发挥国家高新技术开发区和高技术产业基地的集聚、引领和辐射作用。

(二)培育壮大战略性新兴产业

战略性新兴产业是党中央、国务院在新形势下提出转变发展方式的

重要战略举措。加快培育和发展战略性新兴产业,有利于充分发挥中部地区产业、研发、资源等优势条件,形成全国战略性新兴产业发展高地,抢占未来区域竞争的制高点。中部六省要集中优势资源,把握战略性新兴产业关键环节,以重大技术突破和重大发展需求为基础,促进新兴科技与新兴产业深度融合,把战略性新兴产业培育发展成为先导性、支柱性产业。要大力发展节能环保、新一代信息技术、生物、高端装备制造、新能源、新材料、新能源汽车等战略性新兴产业,重点推动电子信息、生物、新材料成为新的主导产业。支持新型显示、信息家电、新一代消费电子等发展,建设武汉、合肥等一批在国内有影响的电子信息产业基地。加快发展生物医药、生物育种、超硬材料、高强轻型合金,建设一批生物产业基地和新材料产业基地。以掌握产业核心关键技术、加速产业规模化发展为目标,组织实施若干重大产业创新发展工程,培育一批战略性新兴产业骨干企业和示范基地。推动设立战略性新兴产业发展专项资金和产业投资基金,扩大政府新兴产业创新投资规模,带动社会资金投向创业早中期阶段的创新型企业。

(三)加快发展现代服务业

要把推动服务业大发展作为产业结构优化升级的战略重点,大力发展第三产业,加快产业结构向"三、二、一"的转变,形成服务内容丰富、服务对象配套、服务功能协调的现代服务业体系,第三产业比重力争达到40%左右。继续开展服务业综合改革试点,加大服务业发展引导资金对中部地区的支持。改造提升商贸、餐饮等传统服务业,鼓励发展新型业态,发展壮大健康产业、社区服务、养老服务,支持发展信息服务、创意设计、会展、服务外包等新兴服务业,提高规模化、品牌化、网络化发展水平。加快发展金融保险、现代物流、研发设计、人力资源等生产性服务业,在中部地区设立一批生产性服务业集聚发展示范区,加快长株潭等高技术服务产业基地建设。大力发展动漫、出版等文化产业,积极推进湖南动漫游戏产业振兴基地和数字媒体技术产业化基地、武汉数字媒体工程技术中心、国家动漫出版产业发展安徽基地和河南基地建设。

（四）提升信息化水平

信息化是工业化的产物，同时也推动着工业化的发展。中部地区作为后发地区，面临着实现工业化与信息化的双重，必须坚持以信息化带动工业化、以工业化促进信息化，加强网络基础设施建设，持续改造、升级、扩容宽带互联网络，积极开展基于无线宽带的城市信息化应用，大力推进"三网"融合。加快基础信息数据库建设，构建区域信息共享体系，规范信息安全等级保护管理，提高信息安全保障能力。全面提升区域信息化应用水平，完善区域电子政务网络平台，建设区域统一的政务信息资源共享交换系统、政府网站和政务热线，实现政务移动政务办公和远程办公。推进大中型企业光纤网络全覆盖，建设制造业信息化重点示范工程。建设区域性电子商务综合平台，加快建立安全、方便的网上支付体系，实现信息互通共享、集中发布。积极建设"数字城管"、"应急联动"和城市"一卡通"等公共信息服务平台。推进与周边地区信息共享，加快与东部沿海地区信息基础设施对接，加强在电子口岸、信用建设、交通信息等多个领域内的合作，推进信息资源的合作开发与共享。

三、积极承接产业转移，增强整体实力和发展动力

近年来，中部地区积极主动地承接产业转移，取得了明显成效，但同时也存在发展环境有待优化、合作机制有待完善、转移秩序有待规范等问题，各地在招商引资中还存在下硬性指标、搞"拉郎配"等急功近利的行为。中部地区要抓住全球和东部沿海地区经济结构调整升级的历史机遇，充分发挥自身区位、资源和劳动力等优势，着力改善投资环境，提升配套服务水平，实现在承接中发展、在发展中创新，推动重点产业承接发展，进一步壮大产业规模，培育产业发展新优势，加快构建现代产业体系，不

断增强自我发展能力。

（一）因地制宜承接发展优势特色产业

中西部地区要从各地实际情况出发，立足比较优势，合理确定产业承接发展重点，避免产业雷同和低水平重复建设。要充分利用东部沿海地区产业加快中西部内陆地区产业转移的机遇，不断完善交通基础设施建设，强化公共服务支撑，改善营商环境，积极承接资源精深加工、纺织服装、机械电子、现代装备制造、现代服务业及高技术产业等有利于发挥和增强中部地区比较优势产业和劳动密集型产业集群式转移，通过引进、消化和吸收后再创新，不断延长产业链，提升产业附加值和整体竞争力，促进中部地区产业结构升级，提高吸纳就业能力。加快发展生产性服务业，促进制造业与服务业融合发展。

1. 劳动密集型产业。承接、改造和发展纺织、服装、玩具、家电等劳动密集型产业，充分发挥其吸纳就业的作用。引进具有自主研发能力和先进技术工艺的企业，吸引内外资参与企业改制改组改造，推广应用先进适用技术和管理模式，加快传统产业改造升级，建设劳动密集型产业接替区。

2. 能源矿产开发和加工业。积极吸引国内外有实力的企业，大力发展能源矿产资源开发和精深加工产业，加快淘汰落后产能。在有条件的地区适当承接发展技术水平先进的高载能产业。加强资源开发整合，允许资源富集地区以参股等形式分享资源开发收益。

3. 农产品加工业。发挥中部地区农产品资源丰富的优势，积极引进龙头企业和产业资本，承接发展农产品加工业、生态农业和旅游观光农业。推进农业结构调整和发展方式转变，加快农业科技进步，完善农产品市场流通体系，提升产业化经营水平。

4. 装备制造业。引进优质资本和先进技术，加快企业兼并重组，发展壮大一批装备制造企业。积极承接关联产业和配套产业，加大技术改造投入，提高基础零部件和配套产品的技术水平，鼓励有条件的地方发展新能源、节能环保等产业所需的重大成套装备制造,提高产品科技含量。

5. 现代服务业。适应新型工业化和居民消费结构升级的新形势,大力承接发展商贸、物流和文化、旅游等产业。积极培育软件及信息服务、研发设计、质量检验、科技成果转化等生产性服务企业,发展相关产业的销售、财务、商务策划中心,推动服务业与制造业有机融合、互动发展。依托服务外包示范城市及省会等中心城市,承接国际服务外包,培育和建立服务贸易基地。

6. 高技术产业。发挥国家级经济技术开发区、高新技术产业开发区的示范带动作用,承接发展电子信息、生物、航空航天、新材料、新能源等战略性新兴产业。鼓励有条件的地方加强与东部沿海地区创新要素对接,大力发展总部经济和研发中心,支持建立高新技术产业化基地和产业"孵化园",促进创新成果转化。

7. 加工贸易。改善加工贸易配套条件,提高产业层次,拓展加工深度,推动加工贸易转型升级,鼓励加工贸易企业进一步开拓国际市场,加快形成布局合理、比较优势明显、区域特色鲜明的加工贸易发展格局。发挥沿边重点口岸城镇区位和资源优势,努力深化国际区域合作,鼓励企业在"走出去"和"引进来"中加快发展。

(二)促进承接产业集中布局

要加强规划统筹,优化产业布局,避免盲目布点,把产业园区作为承接产业转移的重要载体和平台,引导转移产业向园区集中,促进产业园区规范化、集约化、特色化发展,增强重点地区产业集聚能力。

1. 引导转移产业向园区集中。把中部地区现有产业园区作为承接产业转移的重要载体和平台,加强园区交通、通信、供水、供气、供电、防灾减灾等配套基础设施建设,增强园区综合配套能力,引导转移产业和项目向园区集聚,形成各具特色的产业集群。培育一批特色明显、主导产业突出的产业转移园区,进一步提升工业化水平和综合经济实力。发挥园区已有重点产业、骨干企业的带动作用,吸引产业链条整体转移和关联产业协同转移,提升产业配套能力,促进专业化分工和社会化协作。

2. 规范发展产业园区。统筹规划产业园区建设,合理确定产业定位和发展方向,形成布局优化、产业集聚、用地集约、特色明显的产业园区体系。支持符合条件的产业园区扩区升级。支持发展条件好的产业园区拓展综合服务功能,促进工业化与城镇化相融合。因地制宜发展特色产业园区,大力推进园区整合发展,避免盲目圈地布点和重复建设,防止一哄而起。

3. 发挥重点地区引领和带动作用。按照推动形成主体功能区的要求,合理调整产业布局,在中部地区着力培育和壮大一批承载能力强、发展潜力大、经济实力雄厚的重点经济区(带),促进产业集聚发展,发挥规模效应,提高辐射带动能力。

(三)打造各类承接产业转移载体

要认真贯彻落实《国务院关于中西部地区承接产业转移的指导意见》(国发[2010]28号)文件精神,选择中部有条件的省会城市和毗邻东部地区的其他重要城市,作为承接境外和东部地区产业转移的示范区,创新体制机制,优化发展环境,以点带线、以线带面、点线面结合,提高中部地区对跨国投资的吸引力,在吸引世界500强跨国公司战略性投资上逐步取得突破,加快打造世界级的现代制造基地。办好中部地区已有的国家级和省级经济技术开发区,按照"小政府、大社会"的模式,大力推动开发区的体制改革和制度创新,优化投资环境特别是软环境。借鉴沿海地区的先行经验,给予特殊经济区域先行先试的权力,为中部地区实行开放带动战略打下基础;增强开发区的产业聚集和规模经济效应,推进资源节约和环境友好型经济建设。参照国际上规范的自由贸易区模式,在有效监管的条件下,支持中部地区有条件的开发区进行向自由贸易区转型的试验和探索;推动现有的出口加工区、保税区向与国际接轨的方向调整,选择有条件的沿江口岸进行港区一体化试点,在规范化的前提下最大程度发挥特殊经济区域的作用。推动电子信息、新材料、装备制造、新能源、精细化工、光机电等领域的科技兴贸创新基地发展。

(四)优化产业承接发展环境

完善基础设施保障,加强公共服务平台建设,打破地区封锁,消除地方保护,为承接产业转移营造良好的环境。加强区域间交通干线和区域内基础交通网建设,加快发展多式联运,构建便捷高效的综合交通运输体系。促进物流基础设施资源整合和有效利用,完善现代物流体系,进一步降低物流成本。发展跨区域产业技术创新战略联盟,建立完善公共信息、公共试验、公共检测、技术创新等服务平台,规范发展技术评估、检测认证、产权交易、成果转化等中介机构。加快社会诚信体系建设,建立区域间信用信息共享机制。规范政府行为,防止越位和错位,不得采取下硬性指标等形式招商引资,清理各种变相优惠政策,避免盲目投资和过度竞争。整顿和规范市场秩序,促进投资贸易便利化。推进依法行政,加强知识产权保护,完善法制环境,保障投资者权益。

第九章　大力发展县域经济,增强县域经济实力与活力

　　县域经济是以县级行政区划为地理空间的区域经济,是统筹城乡经济社会发展的基本单元,是国民经济的重要基础,在全国经济发展中占据重要地位。2009年,我国共有1943个县(含县级市,下同),县域面积865.6万平方公里,占全国的90.2%。县域总人口9.3亿,占全国的69.3%。2009年县域实现地区生产总值166639.7亿元,占全国的48.9%。以全国县域经济发展最为迅猛、成效最为突出的江苏省为例,改革开放30多年来,江苏县域经济迅猛发展,成为全省经济的重要基石、对外开放的前沿阵地、扩大就业的广阔空间,全面领跑全国县域经济。2009年,江苏进入全国百强县的数量为28个,创历史新高,超过浙江、山东,位居全国第一;在十强县中,江苏占据了7个,其中江阴、昆山、张家港、常熟并列第一。而且,江苏的百强县正从苏南、苏中向苏北"挺进北上",苏南、苏中各有11个,苏北也已经拥有铜山、东台、大丰、邳州、沛县、建湖等6个。江苏县域经济发展的成功经验主要有:一是依靠创新驱动。如江阴市,面积只占全国的1/10000,人口占全国的1/1000,但财政收入占全国的1/250,GDP占全国的1/200,上市公司占全国的1/100,500强企业占全国的1/50。江阴通过坚持以科技人才为"驱动力",大力实施以"新合作、新技术、新产业"为核心的"三新"战略,以内为主、借助外力、内外结合,共同推动经济发展方式转变和经济结构优化升级,始终在全国保持综合竞争力领先优势,在民间机构评出的全国县域经济基本竞争力排序中,已经连续7年位居全国第一。二是实施开放带动。这方面的典型代

表是昆山市,通过大力实施开放创新、民营赶超和服务业跨越发展战略,注重发挥外资的带动作用和外贸的"溢出效应",形成了以外促内、以内引外、内外并举,外资民资融合发展的局面,使得昆山这样一个面积比江阴还小的县级市,吸引了全国1.7%的外资,贡献了全国2.4%的外贸进出口总额。三是突出专业化发展。以张家港、常熟等为代表,其特点是依托本地传统特色产业,扶持民营经济创新发展,积极培育专业化的产业集群,产业创新能力强、知名品牌多。

实施促进中部地区崛起战略以来,中部六省坚持以科学发展观统领经济社会发展全局,加大对县域发展的支持力度,县域经济呈现出良好的发展势头。目前,中部六省共有497个县(县级市,下同),占全国县级总数的24%;县域总面积91万平方公里,占中部地区的88.5%;2008年末县域总人口2.89亿,占中部地区的77.3%;实现生产总值3.6万亿元,按现价计算,占中部地区经济总量的57.1%,高于同期全国县域经济生产总值占全国GDP总量近50%的水平,县域经济成为拉动中部地区经济增长的主要动力之一。近年来,中部六省大力实施工业立县、工业强县战略,工业化进程明显加快,工业在县域经济中的比重有了较大提高,县域工业总产值从2000年的4842亿元增长到2009年的40510亿元,年均增长30.4%,高于全国平均水平。同时,县域农产品生产稳步增长,农业基础地位更加稳固,县域经济发展不仅有效满足了中部居民的需求,而且成为沿海地区农产品的重要供应基地,民营经济已成为县域经济的主体,产业了一批具有竞争优势的行业龙头企业和名牌产品。特别是一批县依托自身比较优势,大力发展特色经济,在全国县域经济发展中占据一席之地,形成了农业型、林业型、加工型、矿业型、旅游型、商贸型等特色县域发展模式,如以发展矿业闻名的山西省孝义市、江西省德兴市,以发展花炮产业集群闻名的湖南省浏阳市,以发展旅游业闻名的河南省登封市和湖南省凤凰县等,县域经济实力和综合竞争力已经达到了东部发达地区县域发展水平。目前中部地区县域经济发展存在的突出矛盾和问题主要有:一是财税、金融、行政管理体制等方面存在的矛盾,导致县域经济的发展后劲乏力。二是中部地区县域经济发展水平偏低,整体竞争力仍然较弱,产业结构不合理,层次较低,发展不平衡,差距呈扩大趋势。三是现有的营商环境与市场经济发展的要求相比仍有相当大的差距。四是民营企业还处在初级发展阶段,普遍存在"营养不良"造成的成长障碍。五是县域的公共基础设施条件还远远落后城市。

中部地区作为全国重要的粮食生产基地和农村人口最为集中的区域,加快中部县域经济发展步伐,提升县域辐射能力和公共服务能力,对于推进中部地区工业化和城镇化进程,促进区域经济协调发展,实现全面建设小康社会目标具有特殊重要的意义。"十二五"时期,中部地区要以县级市市区、县城为主要载体,以发展特色经济为主攻方向,不断优化民营经济发展环境,推进管理体制改革,加快县域工业化、城镇化步伐,实现县域经济跨越式发展。

一、大力发展县域特色经济

"十二五"时期,中部地区要加快发展县域经济,必须更好地适应形势,坚持有所为、有所不为的原则,贯彻落实主体功能区战略,坚持分类指导,统筹重点开发县(市)工业和城镇发展布局,结合资源状况、交通区位、产业基础等综合因素,打造特色,发挥优势,走出一条具有中部特色的县域工业化道路。

(一)创新县域农业发展模式

目前,中部地区各农业县基本上还是传统的农业生产经营模式,其基本特点是分散的小规模农户为单位的生产经营。"十二五"时期,要积极改造传统农业生产方式,大力发展现代农业,不断创新农业发展模式。

1. 提升县域农业产业化水平。在家庭经营基础上积极发展农业产业化经营和企业化管理,鼓励农民建立新型的经济合作组织,提高农户的组织化程度,通过农户之间的相互联合,降低生产交易成本,发展农产品加工和销售,分享规模经济效益和农产品加工增值效益。大力发展农产品加工业,利用丰富的农产品资源,开发一批农产品深加工项目,培育一批食品生产企业,推动农业产业化经营。

2. 加快发展生态型农业。充分发挥生态型产业、企业在农业型县域经济发展中的作用,加快生态农业发展,走科技兴农、兴企的新路子,大力发展县域循环农业,促进农业生产各部门之间的良性循环。利用森林等生态资源,大力发展与森林资源密切相关的林业产品加工和综合利用、生态旅游、林下采集、林下栽培等相关产业,形成资源带动的产业转型发展模式。

(二)培育县域特色工业

1. 大力发展配套产业。围绕为中心城市企业配套,积极发展零部件生产,建成一批与中心城市装备制造业相配套的零部件加工企业。积极支持县域有条件的工业企业壮大机电产品生产,对重点企业在研发、技术改造项目贴息、老工业基地出口贴息、市场开拓等方面给予重点倾斜。鼓励中心城市产业向附近县域转移,市区的企业搬迁落户到县域的,其市内腾出的土地应优先纳入城市政府土地收购储备并给予合理补偿。

2. 壮大矿业加工业。在保护好资源和环境前提下,积极发展矿产加工企业,通过外引内联搞好资源深度开发,打造一批名牌产品,形成一批优势产业。要完善现行的矿业管理体制,加快建立现代企业制度。要以市场为导向,实施产业结构调整,转变经济发展方式,彻底改变单一的产业结构,延长产业链,加快技术进步和产业升级步伐,把原料矿业转化为成品矿业,从根本上改变矿业比较效益低的不利地位。

(三)加快商贸旅游业发展

1. 积极推进商贸业发展。要加快发展专业化、特色市场,建立完善的流通体系,改善物流条件,加强交通、通讯设施和信息服务体系建设,加快商贸业和物流业联动发展。加快发展中心配送型、市场集散型、枢纽转运型、产业基地型等物流业态,提高物流服务和水平,构筑高效畅通的商贸物流中心。要改造提升传统商业,推进连锁经营、特许经营、物流配送、电子商务等现代组织形式和服务方式的发展,实现标准化、品牌化、网络化和规模化经营。要着重发展农村科技服务,技术信息咨询,金融保险等新型产业以及建设农产品批发市场,开拓农村资金和劳动力等要素市场。

2. 大力发展休闲旅游业。加快发展红色旅游、历史文化旅游、乡村旅游、休闲度假旅游,重点开发建设一批山水文化旅游景观和生态旅游景观,建成休闲度假旅游目的地。要对县域旅游资源进行全面等级评估,选择旅游基础条件好、知名度高的县域创建旅游名牌,并加强旅游品牌化经营和管理。要广泛开展区域旅游协作,打破地区封锁和市场分割,积极促进旅游区域分工和专业合作,加快旅游资源的整合和旅游产业链的对接,实现优势互补,共同发展。

(四)促进县域产业集中布局

鉴于中部地区市场化程度低、民营经济不发达等因素,中部地区县域的产业集群的发展必须借助政府的力量,通过工业园区实现产业集聚。要大力建设工业园区,引导生产要素向优势产业和重点骨干企业集中,依靠重点骨干企业,推动资产重组,尽快把企业做大做强,发挥产业集群效应,带动县域工业发展。通过园区招商,引进科技含量和层次高的项目,将外来企业集聚到园区。突出企业主体和市场导向,紧紧围绕主导产业、骨干企业、重点园区、知名品牌,优化资源配置,细化专业分工,延伸产业链条,加速生产要素集聚和产业升级,引导中小企业向"专、精、特、新"方面发展,加快传统技术和产品的升级换代,提升产业竞争力。在园区内,以骨干企业为支撑,培育一批高知名度企业,打造知名品牌。制定优惠政策,鼓励县域工业园区的发展,对于进入工业园区的企业,自建生产用房免交基础设施配套费。积极发展配套经济,采取多种方式,积极引导县域中小企业加入优势企业的产业分工协作体系,扩大新型工业化的区域外延。

二、加快县域管理体制改革

(一)积极探索"省管县"改革

打破"市管县"体制,推行省管县的体制,是推动中部地区县域经济发展的必然要求。

1. 建立省直管县的财政体制。目前,中部部分县已经率先推行了这种管理机制,并收到了良好效果。中部地区是全国重要的粮食生产基地,承担着国家粮食安全的重任。"省管县"可以继续从一些产粮大县开始试点,待条件成熟后,再全面推广。这样有利于缩小农业县和其他类型县域的发展差距,有利于涵养农业县域税源、减少管理级次、增强农业县的发展自主权,提高资源的配置效率。通过合理确定县级财政收支内容和基数,出台相应的激励机制和制约机制,提高县级在财政增量的分配比例,以充分调动基层政府和财政部门开拓财源、增收节支的积极性。

2. 扩大县域经济管理权限。根据区域经济布局和实际情况,在市管县体制不变的前提下,认真总结县域经济改革综合试点经验,继续选择一些重点县域作为扩大县级经济管理权限改革试点,实施"扩权强县"。待取得经验后,再全面铺开。试点县(市)享有与省辖市相同的权限,直接向省有关部门报送计划,直接审批,试点前由市审批的政策性税收减免,直接向省有关部门申请利用国家和省资金的项目,直接向省有关部门报送使用申请等。

(二)加快县域财政金融体制改革

1. 财政体制改革。调整省市县的财权和事权分配格局,大力培养财源,建立鼓励发展的激励机制。一是区别债务的不同情况缓解县乡债务负担。严格划分责任,该由政府负责的债务,按债务偿还期限和还本付息的年度分布情况,根据财力增长幅度制定切实可行的还债计划逐年列入地方财政预算,做好偿还资金的准备工作。可在分清债务性质和责任的基础上,分门别类,并通过减免利息、盘活土地、资产置换、债券转换等多种方法逐步消化县乡债务,严格控制新增负债,逐步化解县乡债务风险。二是稳步完善农村税费改革。对税改所产生出的增支减收,省市财政转移支付要区别不同情况,重点向农业倾斜。由省市财政设立农业县财政发展资金、工资专户和消除赤字专项资金,帮助经济欠发达的农业县加快发展。三是完善财政转移支付制度。采取必要的扶持措施,保证农村居民能够享受基础教育、基本医疗卫生服务等基本公共服务。要降低县域公共投入和基本设施专项资金的县级配套比例。按照"多予、少取、放活、促发展"的思路,在省级财力允许的限度内,尽可能加大对县域的转移支付力度,通过逐县重新核定基础,保证公务员、教师工资以及维持基层政权运转的费用,不足部分由省财政转移支付。

2. 金融政策扶持。以扩大县域金融有效供给为目标,结合农村信用社改革试点的推进,建立县域经济融资的金融体制。加大农村信用社改革力度,争取组建更多的县级地方商业银行,其分支机构向乡镇延伸。尽快建立县域资金回流机制,强化政策性金融职能,城市商业银行、县级信用社等金融机构应扩大业务外延,积极发展面向县域经济的服务项目,通过立法规定国有商业银行县支行对地方经济发展要按一定比例投入资金,要求各类商业银行按一定比例购买农业政策性金融债券、农村信用社债券,建立发展基金等途经扩大农发行资金来源渠道。建立促进县域经济发展的专门基金,以专业基金贷款方式对县域经济进行融资支持,基金的筹措由政府财政、骨干企业的互助金、信用担保金、财政基金、城镇民营企业或个人参股为主要来源;拓宽和疏通民资、外资和工商资本进入县域特别是进入农业的渠道,消除各种障碍;要运用经济手段,防止县域特别是农村资金外流;建立适合县域企业的信用担保机制和风险防范化解机制。充分运用市场机制,更多地发挥民间投资的作用,建立以政府投入为导向,主要依靠社会资金建设小城镇的多元投资和建设体制。大力推进小城镇基础设施建设的市场化进程,对于小城镇住宅开发项目,供水、供电、通讯、燃气等具备自负盈亏条件的基础设施建设项目以及部分文化、教育及卫生事业,根据"谁投资、谁所有、谁收益"的原则,鼓励国内企业、个人及外资以多种方式参与建设、经营和管理,使其产业化。

三、优化县域经济发展环境

在市场经济条件下,资本、技术、人才等要素的跨区域流动在很大程度上取决于区域环境的优劣。好的环境对外是竞争力、对内是亲和力,差的环境对外是排斥力,对内是破坏力。县域经济发展,取决于体制支持是否健全、发展环境是否优化。对于中部地区县域来说,要加快转变政府职能,提升公共服务和社会管理水平,大力优化营商环境,支持和引导非公有制经济加快发展。

(一)着力提高政府行政效能

要加快转变政府职能,规范政府行为,创新服务方式,加快政府管理创新步伐,提高政府行政效能。具体来说,就是要打造"四型"政府。一是要打造开放型政府,以开放的头脑、开放的眼光看待竞争,以开放的姿态、开放的战略参与竞争,努力实现以开放促竞争,以竞争促经济发展。二是要打造创新型政府,积极学习先进管理制度和发展理念,努力破除经济管理体制上的各种弊端,不断深化改革创新,积极推进乡镇机构改革,实施扩权强镇试点。三是要打造服务型政府,加强社会管理能力建设,全面提高社会管理科学化水平,加强对非公有制经济的服务、指导和规范管理。四是要打造法治型政府,推进依法行政,规范司法行为,做到严格、公正、文明执法,加强知识产权保护,构建公平竞争的良好环境,切实保护各类投资者的合法权益。

(二)支持和支持非公有制经济发展

采取有力措施,大力发展民营经济,形成以民营经济为主体的县域经济发展格局。在投资标准、融资服务、财税政策、土地使用、对外贸易和经济技术合作等方面,对民营企业与其他所有制企业实行同等待遇;各省市财政中小企业信用担保资金重点向县域非公有制经济倾斜,通过建立风险补偿资金,扩大担保资金规模,搭建融资平台,为县域中小企业提供融资服务;鼓励和支持民营企业采取收购、兼并、控股、租赁等多种形式参与国有、集体企业改制;鼓励和支持民间资本进入经营性基础设施和公益性事业领域,并在技改贴息、贷款担保、税收等政策方面,对民营企业一视同仁。建立健全适应县域经济特色的信贷管理体系,鼓励有条件的金融机构探索实行综合授信制度,对信用状况良好的企业可适度发放信用贷款,对负债率低、产品技术含量高、有市场潜力、管理规范的企业适当放宽对其抵押或担保的要求。充分发挥农村信用社支持农业经济发展的主力军作用,扩大现有农户小额贷款和农户联保贷款的覆盖面。积极争取国家开发银行开发性金融信贷向加工型县域倾斜,拓宽民营中小企业融资渠道。规范发展征信中介机构,鼓励民营担保机构发展和企业的互保、联保,逐步解决民营中小企业融资难问题。

第十章　加强交通枢纽建设,构建现代综合运输体系

　　中部地区地区我国内陆腹地,承东启西、连南接北,是我国重要交通通道和必经之地。"十一五"时期,国家大力支持中部地区改善交通基础设施,加强铁路网络、公路网络、港口体系、机场体系、轨道交通等通道建设,全面提高综合交通运输能力,着力缓解经济发展的瓶颈制约。目前,中部6个省会城市之间的半日交通网逐渐形成,并正在积极构建中部与三大经济区域接轨、中部省份相互沟通的综合交通运输大通道,逐步实现内通外连,交通基础设施建设全面加强,综合交通枢纽地位进一步加强。

　　目前,中部地区作为我国主要交通干线的交汇地带,南北方和东西部的客货流均途经该区,目前交通基础设施瓶颈仍然突出,交通干线运输压力仍然较大。一方面,中部地区交通网络仍不完善。突出表现为横向动脉不足、枢纽建设滞后。中部地区公路网以纵向路线为主,横向公路较少,东西向公路交通联系未能形成。从高速公路看,中部地区东西向通道中仅连霍和沪昆两线与西部相通,中部各省区只有1-2条高速公路通往东部地区,各省区之间多数也只有1条高速公路相连。已建成的高速公路交通拥挤,通道能力明显不足,京珠高速湖北段、郑州至许昌段,连霍高速郑州至洛阳段,沪蓉高速合肥至南京段交通流量均趋于饱和。沿江高速公路尚未贯通,影响着沿江开发轴线的形成和发展。铁路东西横向线路能力不足,运力难以充分发挥。受汉丹线、麻武、石长等线路能力的制约,京广、京九、焦柳三大干线之间径路调整困难,难以形成灵活的运输网络。铁路枢纽方面,目前全国有18个铁路局,中部地区有郑州、南昌、太

原和武汉等 4 个,其中武汉是全国四大铁路枢纽之一,主要的铁路枢纽均处于超负荷运行状态。公路枢纽方面,中部地区客运 1 级站和简易站,以及货运 1 级站和 4 级站比重均低于全国平均水平;公路主枢纽、货运物流中心和农村场站等设施建设尚处于起步阶段。港口枢纽方面,大中型港口比重少,功能单一,缺少专业化泊位;小港口数量多,布局分散,机械化程度低,存在直接利用自然岸坡作业的现象。空港方面,至今还没有国际空港,出入境需要借助周边地区的国际空港,严重影响中部地区的对外开放。同时,运输方式之间的衔接不够畅通,大多数城市按照各自的运输生产要求各自规划、分别建设、自成体系,集中多种运输方式、立体化布局、多功能的现代化综合交通枢纽站场十分缺乏。另一方面,中部地区综合交通运输能力有待提升。从公路来看,主要公路通道的交通流增长迅速,部分路段呈现几倍甚至十几倍的增长。南京—合肥、郑州—武汉、石家庄—郑州和合肥—武汉等路段交通流量巨大,目前均已超过 3 万辆/日,部分路段开始超负荷运营。从铁路来看,中部主要铁路干线运力仍然紧张。2009 年,途经中部地区主要铁路干线客运量占全国的 73%,客运周转量占全国的 76%;货运量占全国的 62%,货运周转量占全国的 53%。在全国铁路干线客运周转量排名前十位中,途经中部地区有六条,京广、沪昆、京沪、陇海、京九分别排在前 5 位。在全国铁路干线货运周转量前十位统计中,途经中部地区的有 6 条,陇海、沪昆、京广线分别排在前 3 位。从客货运密度来看,这些干线中部段明显高于其他段,陇海、京广、北同蒲线、京沪线长期超负荷运行。另外,由于鄂湘赣三省煤炭资源均极为匮乏,需要大量调入煤炭,随着城市化和工业化进程加快,鄂湘赣三省煤炭调入量不断增加,当前,三省主要铁路煤运能力处于全面饱和状态,煤运通道建设亟待加强。从水运看,长江黄金水道巨大运能尚待释放。在货运密度方面,密西西比河水系是 2679 万吨/公里,莱茵河干流是 6050 万吨/公里,而长江干流只有 1015 万吨/公里,整个长江水系仅为 125 万吨/公里。据估算,长江水运能耗仅约为公路运输的 1/8、铁路运输的 1/2,所需成本约为铁路运输的 1/6、公路运输的 1/28、航空运输的 1/78。

目前，长江水运能力仅开发了 1/5，长江航运基础设施仍很落后，长江水系大多数航道仍然处于天然状态，两头深，中间浅，高等级航道少，航道整体技术水平低，碍航设施多，而且难以实现干支流、水系间大吨位船舶直达运输，码头功能结构不合理，大多数长江港口的装卸设备与装卸工艺相当落后。目前长江航线上的船型杂乱，船型标准化程度低，船舶平均吨位小，船队船龄偏大，部分船舶技术状态差，能耗和污染排放高，运输组织形式落后，严重影响运输效率和航运效益。据统计，在船舶平均吨位方面，长江水系省际运输船舶仅 451 吨，长江干线船舶为 800 吨，而德国内河船舶为 1395 吨，美国密西西比河船舶为 1350 吨。由于体制障碍、行业分割以及行业间协调机制不完善等原因，长江运输大通道内各种运输方式自成体系，主要从自身的发展需求出发分别规划与建设，较少从综合运输整体系统对通道资源合理利用的角度进行统筹规划和统一协调，通道资源的利用效率较低。

"十二五"期间，中部地区要发挥内陆腹地的区位优势，以构建现代综合运输体系为主导，以提升交通对经济社会发展的适应能力和发挥交通先导作用为目标，以客运专线、区际干线、煤运通道、高速公路、干支线机场和长江等内河高等级航道建设为重点，以强化交通的通道和枢纽作用为主线，以国家相关交通发展规划为指导，突出强调跨省交通基础设施的布局衔接和功能互补，全面推进中部地区交通基础设施的协调发展，提升中部地区综合交通体系有效供给能力和服务水平，推进物流产业联动发展，增强联通东西、纵贯南北、服务全国的能力。

一、加强综合交通枢纽建设

(一)建设全国性综合交通枢纽

优先解决中部地区与沿海地区以及中部地区内部的连通，着力构建连接东西、纵贯南北的综合交通运输体系，全面加强中部地区综合交通运输能力建设。抓紧开展中部地区全国交通枢纽城市的综合交通枢纽规划编制,优化客运专线、城际铁路、公路、航空、地铁、城市道路等运输方式的规划布局和资源配置,提高运输效率和服务水平,把郑州、武汉、长沙、南昌、合肥、太原建成交通基础设施完备、相关配套设施健全,多种交通运输方式立体交汇、高效衔接,多个枢纽站点布局合理、分工明确、内通外畅的全国性交通枢纽城市。结合客运专线和相关项目建设,重点建设武汉、郑州以及长沙、南昌、合肥、太原等铁路枢纽站场,进行客货运设施改造,建设一批大型客站和物流场站。实施大交通大物流战略,建设以武汉、郑州等为中心、地区中心城市为节点、物流园区为载体、第三方物流企业为支撑的现代物流体系,强化国际物流、区域分拨、本地配送功能,促进交通公共服务信息平台和物流信息平台共建共享,打造成为覆盖中西部、辐射全国、连通世界的内陆型现代物流中心。大力发展食品冷链、粮食、纺织服装、邮政等专业物流,支持物流园区等物流功能集聚区有序发展。

(二)提升完善地区性交通枢纽

结合机场、客运专线、国家公路运输枢纽建设和既有场站改造,合理规划布局各类场站,实现铁路、公路、水运和民航客货运战场建设与城市空间布局相协调,集疏运通道及连接线与城市交通网络相衔接,逐步达到客运"零距离换乘"和货运无缝对接。加强地区性综合交通枢纽与全国性交通枢纽的联系对接,共同形成功能完善、衔接高效、集疏方便的综合交通枢纽体系。加快建设集装箱中心站,改善区域中心城市的客货运设施,形成现代化综合客运中心、物流中心,打造联动发展的综合交通枢纽体系,系统提高运输能力和效率。最大限度地发挥路网功能和中部地区纽带作用,提升辐射带动作用。

(三)建设全国现代物流中心

中部地区要实施大交通大物流战略,建设以省会城市为中心、地区中心城市为节点、物流园区为载体、第三方物流企业为支撑的现代物流体系。优化中心城市物流功能区布局,支持国家干线公路物流港、铁路集装箱中心站和物流园区、航空港物流园等建设，强化国际物流、区域分拨、本地配送功能，促进交通公共服务信息平台和物流信息平台共建共享，建设若干成为覆盖中西部、辐射全国、连通世界的内陆型现代物流中心。大力发展食品冷链、粮食、纺织服装、邮政等专业物流，支持物流园区等物流功能集聚区有序发展。建设区域物流枢纽。推动国内外大型物流集团建设区域性分拨中心和配送网络，大力引进和培育第三方物流企业，全面开展物流企业税收改革试点。

（四）提升交通运输管理服务水平

充分发挥科技创新在交通运输发展中的支撑和引领作用，更加注重提高交通运输管理交通和服务交通，着力推进交通科技进步和信息化建设。加强安全生产管理，提高交通设施安全水平，加快完善交通运输应急和救援保障中心、指挥平台、检测预警系统、应急动力储务、应急救助网络等组成的交通应急和救助保障体系建设。

二、继续加强交通基础设施建设

全面加强铁路、公路、航空、水运网络建设，提高通达能力，强化与沿海地区和周边经济区域的交通联系，形成网络设施配套衔接、覆盖城乡、连通内外、安全高效的综合交通运输网络体系。

（一）提升干线铁路运输能力

中部是全国铁路网的中枢，加强铁路建设不但有利于支撑中部地区的发展，而且对全国铁路网建设具有战略意义。基于既有铁路网的特点，未来建设应重点突出干线铁路的扩能改造，提高运输能力和运输效率，改善技术结构，并适度建设部分新线，完善布局网络。

1. 加快既有线改造建设。目前，中部地区既有线路的运能仍然有限，应对重要干线进行技术升级，实施电气化改造。要强化沪汉蓉通道建设,建设达(州)成(成都)、襄(襄阳)渝(重庆)、(武)汉丹(江口)铁路和武(汉)九(江)二线,加快形成连接川渝地区、江汉平原和长三角地区的大能力通道;建设向(塘)莆(田)铁路、赣(州)龙(岩)复线,与京广、京九、浙赣铁路衔接,形成华北、华中至华南沿海地区的便捷通道。实施湘桂铁路扩能和洛(阳)湛(江)铁路通道建设,形成中部至西南地区的快捷通道。强化京九、焦柳铁路通道,实施京九、洛(阳)张(家界)铁路电气化等既有线改造工程,形成南北大能力通道。对洛张、郑(州)徐(州)、(横)峰福(州)、阜(阳)淮(南)等既有线路实施电气化改造,实施皖赣复线、侯(马)西(安)铁路扩能等工程,大幅度提高既有路网质量。

2. 加快快速客运系统建设。为缓解干线铁路的运输压力,实现客货分离运营,提高运输效率,应积极推进客运专线的建设,为全国主要经济区的交流提供运输保障。在科学论证的前提下,部分繁忙路段可考虑建设客运专用线,缓解局部运输压力。如加快推进京广、浙赣、陇海等主要繁忙干线客货分线,大幅度提高既有线货运能力。加快建设京沪高速和京武、武广、石太、郑西、郑徐等客运专线以及南北同蒲铁路四线等。实施合肥至蚌埠铁路扩能,建设合肥至福州铁路并与京沪高速铁路衔接,形成华北、华中至华南地区的高标准铁路通道。新建南京经合肥、武汉、重庆至成都的高标准铁路。

3. 加快开发性新线建设。基于路网完善和区域发展的需求,适度建设部分新线,重点建设沿江铁路,培育国土开发轴线。实施通海战略,构筑中部与长江三角洲、闽东南和珠江三角洲的通道,新建铜陵至九江、九江至景德镇至衢州、阜阳至六安、庐江至铜陵、赣州至韶关等地区开发性铁路新线,扩大路网覆盖面,促进地方经济发展。加强干线铁路尤其是京广与京九铁路的横向交通联系,建设衡阳至井冈山铁路。

(二)加快推进公路建设

1. 进一步加密高速公路网。高速公路作为现代化交通基础设施,以其大流量、高速度、深影响、强辐射等显著特点在我国综合运输体系和经济发展中占据举足轻重的地位。中部地区要以国家高速公路为核心,进一步建设具有区域对外通道、省级通道和对国家高速公路起补充作用的地方高速公路,构建中部地区"五纵十一横三联"高速公路网,使得各省与相邻东部地区间至少形成 2 条以上的高等级公路通道,各省与相邻的西部地区间至少形成 1 条高速公路通道,实现中部地区中心城市到东部沿海地区实现当日到达,以 6 个省会城市为中心的半日交通圈覆盖整个中部地区,地市间基本实现高速公路连接,并覆盖县级以上节点,所有城市 30 分钟上高速公路,县城 1 小时上高速公路。

2. 加强干线公路建设。干线公路在运输网中起着骨干作用。要以国省干线公路建设为重点,提高干线公路技术等级,力争使中部地区干线公路等级全部达到二级以上标准,所有县级行政中心实现二级以上公路与高速公路连接,县与县间实现二级或以上公路连接。加强省际、城际间干线公路断头路建设。

(三)大力发展长江等主要河流航运

1. 推进高等级航道建设。按照"以干流为主,适度发展支流"的原则,推动形成长江、淮河、湘江、汉江、赣江等为核心的"两干九支"共 11 条国家高等级航道为骨干,以资水、清江、涡河等 27 条重要航道为支撑的干支通畅、江海直达的中部地区航运体系。加快提升长江干线航道,实施武穴、瓦子口、沙市、周天、武桥、江口、枝江等中游航段的控制性工程或航道整治工程,将长江干流武汉至安庆航道水深提高到 6 米,利用自然水深通航 5000 吨级海船;将城陵矶至武汉航道水深提高到 3.7 米,利用自然水深通航 3000 吨级海船。结合淮河流域综合治理工程,加快建成淮河千吨级航道。积极发展支流航运,重点包括湘江、汉江、赣江和洞庭湖区、鄱阳湖区等航区,实施长江主要支流湘江长沙、赣江石虎塘航电枢纽工程,推动建设芜申运河。

2. 继续推动港口建设。中部地区港口是我国内河尤其是长江航运体系的重要组成部分,对构筑长江综合运输通道和培育一级开发轴线具有重要支撑作用。要进一步增强主要港口的功能和临港产业开发功能，加快集装箱、多用途码头和散货专用专业化码头建设，全面提升港口的机械化、集约化水平，形成布局合理、层次分明、功能完善的中部地区港口体系。特别是要加快建设宜昌、岳阳、武汉、九江、长沙、南昌、襄樊等港口的集装箱、矿石、煤炭泊位，完善三峡翻坝转运设施，支持沿淮大型企业专用散货码头建设。要依托长江沿线中心城市建成区域性客货集散中心和现代物流综合枢纽。

（四）大力发展民航运输

航空运输是中部实现与外界与内部联系的快速交通发展，也是加快中部对外开放的重要保证。

1. 完善机场布局。依据已形成的机场布局，结合区域经济社会发展实际和民航区域管理体制现状，按照"加强资源整合、完善功能定位、扩大服务范围、优化体系结构"的布局思路，重点培育中部地区的国际枢纽、区域中心和门户机场，完善干线机场功能，适度增加支线机场布点，构筑规模适当、结构合理、功能完善的机场体系。一是提高大型机场的吞吐能力。以建设区域枢纽国际机场和货运中心为目标，重点突出武汉天河机场、郑州新郑机场的扩建改造，大力拓展航空客货运业务，形成区域性国际机场和航空货运集散中心。二是适度新建部分支线机场。重点结合旅游资源开发，建设旅游支线机场，加快实施太原、南昌、长沙、张家界等既有机场改扩建工程，合肥机场迁建工程和吕梁、九华山、神农架、宜春等机场新建工程。同时，要加快军用机场的民用化或军民合用，对曾经营过的机场，在科学预测客源潜力的基础上，确定复航时序。

2. 加强与其他运输方式的协调和衔接。一方面，要协调与其他运输方式，特别是高速铁路的关系，在民航运输的优势领域要加快发展，在与高铁的主要竞争区域内要协调发展，在不具优势的区域内要适度发展。另一方面，与铁路、公路、水运以及相关城市交通相衔接，搞好集疏运体系建设，要通过铁路、公路与航空的统一规划、优势互补、有序合理的竞争，共同构成现代综合交通运输体系,使运输结构更趋合理化,促进铁路、公路和航空提高服务质量,提高性价比。

三、加快建设城际快速交通网络

随着经济社会的发展,中部地区城际间特别是城市群内部人员联系日趋紧密,原有的运输方式逐渐不能满足多样化的人员运输需求,有必要加快建设城际快速交通网络。

(一)合理发展城际轨道交通

城际轨道交通是提升区域经济整体实力,充分发挥中心城市辐射功能和城市间互补功能,整合区域内资源的有效手段。要继续推进以郑州、武汉、长沙、合肥、南昌、太原等中心城市为核心,连接城市群内主要城市间的轨道交通系统建设,构建放射性城际铁路网,适时向区内其他省辖市延伸。

(二)推进城际交通公交化

创新城际交通发展模式,在班车客运、包车客运和旅游客运之外,发展公交客运,在线路规划、审批等方面对公交客运进行重点扶持。参照城市公共交通的现有支持政策,结合各地实际,给予跨地区毗邻城市城际公交以相应的政策支持,在运价、税收、投资信贷、政府补贴、相关规费减免等方面向其倾斜。加强城际公交与公路客运、城市公交等其他运输方式的有效衔接。

四、强化运煤通道建设

(一)大力提高水路煤炭运输能力

从市场份额看,中部铁路运输约占煤炭运输总量的 60%,水运占

30%左右,公路占 10% 左右。水路运输具有运量大、能耗小、运价低等特点,其运费是公路的 1/6,铁路的 1/2.5,而且水运容易形成规模和批量,加上近年来中部地区电力、冶金、建材和石化等工业布局重点向沿江区域调整,煤炭水运优势更加明显。

1. 长江干流航道。在长江干线干散货运输组织中,上水的矿石和下水的煤炭形成合理的对流货源。但近年来原有煤炭运输格局中的芜湖裕溪口港、武汉汉口港和枝城港运量减少,长江煤炭运输地位有所下降。这一方面是由于国家的运煤通道在增多,更重要的还在于长江煤运没有随着国家煤炭运输体系的建设和对煤炭、电力工业的调整更新发展思路。要利用"北煤南运"海上通道建设契机,大力发展煤炭江海联运,把海船运输煤炭换成江轮运至沿江港口。要加强煤炭中转储运基地建设,利用襄樊、枝城、武汉、岳阳、益阳和九江等铁水联运港口,建立各省的煤炭中转储运基地。

2. 汉江通道。汉江是长江的最大支流,位于山西、陕西、河南产煤区和湖北、湖南、江西缺煤区之间,是煤炭运输分流的理想通道。由于水运成本极低,再加上煤炭南运的中部 2 条铁路京广和焦枝铁路运输紧张,汉江通道不但能解决陕西煤炭的外运问题,而且可为湖北、湖南和江西输送煤炭。要加强汉江梯级枢纽建设,将航道标准提高到四级,利用余家湖港下水焦柳线煤炭,通过汉江航道向汉口方向和螺山方向转运,打造一条可通航 500 吨级船舶、年运量 300 万～500 万吨的通江达海的外运通道。

3. 其他通道。一是湘江航道。将衡阳以下航道标准提升至三级,利用岳阳港下水京广线和荆岳线煤炭,通过洞庭湖和湘江航道向衡阳方向转运。二是赣江航道。将峡江至泰和段航道标准达到三级,利用九江港下水京九线和武九线煤炭,通过鄱阳湖和赣江航道向吉安方向转运。

(二)完善铁路运煤通道

铁路在一定时期内仍将是煤炭运输的主体。中部地区铁路煤运仍远不能满足需求,尤其是山西煤炭的外运,由此导致短期内公路煤运的激增，不但造成运输价格的升高，而且对公路基础设施造成极大损害。要以焦柳线月山至石门段四线作为煤运的主通道，调运晋东南煤炭至襄樊地区，转汉丹线运往武汉地区，转汉丹—武九—九景衢线运往昌九景地区，到达荆门、荆州地区，再转运往岳阳地区，到达宜昌地区，转石（门）长（沙）线运往长株潭地区。以京广线为煤运辅助通道，调运晋中、晋东南和河南煤至湖北和湖南沿线。以京九线作为煤运辅助通道，调运晋中、晋东南和两淮煤至鄂东和江西沿线。以襄渝线作为煤运辅助通道，调运陕西、陇东和川渝煤至襄樊地区，转汉丹线至武汉地区，转汉丹—武九线至江西。以宁（南京）西（安）线作为煤运辅助通道，通过宁西联络线调运陕西和陇东煤炭，转汉丹武九线至武汉和昌九地区。继续实施大秦铁路集疏运工程，建设朔州至准格尔、大同至原平四线、宁武至朔州复线等，进一步提升运输能力；推进朔黄铁路2亿吨扩能配套改造；继续建设山西中南部铁路通道、包（头）西（安）通道，实施新（乡）月（山）四线、邯（郸）长（治）邯（郸）济（南）复线、南北同蒲电化、新（乡）菏（泽）兖（州）日（照）电化、洛阳至张家界电化及侯（马）月（山）线扩能改造，规划实施宁西、石（门）长（沙）、孟（庙）宝（丰）铁路复线和陕西—湖北重载铁路等，形成大能力煤运通道。

五、提升交通通道综合运输能力

整合交通资源，充分发挥各种运输方式的优势和组合效率，特别是铁路、高速公路、管道和各主要港口的有效衔接，构建高效综合交通运输通道，形成布局合理、能力充分、优势互补、相互衔接的综合运输大通道。

（一）长江通道

连通长江三角洲、皖江经济带、昌九工业走廊、武汉城市圈、成渝都市圈等人口—产业集聚区。目前，这个走廊的基本设施相对滞后，沿江铁路和高速公路至今尚未连通，航运潜力远未发挥。要重点推进铁路建设，包括新建和旧线扩能改造,形成沪汉蓉客运专线、沪宁芜客运系统和沪汉铁路,并适时将沪汉铁路延伸至万州。此外,继续建设高速公路,构筑沪蓉和沪渝南北沿江高速公路通道;加强港口和集疏运建设,发挥黄金水道的功能。

（二）京广通道

连接京津冀都市圈、中原城市群、武汉城市圈、长株潭城市群和珠江三角洲等人口和产业集聚区,是全国重要的纵向发展轴线,。目前,该走廊运输压力较大,京广南段客流密度是全国客流最密集的线段,而且客货混跑,运输效率低。京珠高速为双向四车道,运输能力和技术标准较低,瓶颈效应显著。此外,与走廊连接的横向交通滞后,使走廊的辐射能力较弱。基于既有基础和未来需求,京九通道应尽快实现基础设施的升级改造,提升干线运输能力,建设客运专线,提高运输效率。实施京珠高速的扩能改造,构筑连接各城市群和中心城市的快速通道。

（三）京九通道

该走廊串联京津冀都市圈、鄱阳湖生态经济区和珠江三角洲,是中部地区东侧发展主轴。目前,京九走廊与周边地区的联络线较少,对沿线经济的促进和引导功能较弱。为了加强对区域发展的带动作用,京九走廊应加快京九铁路的电气化改造,提高技术装备水平。同时,推动沿线高速公路建设,构筑与京九铁路相平行的大容量快速通道;加强横向联络线建设,提高沿线地区的通道性和便捷性,引导产业布局,带动区域经济发展。

（四）陇海通道

该走廊东起连云港,中连中原城市群,西至新疆,是欧亚运输通道的重要部分。目前,陇海铁路和连霍高速运输压力巨大,连霍高速仅为双向四车道,交通瓶颈约束明显。为了支撑沿线经济发展和中西部社会经济联系,保障国际运输通道的畅通,陇海走廊需要对既有基础设施进行升级改造。其中,加快陇海铁路的电气化改造,推进客运专线建设是关键。此外,还要加快连霍高速的扩能改造,加强重点城市间快速通道和沿线纵向交通实施建设,促进豫、晋沿线城市间的经济联系。

第十一章 深化区域经济合作，进一步扩大对内对外开放

中部地区位于我国内陆腹地，具有承东启西、连南通北的区位优势，与东部沿海地区和西部地区经济联系紧密，科教基础较好，拥有比较雄厚的工业基础，产业门类齐全，自然、文化和旅游资源丰富，生态环境容量较大。国家实施促进中部地区崛起战略以来，中部六省抢抓机遇加快发展，对外开放水平不断提高，区域合作势头良好，开放型经济对经济发展的贡献日益突出。"十一五"以来，中部地区积极推进开放带动战略，培育了一大批出口龙头产品和骨干企业，进出口贸易快速发展，进出口总额占全国的比重由2006年的3.1%提升到2009年的3.5%。在外贸规模不断扩大的同时，进出口商品结构不断优化，出口产品的技术含量不断提升，高新技术产品出口额增长迅速，工业制成品在国际市场的竞争力不断增强。中部地区抓住国际国内产业深刻调整的机遇，加快对外招商引资的步伐，加快制度创新和基础设施建设，营造利用外资的有利环境，成功地大规模利用外资，缓解和弥补了建设资金的不足，促进了固定资产投资的增长，外商直接投资已经成为中部地区经济平稳较快增长的重要"推进器"，对外经济合作步伐加快，合作领域和范围不断拓展。中部地区把区域合作放在重要突出位置，开展区域合作的积极性和能动性大大提高，国内区域合作进一步深化，合作广度和深度不断拓展，各省在基础设施规划建设、区域市场对接、产业协调发展等方面取得了新的进展，呈现出交流更加密切、合作日益深化的良好局面，区域合作机构趋于健全，区域合作层次和水平实现了质的提升。

当前，中部地区进一步深化合作、扩大开放面临前所未有的复杂局

面，加之基于地方自身利益形成的保护主义和垄断倾向的加剧、以行政板块治理为主体的架构和以地区增长为基本动力的状况在短期内难以改变，导致区域合作内生动力不足、区域一体化步伐较慢、区域合作系统自身建设相对滞后，中部六省省际间合作以及中部地区与东西部地区、境外的开放合作仍有待进一步加强。从外部环境看，国际金融危机后，全球正进入一个出口减速和贸易摩擦加剧的时期，世界经济在调整中复苏不利于全球需求恢复，美国等发达国家增加储蓄减少消费，外需进一步减弱，将对我国出口产生较大不利影响。加之一些国家为刺激本国经济复苏和增加就业，加强对本国市场的保护，针对我国产品出口的贸易保护主义限制措施势必增多。当前，大量加工贸易企业正由东部地区向中部地区转移，如果针对我国出口产品的贸易摩擦加剧，部分加工贸易企业可能向东南亚、南亚地区转移，影响中部地区对外贸易发展。

"十二五"是我国全面建设小康社会的关键时期，也是促进区域协调发展的关键阶段，区域合作作为促进区域协调发展的重要内容和重点工作，在促进经济社会全面协调可持续发展中承担着重要职责。进一步加强区域合作、扩大对外开放，既是适应经济全球化和市场一体化发展的客观需要，也是促进中部地区经济社会平稳较快增长、加快城镇化和新型工业化进程的必然选择。中部地区要充分发挥区位、资源和产业优势，加快体制和机制创新，走"内聚外合"的发展模式，一方面要抓住当前和今后一段时期国际国内产业分工深刻调整的重大机遇，有序承接东部沿海地区和国际产业转移，推动产业在承接中发展、在发展中提升。另一方面，实行更加积极主动的开放战略，不断拓展新的开放领域和空间，支持企业充分利用"两个市场、两种资源"，主动"走出去"参与国内外竞争，大力发展开放型经济，提高开放合作水平。

一、加快区域经济一体化发展

中部地区要以科学发展观为统领，在搞好传统的招商引资和相互走访等简单协作联系的基础上,把区域合作融入经济社会发展的中心领域和关键环节,以体制机制创新为动力,以交通一体化为先导,坚持政府推动、市场主导,构建区域联动发展新机制,强化发展分工与合作,做到基础设施统一规划、互联互通,产业发展优势互补、合理竞争,环境保护联防联治、统一执法,生态系统整体联结、同保共育,城市规划统筹协调、相互衔接,公共服务统一标准、流动可用,实现优势互补,不断拓展区域合作的广度和深度,促进中部六省实现协调、有序、可持续发展,在全国的经济发展中继续发挥重要引擎作用。

(一)加强产业协同发展

坚持统筹规划、市场主导,政府推动、高端发展,引导增量、优化存量,促进资源向优势地区和重点产业集聚,以现代服务业、战略性新兴产业和高技术产业为引领,以先进制造业、优势传统产业及现代农业为基础,形成空间集聚、产业集群、功能集成、高度协作、合理高效的产业一体化空间布局。

1. 统筹规划区域产业布局。中部六省产业层次较低,产业发展大致处于同一层次,各省经济发展对资源的需求结构接近,对东部地区转移的产业承接能力也基本处于同一水平。因此,中部各省非常容易对相似的区域发展资源的进行争夺,从而加深产业发展相互博弈的困境。一些地方政府在产业规划、招商引资、基础设施建设等方面不能统筹谋划,而是画地为牢,竞相进行重复建设与生产,致使出现区域产业结构趋同的问题。因此,要遵循优势互补、合作共赢的原则,科学规划产业布局,强化产业整合,促进产业分工与合作,培育较为合理的产业体系。中部地区"两纵两横"经济带和六大城市群要充分发挥带动作用,整合、集聚区域内优势资源,构建特色突出、集约发展、错位发展、梯度发展、优势互补的区域产业格局。鼓励相邻地区共同开发建设物流园区、工业园区或科技园区。统一六省产业准入标准,鼓励发展投资强度大、科技含量高、经济效益好、资源消耗低、环保生态型的项目。充分发挥行业协会等中介组织的作用,促进区域内各类市场资源的整合。

2. 有序承接东部和境外产业转移。贯彻落实好《国务院关于中西部地区承接产业转移的指导意见》和《皖江城市带承接产业转移示范区规划》,按照"市场导向、政府引导、优势互补、互利共赢"的原则,进一步采取有力措施加快东部沿海地区产业向中部地区梯度转移。做好有关试点示范工作,在中部地区选择若干条件成熟、基础较好的地方设立承接产业转移示范区,并给予优惠政策。如国家财政安排专项资金用于示范区建设,区内新建企业年新增企业所得税国家分成部分降低征收比例,省级分成部分全额奖励示范区,涉及企业行政事业性收费免征;研究制定示范区产业发展指导目录,相关投资项目享受国家鼓励类产业相关支持政策;对投资额达到一定规模的鼓励类产业转移重大项目用地计划指标单列,同时年度新增建设用地指标向示范区倾斜等。建立税收分享机制,凡是通过东部政府促进机构介绍到中部的企业,GDP核算及地方所得税5年内"五五分成",以提高东部地区积极性。

3. 构建区域一体化金融产业体系和金融服务体系。大力发展区域性银团贷款市场和票据融资市场,支持金融机构开展异地贷款业务。加快整合发展产权交易市场。推进农村信用社加强股权和业务合作,支持城市商业银行跨行政区域设立分支机构。统筹建设跨区域金融基础设施体系,建设金融征信统一平台。探索建立中部地区区域合作发展基金。区域合作发展基金由国家设立,国家区域合作主管部门负责管理。基金主要用于引导中部地区跨省重大基础设施建设补助、生态治理、区域信息平台建设等。由六省根据实际需要提出项目申请,由国家区域合作主管部门会同有关部门根据地方项目申请下达资金计划,地方配套资金比例不得低于50%。

(二)加强交通基础设施一体化建设

建设功能完善、对接便利的交通基础设施网络,是推进中部六省一体化发展的"硬件"基础,也是推动六省经济社会融合发展的前提条件。要按照统筹规划、合理布局、适度超前、安全可靠的原则,统筹规划建设区域交通基础设施,优化配置交通运输资源,强化枢纽和运输通道建设,促进各种运输方式紧密衔接,提高交通运输管理水平,构建适应区域经济一体化要求的现代综合交通运输体系。

1. 统筹大型项目规划建设。以统筹协调跨区域重大项目为核心,以交通、水利、能源、通信等基础设施建设领域为重点,联合构建区域共享的基础设施。以大型交通基础设施建设为突破口,进行统一的协调和宏观调控,推进基础设施的互联互通,共建对外通道、消灭断头路,避免各种运输方式或部门各自规划、分区建设、自成体系,导致系统效率低、成本高、资源浪费。

2. 加强跨界交通基础设施对接。推进跨省区铁路、公路建设与改造,注重区域内及区域间航线的增设与机场间的协作。加强城际轨道、高速公路、机场对接、港航布局等方面建设,着力建设无缝对接、换乘便捷的区域交通运输网络,打造海陆空一体、纵横交错、发达便利的一体化基础设施体系。

3. 推进交通管理一体化。促进高速公路电子联网收费,减少高速公路主线收费站,提高网络整体运输效率。逐步撤销政府还贷普通公路收费站,推进区域年票互认。整合交通智能卡系统和资源,推进城市间公共交通互联互通,建立统一规范的交通"一卡通"平台。按照方便、快捷、高效的原则,建设统一的道路运输热线服务,实现出行咨询服务、投诉、维修救援"一号通",并以一号通为平台,结合卫星导航系统和电子地图,逐步建立覆盖六省全境的以国道沿线、高速公路服务区为主的维修救援网络,并逐步覆盖全国。

(三)推进能源水资源供应一体化

1. 统筹规划布局区域内重大能源基础设施。加强区域电源与电网联网建设、电力输送以及煤炭、天然气、油品供应等方面的合作,推进煤、电、油、气输送网络一体化建设,多渠道开拓能源资源,促进资源共享,提升管理水平,构建安全、清洁、经济、高效的一体化能源保障体系。继续推进西电东送、西气东输、西油东送、北油南运,协调好能源输出地和输入地项目的关系,促进中部地区电力、煤炭、油气资源的优化配置,实现资源优势与市场需求的有机结合。加快建设新疆、内蒙古等能源基地至湖北、湖南、江西等中部地区的北煤南运新通道以及晋中南地区至山东沿海港口的西煤东运通道,优化完善煤炭运输系统,提高能源保障能力。打破行政区划对电网建设的限制,消除区内电力输送瓶颈。加强"西电东送"、"皖电东送"等跨区域输电通道建设,适当提高建设标准,增强跨区域送电的安全可靠性和抗风险能力。完善油品输送管网。加快推进天然气主干管网建设。

2. 优化区域水资源开发利用和配置体系。以保障供水安全为出发点,加快推进区域水资源开发利用、节约保护和管理一体化。加强中部六省水资源统一管理,加快水资源调蓄和配置工程建设,充分发挥三峡、葛洲坝等现有大型水利工程对水资源的调蓄作用。

(四)推进信息资源共建共享

1. 实施信息网络融合工程。重点推进中部地区太原都市圈、皖江城市带、环鄱阳湖城市群、中原城市群、武汉城市圈、长株潭城市群等经济联系较紧密的城市群网络高速互联,整合区域内有线电视网络资源,建设高清互动数字家庭网络,率先实现电信网、有线电视网和互联网"三网融合"。充分利用现有网络资源,分步推进无线宽带城市群建设。

2. 推进信息资源共享。实施电子政务畅通工程,制定政务信息资源共享目录,建设中部六省省一级电子政务信息资源中心和协同办公平台,实现政务信息资源共享和政府网上协同办公。推进建设现代物流公共信息平台,积极发展中部地区与东部地区的"物联网",并连接税务、工商、海关、外经贸、检验检疫等,开展跨部门、跨行业的电子物流管理,实现"一地申报、多点放行"通关。整合各地各部门公共信息资源,实现公共信息社会共享。分步推进电信同城化,重点加快六大城市群通信资费服务一体化,逐步降低直至取消六省的长途漫游资费。

(五)推进基本公共服务一体化

受经济发展和财力保障水平等因素影响,中部地区与东部地区基本公共服务供给水平差异较大,基本公共服务制度及标准不统一,基本公共服务基础设施被分割在各行政区内,妨碍了社会政策的整合,制约了公共服务一体化进程。要高度重视这一问题,促进地区间基本公共服务互认和流转顺畅。

1. 构建一体化公共服务和社会保障网。加快城乡医疗保险一体化步伐,鼓励中部六省有条件的地区实行统一的城乡居民基本医疗保险制度。推动城镇居民基本医疗保险制度和新型农村合作医疗制度全覆盖。在有条件的地区建立基于居民健康档案的区域化医疗卫生服务系统,实现医疗卫生服务"一卡通",区域医疗卫生服务协同共享。逐步推进公共医疗卫生待遇互认,除职业病防治机构、精神病专科医院、眼科医院、口腔医院、结核病防治机构等专科特色明显、病历流通性不大、不宜使用通用病历的医疗机构外,其他各级各类医疗机构推行使用统一门、急诊"病历一本通"。医疗机构逐步对差异性小、价格较高的检查项目推行临床检验结果互认、职业病健康监护结果互认,职业病防治机构、精神病专科医院、眼科医院、口腔医院、结核病防治机构等专科特色明显、检查项目特殊的医院按照开展诊疗实际逐步实施。建立各项社保关系跨行政区转移接续制度,采取"待遇分段计算,发放责任共担"的方式,推进养老保险等关系全国无障碍转移,为中部地区外出无工人员提供强有力的保障。逐步统一城镇企业职工养老保险费率。

2. 加强社会公共事务管理的协作。完善区域统一的就业政策和就业服务体系,统一区域内公共就业服务内容、流程和标准,实现劳动力平等享受各项政策扶持和就业服务。制订统一的公共就业服务待遇流转办法,以就业困难人员为突破口,率先实现各种就业困难扶持政策和待遇顺利流转。建立以《就业失业手册》或社会保障卡为凭证的待遇流转制度,基本实现区域内公共就业服务待遇顺畅流转。加快户籍制度改革,建立区域统一的流动人员服务管理平台。打造联防联动的基层维稳工作平台以及公共卫生信息平台,强化社会治安防控和公共安全防控区域一体化体系,加强公共卫生信息的互通和共享。统一行政监督执法标准,加强部门间的监督执法合作。建立紧急事务协调协商机制。

(六)构建区域创新体系

中部地区各省在经济发展、科技实力等方面存在着较强的优势互补性,特别是武汉、长沙、合肥等城市在中部乃至全国具有相当的科技创新实力,科技资源也较为丰富和集中,具有加强科技合作的优势条件。中部六省要进一步解决好科技资源配置中的行政区域关系问题,逐步形成以优势互补为基础,以市场机制为纽带,以产学研为载体的科技合作与交流机制,推进两地的科技资源共享服务平台建设、重大科技项目的联合攻关,实现区域科技政策对接与资质互认及统一的技术市场交流网络系统,构筑中部地区开放型的区域创新体,更好地促进区域创新和经济协调发展。

(七)推进生态环境共享共治

处理好上下游关系,共同开展流域水资源保护、污染综合治理,联合构建区域共享的生态环境。建立健全区域环境污染联防联治机制。以水和大气污染防治为重点,统筹对重点污染地区、污染行业进行整治。统筹污水处理及再生利用、污泥处理设施的规划和建设。建立中部地区大气复合污染防治体系,实行更能反映区域污染特征的空气质量评价指标体系,协调联动治理灰霾天气。实行统一的环境监察监测、环境信息公开、企业环保信用管理、公众参与环境监督和综合决策等制度,统一环境执法体系。落实《关于推进大气污染联防联控工作改善区域空气质量的指导意见》,进一步推动武汉城市圈和长株潭城市群建设区域大气污染联防联控机制。

（八）积极推进区域市场一体化

以打破各种形式的垄断和封锁为突破口,推进中部地区市场一体化。一是要积极破除不利于市场一体化的行政规章、管理措施和调节手段,协商建立符合市场经济要求、有利于区域联动的法律法规制度、管理体制和运行机制,推动商品、资源要素跨地区交换和流动,统一区域内市场经济主体的准入条件、准入程序、准入服务、准入监管,对所有经济主体同等对待,努力营造政策无差异的环境。二是要推动形成完善的市场服务体系,特别是推动形成独立公正、规范运作的行业性自律组织体系,协调政府、企业、市场间的相互关系,防止和限制不正当竞争,打击和抑制破坏公平竞争的各种行为,推动建立良好的市场秩序。政府要进一步放松对经济主体经营活动的干预和对本地市场的管制,不干预企业的外协加工、资金流向、项目规划、合作伙伴选择、总部搬迁等。三是推动建立中部地区良好的协商沟通和应急处置机制,加强信息交流,及时了解、积极研究和有效解决推进市场一体化进程中所出现的突出矛盾和突发事件,推动形成良好的促进市场一体化的经济环境和社会氛围。

（九）鼓励企业联合协作

企业是市场经济的主体,中部地区要通过政府搭台、协会牵线等方式,积极推动中部企业与国外跨国公司和东部企业之间建立对接平台,实行以商招商,提高本地企业与境内外企业合资合作的水平,加快本地区吸纳产业转移的步伐,推进产业结构调整和优化布局。加强网上招商工作,在互联网上创建专门的中部企业交流与对接平台,方便跨国公司和东部企业获取商机。要积极支持和引导中部地区企业参与区域经济技术合作,积极发展跨地区、跨行业、跨所有制的大公司、大企业集团,促进中部地区产业结构的调整,变资源优势为经济优势。要鼓励中部地区企业开展名牌产品合作,共同开拓国内外市场。推动国家有关部委与中部各省合办一批定期举行的国家级经贸活动,打造区域合作平台。

二、加强与其他区域联动发展

目前,中部地区与其他区域开展合作的形式主要是召开洽谈会、推介会、博览会,通过签协议、搞联谊式的走访交流,形式相对比较单一,也很难有实质性内容。"十二五"时期,要广泛开展全方位、多层次、宽领域区域合作,扩大与沿海地区的经济合作,密切与西部地区的联系,形成区域联动发展格局。

(一)积极参与沿海地区发展分工

加强与长三角、珠三角、京津冀等东部沿海地区的全面合作。按照优势互补、协同发展原则,构建与沿海地区合理分工合理的产业体系,打造建设面向沿海地区的优质农产品基地、能源原材料基地、交通物流基地、旅游休闲基地和高素质劳动力供应基地。推进与沿海地区在交通、能源等基础设施建设以及科技、金融、信息平台、生态保护等重点领域的合作,加快构筑一体化的区域综合交通运输体系,建立相对稳定的能源供需关系。推进与沿海地区在科技要素、人力资源、信用体系、市场准入、质量互认和政府服务等方面的对接,构建统一开放的市场体系。进一步加强面向珠三角、京津冀、海峡西岸经济区等东部地区的招商引资和市场开拓,拓展合作领域,创新合作形式,提升合作层次。加强与港澳台地区的交流与合作,共同建设台资、港资、澳资产业园区。

(二)加强与西部地区互动合作

密切与西部地区合作。利用"中部论坛"和"中国中部投资贸易博览会"、"中国东西部合作与投资贸易洽谈会"、"中国西部国际西博览会"等经贸合作平台,与西部地区深化合作。推进中部地区与西部地区在交通能源等基础设施、信息平台、旅游开发、生态保护等重点领域的合作,加快构筑一体化的区域综合交通运输体系。加强与周边地区在科技要素、人力资源、信用体系、市场准入、质量互认和政府服务等方面的对接,构建统一开放的市场体系。完善与西部省份区域合作机制,加强高层定期磋商。

三、加快融入经济全球化进程

中部地区有着承东启西、联南通北的重要区位优势,同时还具备劳动力、土地、能源、资源等要素优势,理应成为我国经济发展的重要区域;但由于存在开放度较低、体制和观念障碍、政策低位、人才外流、产业竞争力不强特别是第三产业和基础设施相对滞后,中部崛起也受到多方面制约。"十二五"时期,中部地区要以扩大开放和吸收外资为突破口,以开放促改革促创新,以中心城市和城市群为依托,以各类开发区为平台,发挥资源和劳动力比较优势,加快发展内陆开放型经济,积极融入经济全球化进程,完善更加适应发展开放型经济要求的体制机制,有效防范风险,以开放促发展、促改革、促创新。

(一)推进全方位对外开放

支持企业主动"走出去"参与国际竞争。明确境外投资的重点区域。应主要投资于发展中国家尤其是我国周边国家,并积极向发达国家"进军"。同时,条件成熟的中小企业需要积极地"走"向发达国家,学习借鉴其先进的生产技术和管理经验,努力提高企业管理水平和发展层次。企业要科学制定境外投资的战略规划,认真做好可行性论证,积极开展"集群式"跨国经营,注意技术创新,实施品牌战略,完善与跨国投资相适应的内部管理,加强跨国经营管理人才的引进和开发。政府要完善法律法规,制订发展规划,明确产业导向,主动加强引导,强化政策扶持,主动提供服务。鼓励中部地区建立外派劳务基地,继续开展外派劳务基地认定工作,继续开展对台渔工劳务合作试点。搭建平台,推动中央大型企业与中部地区企业在"走出去"方面的合作,联合开拓国际市场。使用"对外经济技术合作专项资金",对符合条件的中部地区企业开展对外投资与经济合作业务进行补贴。打造内陆开放平台,营造与国内外市场接轨的制度环境,完善涉外公共管理和服务体系,加快形成全方位、多层次、宽领域的开放格局,建设内陆开放高地。

(二)优化利用外资环境

组织实施《中国中部地区外商投资促进规划》。加大对中部地区外贸发展的资金支持力度。进一步完善利用外资促进中部地区崛起的政策,调整外商投资产业目录,进一步放宽对外商投资中部地区的限制,突出六省比较优势和"三基地、一枢纽"的发展重点,着力推动中部地区扩大利用外资,进一步优化产业结构。对于中西部落后地区吸引外资,继续给予必要的优惠政策支持。积极支持东部外商投资企业到中部再投资。推出中部沿江开放带的整体品牌,开展对外宣传和整体招商,增强对跨国公司的吸引力。坚持办好中部博览会,打造有国际影响力的招商平台。积极支持中部地区开展投资促进工作,完善投资服务体系,加强投资促进平台建设和开放型经济人才培养。在出口配额和出口资质分配上给予中部地区适当倾斜。帮助中部地区大型和成套设备出口企业解决融资问题。借鉴东部沿海地区的经验,加强大通关建设,全面优化通关和行政环境,推进"一站式"通关和电子口岸建设,创新监管模式,条件成熟时进行建立自由贸易园区改革探索,消除各种壁垒,迅速提高贸易投资便利化程度,降低行政和交易成本。支持在中部沿江重要港口和其他重要交通枢纽城市建设区域性综合物流园区,提升物流效率。大幅增强中部地区吸纳国际国内产业转移的能力、提升产业聚集的水平,从而成为国际制造业新一轮转移的重要目的地。支持条件成熟地区建设出口加工区和保税物流中心,将符合条件的经济技术开发区、高新技术开发区、产业集聚区升级为国家级开发区,推进有条件的城市建设沿海加工贸易梯度转移重点承接地。

(三)加快服务业发展和开放

加快中部服务业对外开放和吸收外资步伐,更多地承接国际服务和软件外包,大力促进该地区生产性服务业的加快发展和升级。通过现代服务业的发展,优化本地区的投资和商务环境。除国务院确定的武汉、长沙、合肥、南昌4个中国服务外包示范城市外,再认定一批服务外包示范城市。推动"沿海接单、中部加工"和"中部接单、中部加工"等新型加工贸易的发展。推动生产性服务业的升级,引入和培育更多中高端服务供应商,进一步提高东部和中部自身的接单能力。更多地以国内企业为主体承接国际国内产业转移,继续开展加工贸易梯度转移重点承接地的培育和认定工作,由国家开发银行等继续给予贷款支持和利率下浮优惠政策,促进加工贸易转型升级。充分利用现有的加工能力,缓解产能过剩的压力,逐步增强自主发展与创新能力。

四、加强对区域合作的指导和协调

近年来,随着区域一体化步伐不断加快,中部六省间及与其他地区的经济联系日益紧密,市场更为开放,生产要素流动更为频繁。但是,仍存在一些问题,如国家层面对于区域经济一体化发展和公共管理缺乏政策引导和激励机制;地区合作机制中行政性要求较多,制度性安排较少,且缺乏相应的约束手段。要立足务实、加强创新,以法律法规为基础、以规范的制度为保障,进一步加强对六省参与区域合作的指导和协调,发挥六省市场潜力较大和资源丰富的优势,用更灵活多样的形式深化中部地区合作,在激烈的市场竞争中不断开拓发展空间。

(一)研究制定深化东中西区域合作的政策文件

随着国内外经济形势的深刻变化和区域合作工作的不断深入,区域合作的内涵、外延以及工作内容和实现形式等发生了新的变化,在新的形势下,有必要研究制定关于进一步加强和改善东中西区域合作的指导意见,重点分析中部地区在新时期区域合作中积极、突出的战略定位,明确促进东中西合作的主要任务和发展方向,提出进一步加强和改善东中西区域合作的政策内容。同时,要选择中部有条件的地区,开展东中西区域合作试点,鼓励和支持其先行先试,探索建立促进区域一体化发展的体制机制。要按照建设社会主义市场经济体制的要求,以促进中部地区资本、人才、技术、信息等生产要素自由流动为核心,研究制定中部地区重点领域一体化发展规划,选择部分领域开展一体化合作,努力在一些重点领域和关键环节的一体化方面取得突破。规划要明确重点领域一体化发展的总体思路、主要目标、重点领域以及具体形式,着力打破行政区划,消除市场壁垒,促进中部六省在综合交通、科技创新、市场体系、生态环保、公共服务等领域实现联动发展,加强区域规划、产业发展、政策法规等方面的沟通与衔接,推动中部地区经济全面融合,实现资源优化配置,进一步增强整体实力和竞争力。

(二)建立健全区域合作制度框架

区域合作、交换和分工网络的形成离不开区域合作的相关法律规范,中部地区要通过制定区域合作的法律法规,强化地方政府公共政策的规范化、法制化,推进管理体制合理对接,逐步统一管理制度。要抓紧研究制定促进区域合作条例,以法律的手段规范各行政板块的区域合作行为,清理不利于推进区域协调发展和区域合作的政策和法规,打破地方保护和市场封锁,为区域合作提供良好的制度环境。同时,可在中部地区开展立法试点,主要围绕保障公平竞争、公正交易,维护市场秩序的法律法规,保障市场主体和中介组织具有完全的行为能力和责任能力的法律法规,规范政府行政权力,合理界定政府与市场、企业、中介组织关系的法律法规等方面开展立法工作,加快推进保障区域合作规范发展的法律法规体系建设。

(三)建立区域合作的部际协调机构

目前区域合作组织架构主要是,国家发展改革委主管全国区域合作工作,各地相应建立负责区域合作的工作机构,同时还有一大批区域合作组织和行业协会、商会等非政府中介机构。但是,主管全国区域合作工作的部门主要是起沟通桥梁作用,缺乏实质性协调手段,协调工作难以顺利开展,且各地区域合作机构隶属于不同部门,职责不够清晰,沟通交流也存在一些问题。因此,要建立双层协调机制,第一层次是区域政策的执行者,即不同经济圈(区)、地方政府间的区域合作组织,根据具体需要定期或不定期召开会议,协商合作事宜。第二层次是区域政策的制定者,即国家层面进行协调。当第一层次协调难以达成一致时,上升为第二层次。建立由国家发展改革委牵头,有关部门参与的区域合作部际协调机构,明确当区域合作出现纠纷时,由部际协调机构负责协调工作,并拥有其决定权。协调达成一致时,按协调结果执行,协调难以达成一致时,由部际协调机构出具意见,地方政府应严格执行该意见。

第十二章 全面深化改革,推进体制机制创新

近年来,中部地区按照中央 10 号文件的要求,着力加快体制机制创新,深化重点领域和关键环节改革,取得了明显成效。"两型"社会综合配套改革全面推进,行政管理体制改革出台新举措,财税金融改革取得积极成果,社会领域改革取得新进展,生态环保体制改革有所突破,经济发展的内生机制初步形成,与东部沿海地区在体制机制方面的差距进一步缩小,投资和发展环境明显优化。但中部地区一些长期的深层次的体制性矛盾仍然没有得到有效解决,改革的有效突破还不多,政府职能转变还不到位,生态环境保护机制有待完善,财税金融体制改革总体进展缓慢,多元参与、平等竞争的公共服务供给机制尚未形成,体制机制创新有待加强。此外,中部地区还存在着科技资源配置机制不够合理、企业"走出去"的体制性制约较多等问题。

"十二五"时期,中部地区要全面贯彻党的十七大和十七届三中、四中、五中全会精神,继续坚持社会主义市场经济改革方向,加大改革力度,以更大决心和勇气全面推进各领域改革,加快完善社会主义市场经济体制,以促进经济发展方式转变为主线,以加快建立有利于转变经济发展方式的体制机制为主线,以创新和完善体制机制为着力点,着力解决深层次矛盾和化解潜在危险,在重点领域和关键环节的改革上取得实质性突破,为推动中部地区科学发展、全面建成小康社会打下牢固的体制基础。

一、加强对改革的顶层设计和总体规划

十七届五中全会明确提出"重视改革顶层设计和总体规划"。改革涉及经济、社会、政治方方面面，要整体配套、协调推动抓住和解决牵动全局的主要工作、事关长远的重大问题、关系民生的紧迫任务，自上而下对改革的战略目标、战略重点、优先顺序、主攻方向、工作机制、推进方式等进行整体设计。重点解决体制性障碍和深层次矛盾，全面协调推进经济、政治、文化、社会等体制创新。过去30年的改革是改变生产关系，做大经济总量，新时期的改革是改变经济结构，建设消费大国。"十二五"时期，中部地区要按照改变经济结构、实现民富优先的要求制定"十二五"中部地区改革总体规划，明确中部地区改革的战略目标、战略重点、优先顺序、主攻方向、工作机制、推进方式等，进一步调动各方面积极性，促进上层建筑和生产关系更加适应生产力的发展变化，切实推动科学发展。要具体设计经济体制、社会体制、文化体制、政治体制改革的具体目标和实现路径，使改革既能够反映经济体制、社会体制、文化体制、政治体制各自领域改革的规律性，又能够在转变经济发展方式中充分发挥作用。其中，改革规划要由非直接利益主体组织制定，重点领域改革方案的制定要充分听取各方面的合理意见。文件一经规范程序发布，就应在执行中体现出应有的权威性。同时，要从收入分配、以公益性为重点优化国有资本配置、农民工市民化、基本公共服务均等化、财税体制、行政管理体制等重点领域和关键环节着手，分别研究制定中部地区专项改革规划，正确指导改中部地区各领域改革方向，保障改革的规范化推进，把总体规划落到实处。

"十二五"中部地区在推进改革的过程中，要强化改革执行的法律约束，用法律形式将改革目标上升为国家意志，明确界定改革主体、改革对象、改革责任，注重通过立法化解改革争议、克服既得利益、避免改革推进的主观性，强化改革目标的约束性，使改革目标成为法定责任。对于重大的改革，都要先立法后改革，将重要改革目标上升为法律意志，以法律手段促使改革从经验型改革过渡到理性、规范有序的阶段。要加强改革程序性立法。目前出现的改革目标虚化、泛化、形式化，以及改革进程中的避重就轻、避实就虚等问题，重要的原因是改革的评估、问责、监督机制不健全，使得重要改革目标的实现缺乏可供遵循的"尺度"和标准。因此，要建立完善改革评估指标体系，包括经济体制、社会体制、政治体制和文化体制四位一体的改革进展。建立改革的反馈机制，对改革过程中暴露的矛盾和问题，充分听取各方面意见，组织专家评估。建立多元参与的评估体系，将社会评估组织和专家等纳入评估主体范围，充分发挥和整合不同评估主体的优势，形成相互联系又相互制约的多元参与的评价体系。建立规范的改革信息反馈和纠错机制，建立有效的改革问责机制。

新时期完善改革工作机制与推进方式，还需要充分发挥媒体力量。要注重通过媒体宣传改革营造改革良好的改革社会氛围，使媒体能够成为客观、真实反映改革进程的重要渠道，成为约束既得利益、代表公众利益监督改革的重要平台。建立渠道畅通的改革利益表达机制，建立规范化、经常性的改革社会参与机制，将国家的总体部署与发挥民间智慧结合起来。

二、推进行政管理体制改革

要按照转变职能、理顺关系、优化结构、提高效能的要求，加快建立法治政府和服务型政府，切实把政府的工作领域转移到经济调节、市场监管、社会管理和公共服务上。

（一）加快转变政府职能

健全政府职责体系，提高经济调节和市场监管水平，强化社会管理和公共服务职能。严格分离政府职能和社会职能，加快推进政企分开、政资分开、政事分开、政府与市场中介组织分开，调整和规范政府管理的事项，深化行政审批制度改革，减少政府对微观经济活动的干预。加大机构整合与改革力度,继续优化政府结构、行政层级、职能责任,坚定推进大部门制改革,着力解决机构重叠、职责交叉、政出多门问题。在有条件的地方探索省直接管理县(市)的体制。完善公务员制度。深化各级政府机关事务管理体制改革,降低行政成本。

(二)健全科学民主决策机制

完善重大事项决策机制,建立健全公众参与、专家咨询、风险评估、合法性审查和集体讨论决定的决策程序,实行科学决策、民主决策和依法决策。对涉及经济社会发展全局的重大事项,要广泛征询意见,充分协商和协调。对专业性、技术性较强的重大事项,要认真进行专家论证、技术咨询、决策评估。对同群众利益密切相关的重大事项,要实行公示、听证等制度。严格依法行政,健全行政执法体制机制,完善行政复议和行政诉讼制度。

(三)完善干部考核评价体系

建立科学合理的政府绩效评估指标体系和评估机制,实行内部考核与公众评议、专家评价相结合的方法,发挥绩效评估对推动科学发展的导向和激励作用。健全对行政权力的监督制度。强化审计监督。推行行政问责制,明确问责范围,规范问责程序,健全责任追究制度和纠错改正机制,提高政府执行力和公信力。

(四)加快推进事业单位分类改革

按照政事分开、事企分开、管办分开、营利性与非营利性分开的要求,积极稳妥推进科技、教育、文化、卫生、体育等事业单位分类改革。严格认定标准和范围,对主要承担行政职能的逐步将其行政职能划归行政机构或转为行政机构。规范转制程序,完善过渡政策,将主要从事生产经营活动的逐步转为企业,建立健全法人治理结构。继续保留的事业单位强化公益属性,推进人事管理、国有资产和财政支持方式等方面的改革。

三、进一步深化重点领域和关键环节改革

要区分不同性质的改革任务,抓好分类指导和落实。具体来说,就是要全面深化经济体制改革,加快推进社会、文化等领域改革,完善社会主义市场经济体制,增创体制机制新优势。开展事权与财权相匹配的公共财政体制改革试点,探索建立符合区域主体功能的财政政策导向机制。深化行政管理体制改革,优化政府结构和行政层级,提高行政效能。加快发展完善资本、产权、技术、土地和劳动力等要素市场,推进资源性产品价格改革。落实各项扶持政策,大力发展非公有制经济。

(一)完善多种所有制经济共同发展的体制机制

1. 继续推进国有经济改革。深化大型国有企业公司制股份制改革。中部六省国有企业占比普遍偏高,近年来,虽然随着国有企业战略性重组的实施以及股权分置改革,国有股持有比例有所下降,但总体上国有股"一股独大"的现象仍然是国有企业中的普遍现象。因此,要继续推进股权多元化,优化股权结构仍然要作为深化国有企业改革的一个重要内容。

一是进一步优化国有经济布局和结构。要根据国有经济布局的战略性调整和国有企业战略性改组的需要,继续在非涉及国家安全和经济命脉的一般性竞争领导域中大力引进外资、民营股份,降低国有企业中的国有股比例,建立以法人股为主体的多元法人的股权结构,尤其是要注重发展具有长期投资需求的机构投资者(如各种养老金、保险公司、合格的外国投资者),增加其他成分的股份在董事会中的话语权,建立董事会内部的平等对话机制,消除国有股比重过高而导致的行政过度干预问题,克服个人股比重过高、股权分散所引起的普遍"搭便车"行为,充分发挥机构投资者对国有股一股独大的监控功能。对于涉及国家安全和经济命脉的领域,在保持国有经济控制力和影响力的前提下,适度引入其他成分的投

资者,尤其是对于垄断行业中的可竞争性环节,进一步降低国有股份的比重,以加强其他股权成分参与公司治理,增强国有企业的活力。合理界定国有企业的主营业务,严格控制投资经营范围。

二是要加快完善国有大型企业公司治理结构。完善国有资产管理体制。深化劳动用工、人事和分配制度改革,健全市场化选人用人和激励约束机制。完善国有企业分类考核制度,强化对涉及自然垄断业务和承接社会普遍服务职责的国有企业政策性目标的考核。坚持政府公共管理职能与国有资产出资人职能分工,进一步明确经营性国有资产公共管理部门及其职责,切实履行好制定国有经济战略性调整规划、健全国有资本经营预算和收益分享制度。建立健全国有资本收益分享制度,将国有资本收益更多用于公共服务和社会保障。

2. 加快非公有制经济发展。近年来,中部地区非公有制经济快速发展,但与全国平均水平相比仍存在不小的差距。2010 年中部地区私营企业户数仅占全国的 15.5%,中国民营企业 500 家中部地区仅有 68 家,占总数的 13.6%,企业规模也低于全国平均水平。"十二五"时期,中部地区要全面落实促进非公有制经济、中小企业和民间投资发展的各项政策措施,大力消除制约非公有制经济发展的制度性障碍。

一是放宽非公有制企业的投资领域和行业限制,鼓励和引导民间资本进入法律法规未明确禁止准入的行业和领域。打破基础产业和基础设施领域、市政公用事业和政策性住房建设领域、社会事业领域、国防科技工业领域、国有企业改革领域的"玻璃门",规范设置投资准入门槛,创造公平竞争、平等准入的市场环境。合理引导允许非公资本以参股、合资合作、独资等方式进入金融服务、公用事业、基础设施建设等领域。鼓励非公有制企业加快改革,建立现代法人治理结构,做大做强。放宽企业集团登记注册条件,放宽高新技术成果作价出资比例;允许企业经营范围按大类申请核定;改革企业登记管理,方式,试行告知承诺制度。提高服务质量和效率,促进各类市场主体发展。打破行政垄断和地区封锁,促进城乡和区域之间公平竞争。

　　二是着力破解制约非公有制经济发展的难题,在融资、人才、技术、管理、市场、信息等方面加大服务和支持。融资难是困扰中部地区非公有制经济发展的重要制约因素,主要表现为融资渠道少、贷款成本高、期限短、效率低。特别是今年国家货币政策从宽松转为稳健,央行多次上跳存款准备金率,回收市场的流动性。中部地区 2011 年一季度贷款增速位居全国末位,新增贷款只占全国的 16.7% ,甚至不及西部地区 22.2% 的水平。信贷额度减少,银行为保利润、降风险,只能保大项目,减少对中小企业的贷款,融资难问题更加突出。为此,要加强和改善金融服务,拓宽融资渠道,完善信用担保体系,切实缓解非公有制经济特别是中小企业融资难的问题。鼓励和支持民间资本发起和参与设立金融机构,实现"草根金融由草根经济兴办,草根金融服务于草根经济"。要进一步深化现行信贷体制和商业银行体系改革,支持民间资本进入金融服务领域,贯彻落实《关于鼓励和引导民间投资健康发展的若干意见》,并在加强有效监管、促进规范经营、防范金融风险的前提下,进一步放宽村镇银行或社区银行中法人银行最低出资比例的限制,允许民间全额出资,主要面向中小企业提供服务。大力推进专利权、股权、应收账款质押;组建针对中部地区非公有制经济的担保再担保基金,完善担保体系;扩大直接融资,大力发展私募基金,争取更多企业上市,并发行中小企业集合票据,不仅减少对银行的依赖,而且降低融资成本。要搭建辐射中部地区的中小企业产权、债权、股权交易平台,构建中小企业便利、快捷的直接融资通道,尽快实现与国内外资本市场的对接,为健全中部地区中小企业投融资体系作出积极贡献。同时,健全促进非公有制经济发展的政策法规体系,保护非公有制企业权益,为非公有制经济发展创新良好的市场环境。支持非公有制企业提高技术创新能力和产品质量,加快技术进步和结构调整。努力改进政府服务,支持企业开拓市场,大力开展对企业各类人员的培训,引导企业提高经营管理水平。积极扶持行业协会(商会)组织发展,鼓励企业公平竞争、自愿联合,规模集聚、携手发展,提高市场竞争能力。

（二）稳步推进资源性产品价格配套制度改革

中部地区资源丰富。长期以来,由于资源产品定价偏低,资源开采地区没有得到相应的经济补偿,也无力修复资源开采过程中造成的环境和生态破坏。因此,要推进资源有偿使用制度改革,建立国家宏观调控下市场发挥基础性作用的资源价格形成机制,使资源开采地区更多地分享资源开发的收益,促进资源的高效利用和资源开采地区的发展。

一是坚持按照市场定价原则,推进资源产权制度改革,使资源价格反映开采成本、生态环境成本和资源稀缺程度(市场供求)情况,促进资源利用效率的提高,重点推进石油、天然气、煤炭、土地等资源的价格形成机制。完善政府定价机制,严格成本监审和定调价程度,完善专家评审、集体评议和公开听证制度,提高政府定价的透明度和科学性。

二是引导和规范各类市场主体合理开发资源,承担资源补偿、生态环境保护与修复等方面的责任和义务,建立健全排污权初始交易价格、交易过程中的收费以及排污权交易市场行为。

三是逐步放宽供水、供电、供气和石油石化行业准入条件,更多引入竞争机制,加快培育和完善市场体系,为价格市场化创造条件。

四是改革矿业权分级审批、分区管理和分类出让制度,全面实施矿业权有偿取得制度,规范发展矿业权交易市场,促进矿业权有序流转和公开、公平、公正交易。

五是在资源价格形成机制还不完善的情况下,推动建立资源产业链上下游之间、资源主产区和资源加工区之间合理的价格利益调节机制、相关行业的价格联动机制、对部分弱势行业和弱势群体适当补贴的机制等。

六是调整资源税政策,适当提高资源税征收标准。保证中部六省资源富集地区作为资源所有者的合理收益,将资源税由从量征收改为从价征收,或者改为按占有资源量征收。

（三）继续深化农村土地制度改革

中部农村人口众多,人均耕地资源缺乏。在中部地区深化农村土地制度改革,对于推动农村规模化经验,提高农业生产效益,改善农民生活水平,具有十分重要的意义。

一是确保农村土地承包关系保持稳定并长久不变,规范土地承包经营权流转。全面颁发农户长久拥有的具有明确法律效力的土地承包权证书,加快建立农村土地承包经营权登记体系。完善土地承包权权能,强化农村土地承包经营权的物权性质,依法保障农户享有对承包土地的占有、使用、收益等权利,赋予农民相应的土地处置权。发育土地承包权流转市场,发展土地流转中介服务组织。按照依法、自愿、有偿原则,发展以专业大户、家庭农场、农民专业合作社等为主体的多种形式的适度规模经营。

二是改革征地制度,规范有序推进农村土地整治。严格界定公益性和经营性建设用地,逐步缩小征地范围。完善征地补偿机制,对于经营性用地,农民土地直接入市,由土地使用者直接向农民集体购买;对于公益性用地,采取国家按市场价格直接向农民集体购买的方式。在符合规划的前提下,按照"同地、同价、同权"原则,将农村集体土地纳入统一的土地市场,以出让、出租、转让、转租、抵押等形式进行流转,建立集体和农民分享农用地转为建设用地后土地增值的机制,使农民获得更多的土地财产性收入。

三是完善农民市民化过程中土地权利保障机制。农民身份转为城镇居民后,其承包地、宅基地的处置、原有集体积累权益享受问题,是城镇化过程中的重大政策。长久不变的土地承包权利和依法保障的宅基地用益物权,是农民的财产权利,即使农民工进城定居,也不能强行要求农民放弃。在农民变市民过程中,不能把农民的土地权益"变没了",而是要探索迁入城镇定居农民工承包土地和宅基地有偿流转或有偿退出机制,允许农民通过市场自愿转让获得财产收益,确保农民实现其土地资产价值。

（四）继续搞好社会保障、就业和收入分配制度改革

1. 完善农村居民最低生活保障制度。确定科学规范的保障标准,实行农村最低生活保障标准与经济发展水平挂钩、农村低保与城市低保提标挂钩。加大中央财政和省级财政补助力度,不断提高中部地区农村居民生活最低保障标准和补助水平。

2. 扩大新型农村社会养老保险试点的范围和覆盖面。按照个人缴费、集体补助、政府补贴相结合的要求建立筹资机制。创造条件探索实现农村和城镇基本养老关系转移接续办法,逐步建立健全覆盖城乡居民的社会养老保险体系。做好被征地农民的有关社会保障工作,做到"逢征必保",将被征地人员纳入城镇社会保险体系,确保被征地农民生活水平不因征地而下降、基本生活长期有保障。

3. 推进城镇居民养老保险试点。完善社会统筹与个人账户相结合的企业职工基本养老保险制度,逐步提高统筹层次,建立全国统一的社会保障关系转续制度。解决集体企业退休人员养老保障的历史遗留问题,建立企业退休人员基本养老金正常调整机制。继续推进机关和事业单位养老保险制度改革试点。将国有企业、集体企业"老工伤"人员纳入工伤保险制度。将孤儿养育、教育和残疾孤儿康复等纳入财政保障范围。继续推进残疾人社会保障体系和服务体系建设。

4. 完善社会保障事业发展的保障措施。按照健全公共财政体系要求,调整财政支出结构,加大财政保障投入,加强对农村地区的支持力度。健全社会保障公共服务体系,不断提高管理服务水平。加强省、地、县三级社会保障服务中心和异地就医结算服务中心建设。

5. 推进就业制度改革。实施积极的就业政策,促进自主创业和自谋职业,推行灵活多样的就业方式;打破各种形式的就业垄断。健全市场调节就业机制,建立统一规范的人力资源市场,加快完善市场引导就业的体制机制,消除制度性、体制性障碍,规范市场行为,充分发挥市场机制调节供应、双向调节的作用,促进人力资源合理流动和有效配置。建立健全面向全体劳动者的职业培训制度,逐步形成有利于劳动者就业技能和综合素质持续提升的体制机制。促进公平就业,建立健全城乡劳动者平等就业的制度,逐步消除就业歧视。

6. 推进收入分配制度改革。深化工资制度改革,按照市场机制调节、企业自主分配、平等协调确定、政府监督指导的原则，形成反映劳动力市场供求关系和企业经济效益的工资决定机制和增长机制。坚持和完善按劳分配为主、多种分配方式并存的分配制度，实行各种生产要素按贡献参与分配，消除资本、技术、管理等生产要素在城乡、区域、行业间流动和配置的体制机制障碍，健全要素价格形成机制。加快形成以税收、社会保障、转移支付为主要手段的再分配调节机制，提高居民可支配收入占国民可支配收入比重，，着力提高低收入者收入水平，努力扭转居民收入差距扩大趋势。整顿和规范收入分配秩序，加大收入分配监管力度，控制和调节垄断性行业收入水平，逐步形成公平透明、公正合理的收入分配秩序。

（五）大力推进社会事业和公共服务领域改革

一是全面落实和推进教育体制改革试点任务。建立和完善义务教育经费保障制度，确保在中部地区城乡普遍实行免费义务教育。深化教学内容与方式、考试招生制度、教学质量评价制度等改革，全面实施素质教育。继续推进教育行政管理体制改革，不断改善管理方式。加快建设现代学校制度，推进政校分开、管办分离。落实和扩大学校办学自主权。鼓励引导社会力量兴办教育，规范办学秩序。扩大教育开放，加强国际交流合作和引进优质教育资源。健全以政府投入为主、多渠道筹集教育经费的体制，加强省级政府教育统筹。

二是深化科技管理体制改革。加快应用开发类科研机构建立现代企业制度的步伐，推动公益性科研机构建立健全现代科研院所制度，建立以企业为主体、市场为导向、产学研相结合的体制框架。

三是深化文化体制改革。继续推进经营性文化单位企业化转制，加大公益性文化事业单位内部管理体制改革力度；调整文化产业所有制结构，促进各类文化产业共同发展。

四是推进医药卫生体制改革。按照政事分开、管办分开、医药分开、营利性和非营利性分开的原则，深化医药卫生体制改革"五项重点改革"，建立覆盖城乡居民的公共卫生服务体系、医疗服务体系、医疗保障体系、药品供应保障体系,提高全民健康水平。

五是加强和创新社会管理。强化政府社会管理职能,完善社会管理格局,实现政府行政管理与基层群众自治有效衔接和良性互动。加快建立健全维护群众权益机制、行政决策风险评估和纠错机制。完善食品安全监管体制机制,全面提高食品安全保障水平。

(六)积极推进财税金融体制改革

1. 深化财政体制改革。按照财力与事权相匹配的要求,在合理界定事权基础上,进一步理顺各级政府间财政分配关系,完善分税制。围绕推进基本公共服务均等化和主体功能区建设,完善转移支付制度,增加一般性特别是均衡性转移支付规模和比例,调减和规范专项转移支付。推进省以下财政体制改革,稳步推进省直管县财政管理制度改革,加强县级政府提供基本公共服务的财力保障。建立健全地方政府债务管理体系,探索建立地方政府发行债券制度。进一步推进政府会计改革,逐步建立政府财务报告制度。

2. 完善税收制度。按照优化税制结构、公平税收负担、规范分配关系、完善税权配置的原则,健全税制体系,加强税收法制建设。扩大增值税征收范围,相应调减营业税等税收。合理调整消费税征收范围、税率结构和征税环节。逐步建立健全综合与分类相结合的个人所得税制度,完善个人所得税征管机制。继续推进费改税,全面推进资源税和耕地占用税改革。研究推进房地产税改革。逐步健全地方税体系,赋予省级政府适当税政管理权限。

3. 深化金融体制改革。全面推动金融改革、开放和发展,构建组织多元、服务高效、监管审慎、风险可控的金融体系,不断增强金融市场功能,更好地为加快转变经济发展方式服务。继续推进国有金融企业的股份制改造。继续推进农村信用社改革,积极发展新型农村金融机构。加快多层次金融市场体系建设,大力发展金融市场,继续鼓励金融创新,显著提高直接融资比重。推进创业板市场建设,扩大代办股份转让系统试点,加快发展场外交易市场。积极发展债券市场,完善发行管理体制,推进债券品种创新和多样化,稳步推进资产证券化。推进期货和金融衍生品市场发展。促进创业投资和股权投资健康发展,规范发展私募基金市场。完善地方政府金融管理体制,强化地方政府对地方中小金融机构的风险处置责任。

四、鼓励和支持率先推进改革试点

(一)支持和鼓励开展先行先试

鼓励和支持中部地区大胆探索,破解人口、土地、资金等突出矛盾和难题,建立有利于农业现代化、新型工业化和城镇化协调发展的体制机制。探索建立农村人口向城镇有序转移机制,创新农民进城落户的子女就学、社会保障、住房、技能培训、就业创业等制度安排,推动农村人口就近转移,破解农民工大规模"候鸟式"流动带来的社会问题。探索建立土地节约集约利用机制,加强土地挖潜和土地整治,合理调整土地利用布局,有序推进城乡建设用地增减挂钩,开展城乡之间、地区之间人地挂钩政策试点,实行城镇建设用地增加规模与吸纳农村人口进入城市定居的规模挂钩、城市化地区建设用地增加规模与吸纳外来人口进入城市定居的规模挂钩,有效破解"三化"协调发展的用地矛盾。探索建立城乡利益平衡机制,完善城乡平等的要素交换关系,在加大支农惠农政策力度的同时,建立区域统一、城乡统筹的土地市场体系,加快土地征收制度改革,完善补偿方式,确保农民在土地增值中的收益权,进一步完善县域内银行业金融机构新吸收存款主要用于当地发放贷款的政策,提高农村存款用于农业农村发展的比重。

(二)深化武汉城市圈和长株潭城市群"两型社会"综合配套改革试验

2008年,经国务院同意,国家发展改革委批准设立武汉城市圈和长株潭城市群资源节约型和环境友好型社会综合配套改革试验区。3 年来,武汉城市圈和长株潭城市群经济社会平稳较快发展,体制机制改革深入推进。下一步,要着重做好 9 各方面的改革任务,先行先试,探索建立资源节约型和环境友好型社会。一是创新资源节约的体制机制。以加快发展循环经济为重点,探索节能减排的激励约束机制,完善促进资源节约的市场机制,深化资源价格改革,建立促进资源节约的体制机制。二是创新环境保护的体制机制。以水环境生态治理和修复为重点,完善环境保护的市场机制,建立生态补偿机制,努力实现环境保护与生态建设一体化,建设生态景观和谐、人居环境优美的生态城市圈和城市群。三是创新科技引领和支撑"两型"社会建设的体制机制。以增强自主创新能力为重点,加大科技创新力度,引领和支撑"两型"社会建设。深化科技体制改革,培育科技创新主体,构筑共建、共享的公共创新平台,探索建立科研成果转化的助推机制,创新人才一体化建设的体制机制,促进科技与经济融合,建设创新型城市圈和城市群。四是创新产业结构优化升级的体制机制。以创新发展先进制造业和现代服务业的体制机制为重点,整合区域内产业资源,推动产业合理布局,构建现代产业体系;深化国有企业改革,以培育新的经济增长点,探索信息化和工业化融合的新路子,推进新型工业化,加快工业强省步伐。五是创新统筹城乡发展的体制机制。以消除城乡二元结构、改善民生为重点,突破城乡分割的制度障碍和行政区划壁垒,促进生产要素自由流动,构建城乡互动、区域协调、共同繁荣的新型城乡关系;统筹公共服务资源,探索建立城乡一体化的公共服务体系,促进公共服务均等化,加快社会与经济协调发展,建设和谐社会。六是创新节约集约用地的体制机制。以创新土地管理方式为重点,统筹安排区域内土地资源;优化土地利用结构,形成耕地资源得到切实保护、土地资产效益得到充分发挥的节约集约用地新格局,探索节约集约用地的新型城市化发展模式。七是创新促进"两型"社会建设的财税金融体制机制。充分发挥财税金融服务"两型"社会建设的重要功能,积极推进财税金融改革和制度创新,逐步形成有利于科学发展的财税制度,逐步形成金融资源高度集聚、金融体系基本完备、经营机制灵活高效的金融市场,构建区域性金融中心。八是创新对内对外开放的体制机制。坚持开放先导战略,以承接产业转移为重点推进对内对外开放。深化涉外经济体制改革,营造有利于承接资源节约型、环境友好型产业转移的体制环境,探索走出一条外源性与内生性相结合的发展新路子,将武汉城市圈和长株潭城市群建成我国中部对外开放的门户。九是创新行政管理体制和运行机制。以建设服务型政府为目标,以转变政府职能为核心,深化行政管理体制改革,理顺关系、优化结构、提高效能,加快建立权责一致、分工合理、决策科学、执行顺畅、监督有力的行政管理体制,为"两型"社会提供制度保障。

(三)推进山西省国家资源型经济转型综合配套改革试验区建设

长期以来,山西作为全国重要的能源基地、煤炭大省,为全国现代化建设提供了重要的能源支撑,作出了巨大贡献,但长时间、大规模、高强度、粗放式的煤炭开采和能源开发,也带来了一系列负面问题,经济发展方式粗放,产业结构不合理等,严重影响到经济社会可持续发展。2010年12月1日,经国务院同意,国家发展改革委正式批复设立"山西省国家资源型经济转型综合配套改革试验区",这是我国设立的第九个综合配套改革试验区,也是第一个全省域、全方位、系统性的国家级综合配套改革试验区。"十二五"时期,山西省要紧紧围绕资源型经济转型这个改革主题,重点处理好传统产业转型和三次产业协调发展的关系、产业发展和生态环境保护的关系、资源型经济转型和整个区域经济一体化的关系,通过大胆探索,先行先试,率先突破,细化金融、土地、财税、投资等多方面的支撑措施,破解长期制约全省经济社会发展的瓶颈,实现资源型地区的全面协调可持续发展。

(四)在六省选择部分地区继续开展重点领域专项改革试点

支持中部六省强化转型意识和改革意识,推进经济体制改革、政治体制改革、社会体制改革和文化体制改革,深入实施各类改革试点。加快推进山西省煤炭工业可持续发展政策措施试点,整合重组煤炭企业,提升煤炭产业水平和产业集中度。推进山西、湖北、湖南排污权有偿使用和交易试点,实施排污权许可证制度,健全省、市两级排污权交易平台,并逐步推广到中部六省。开展丹江口库区生态保护综合改革,探索生态与经济协调发展的新模式。支持中部地区开展绿色信贷、环境污染责任保险等环境经济政策试点工作。

第十三章 加快社会事业发展，大力保障和改善民生

　　"十一五"时期中部地区社会事业全面推进，人民生活显著改善。教育事业稳步发展，《国家教育事业发展"十一五"规划纲要》提出的各级教育规划目标基本全部实现，推进了科技创新、文化繁荣，为经济发展、社会进步和民生改善做出了极大贡献。医疗卫生服务条件不断改善，基本医疗卫生体系日益健全，新农合制度得到进一步巩固和完善。就业人数不断增长，三次产业间从业人员的构成也发生了较大变化，国有经济吸纳就业人数最多。社会保障制度建设取得突破性进展，覆盖城乡居民的社会保障体系框架基本形成。城镇居民可支配收入较快增长，2010年，中部地区城镇居民人均可支配收入15958元，比2005年增长61.2%，年均增长10%，比"十五"时期快0.5个百分点；农民人均纯收入也增加到5500元。但中部地区社会保障财政投入占财政支出比例偏低，人均财政支出水平不高，公共服务整体水平仍然较低，突出表现为城乡社会事业发展不平衡现象有所加重、区域间社会发展差距进一步扩大、居民收入水平增长缓慢、居民收入在国民收入分配中的比重趋于下降，而且由于非公经济特别是非公有制规模以上企业发展不足，对劳动力吸纳能力不够，影响了农村劳动力就近就地转移就业，实现基本公共服务均等化任重道远。

　　十七届五中全会通过的《中共中央关于制定国民经济和社会发展第十二个五年规划的建议》提出"坚持把保障和改善民生作为加快转变经济发展方式的根本出发点和落脚点"，标志着我国发展战略基点是一切以民生福祉为准则，千方百计让人民富裕起来，从过多注重"强国"到更

加注重"富民"将成为我国政府一个重要执政理念。当前,我国已经进入全面建设小康社会的关键时期和深化改革开放、加快转变经济发展方式的攻坚时期,社会事业发展面临着难得的战略机遇,中部地区要全面加快社会事业发展,以社会需求为导向,以扩大规模、提升质量、促进公平、提高效率为重点,把基本公共服务制度作为公共产品向全体居民提供,着力促进基本公共服务均等话,大力发展社会服务产业,深化体制机制改革,加快建立起与现代化建设和人的全面发展需要相适应的、覆盖城乡居民的社会公共服务体系。

一、优先发展教育事业

按照优先发展、育人为本、改革创新、促进公平、提高质量的要求,推动中部地区教育事业科学发展,提高教育现代化水平,为加快转变经济发展方式、实现科学发展提供人才保证。

(一)加大教育事业投入

加大对中部地区教育、特别是农村义务教育的支持。要依法落实教育经费"三个增长",确保财政性教育经费增长幅度明显高于财政经常性收入增长幅度,在 2012 年之前保证财政教育性经费占国内生产总值的比例达到 4%,使生均教育经费达到全国平均水平。认真落实"两免一补"措施,明确各级政府提供教育公共服务的职责,同时调整教育经费的支出结构,使教育经费的分配进一步向农村基础教育倾斜。完善教育财政转移支付制度,进一步落实税收优惠制度,积极鼓励企业、个人和社会团体对教育的捐赠或出资办学。

(二)重视发展学前教育和继续教育

积极发展学前教育,采取多种形式扩大学前教育资源,学前一年毛入园率提高到 85%。努力提高中部地区以农村为重点的学校教育普及程度，确保留守儿童入园。提高农村学前教育质量，加强校舍、活动场所、玩教具等基础设施建设。开展幼儿教师培训，鼓励高校毕业的幼儿教师到中部农村教学。大力发展非学历继续教育，稳步发展学历继续教育，建设全民学习、终身学习的学习型社会。

（三）积极发展义务教育

巩固九年义务教育普及成果，全面提高质量和水平。基本普及高中阶段教育，推动普通高中多样化发展。把义务教育全面纳入公共财政保障范围，推进义务教育学校标准化。重点加强农村基本办学条件建设，使农村中小学具备基本的校园、校舍、教学设备、图书和体育活动设施，落实农村义务教育阶段中小学校舍维修改造长效机制，确保校舍安全。实行县（区）城内教师、校长交流制度，基本消除薄弱学校。适当调整不同地区农村中小学师生比例，缓解农村教师紧缺的压力。不断改善农村教师生活待遇，努力解决贫困地区骨干教师流失问题。强化农村教师培训，引导大学毕业生到农村基层学校任教，加大城镇教师服务农村教育工作的力度，推进师范生到农村学校实习支教。加强对贫困地区、薄弱学校的投入，尽量实行学生寄宿制，加强对留守学生的管理。协调好与劳务输入地关系，以流入地政府管理为主、以输入地全日制公办中小学为主，确保进城务工人员随迁子女平等接受义务教育。研究制定中部地区进城务工人员随迁子女接受义务教育后在当地参加升学考试的办法。

（四）加快发展职业教育

大力发展职业教育，加快发展面向农村的职业教育。强化资金保证，建立健全起以财政投入为主，学生、用人单位和社会共同负担的多渠道职教经费投入机制，逐步实行中等职业教育免费制度。加强职业教育基础能力建设，大力推行校企合作、半工半读、顶岗实习的人才培养模式，鼓励采取"订单培养"和"菜单教学"，加快培养技能型人才和高素质劳动者。在重点专业领域建设一批专业门类齐全、装备水平较高、优质资源共享的实训基地。注重提高师资质量,积极开展以骨干教师为重点的全员培训,鼓励教师到企事业单位进行专业实践和考察,不断提高教师的职业道德、实践能力和教学水平。落实国家技能型人才培养培训工程,加快培养生产、服务一线急需的技能型人才,特别是现代制造业和现代服务业紧缺的高素质高技能专门人才。加强对在职职工、初高中毕业生、城镇失业人员和农村转移劳动力的职业技能培训和创业培训,健全覆盖城乡的职业教育和培训网络。深化办学体制改革,健全公共财政对民办教育扶持政策,促进办学主体多元化。

(五)全面提升高等教育质量

加快世界一流大学、高水平大学和重点学科建设,扩大应用型、复合型、技能型人才培养规模。增加对中部地区高等教育的支持,扩大中部地区学校进入国家"211 工程"和"985 工程"的数量。推进中国科技大学、武汉大学、华中科技大学等建设成为世界知名大学,建成一批具有世界一流水平的国家重点实验室和国家工程技术研究中心,尽快使一批重点学科达到或接近世界先进水平。进一步扶持郑州大学、湖南大学、南昌大学等重点院校发展,提高办学质量和水平,努力建设成为国内一流大学。以社会需求为导向,优化学科专业和层次、类型结构,着力培养高素质和拔尖创新人才。进一步实施高层次创造性人才计划,培养和汇聚一批具有国际领先的学科带头人和创新团队,培养一批优秀中青年学术带头人和青年骨干教师。加快建立现代学校制度,推进政校分开、管办分离,落实和扩大学校办学自主权。鼓励和引导社会资金投入,形成政府投入与社会投入相互补充的教育投入机制,积极支持民办高等学校发展,提升办学质量。

(六)大力促进教育公平

合理配置公共教育资源,重点向农村、边远、贫困、民族地区倾斜,加快缩小教育差距。促进义务教育均衡发展,统筹规划学校布局,推进义务教育学校标准化建设。实行县(市)域内城乡中小学教师编制和工资待遇同一标准，以及教师和校长交流制度。取消义务教育阶段重点校和重点班。新增高校招生计划向中西部倾斜，扩大东部高校在中西部地区招生规模，创新东西部高校校际合作机制。改善特殊教育学校办学条件，逐步实行残疾学生高中阶段免费教育。健全国家资助制度，扶助经济困难家庭学生完成学业。重视和支持民族教育发展，推进"双语教学"。关心和支持特殊教育。

(七)全面实施素质教育

遵循教育规律和学生身心发展规律，坚持德育为先、能力为重，改革教学内容、方法和评价制度，促进学生德智体美全面发展。建立国家义务教育质量基本标准和监测制度，切实减轻中小学生课业负担。全面实施高中学业水平考试和综合素质评价，克服应试教育倾向。实行工学结合、校企合作、顶岗实习的职业教育培养模式，提高学生就业的技能和本领。全面实施高校本科教学质量和教学改革工程，健全教学质量保障体系。完善研究生培养机制。严格教师资质，加强师德师风建设，提高校长和教师专业化水平，鼓励优秀人才终身从教。

(八)加强人才队伍建设

坚持服务发展、人才优先、以用为本、创新机制、高端引领、整体开发的指导方针，加强现代化建设需要的各类人才队伍建设。建立健全政府宏观管理、市场有效配置、单位自主用人、人才自主择业的体制机制，形成多元化投入格局，明显提高人力资本投资比重。营造尊重人才的社会环境、平等公开和竞争择优的制度环境，促进优秀人才脱颖而出。改进人才管理方式，落实国家重大人才政策，抓好重大人才工程，推动人才事业全面发展。加强人才队伍建设。培养高层次创新型科技人才和高技能人才。鼓励中部地区根据需要，有针对性地引进一批高层次人才。鼓励和引导城市人才到农村创业，支持农村实用人才和农民工返乡创业兴业。

二、增强基本医疗和公共卫生服务能力

按照保基本、强基层、建机制的要求,增加财政投入,深化医药卫生体制改革,建立健全基本医疗卫生制度,加快医疗卫生事业发展,优先满足群众基本医疗卫生需求。

(一)加强对基本医疗和公共卫生领域的投入

中部地区在人均政府卫生支出不到全国平均水平一半、补助收入全国最低的情况下,基本保障了全国近27%的人口的医疗卫生服务,但是投入不足导致的管理、技术、服务质量等问题亟待改善。为保证中部地区人们能够获得与全国平均水平基本相当的公共卫生和基本医疗服务,要建立和完善规范的财政转移支付制度,加大对中部地区卫生机构的资金投入,新增医疗卫生资源重点向农村和城市社区倾斜。加大对区域性和省级医疗中心大型公立医院的支持力度,按照政事分开、管办分开、医药分开、盈利性和非盈利性分开的改革方向,稳步推进公立医院改革试点。完善社会办医政策,鼓励和引导社会资本创办医疗机构或参与公立亿元改制重组,推进多元化办医。加强城市医院对口支援城乡基层医疗卫生服务机构,建立起长期持续有效的医疗支援计划和体系。推动省部共建医学科研院所,鼓励国内外知名医疗机构设立分支机构。全面落实医药卫生体制改革各项任务,支持人口大县进一步提高中心医院和中医院建设标准,提高城镇居民医保和新农合筹资标准及保障水平,实现省级统筹。提高县乡人口和计划生育服务网络建设补助标准,加强妇幼保健机构能力建设。大力推进基层医疗卫生机构综合改革,建立多渠道补偿机制,形成新的运行机制。

(二)加强公共卫生服务体系建设

加强公共卫生服务体系建设,扩大国家基本公共卫生服务项目。强化医疗卫生规划，促进医疗卫生机构合理布局，提高医疗卫生资源利用效率。完善重大疾病防控等专业公共卫生服务网络。逐步提高人均基本公共卫生服务经费标准，扩大国家基本公共卫生服务项目，实施重大公共卫生服务专项，提高重大突发公共卫生事件处置能力。普及健康教育，实施国民健康行动计划。全面推行公共场所禁烟。70%以上的城乡居民建立电子健康档案。孕产妇死亡率降到22/10万，婴儿死亡率降到12‰。健全农村县、乡、村三级医疗卫生服务网络和以社区卫生服务为基础的新型城市卫生服务体系，加快构建大医院与基层医疗卫生机构分工协作机制以及各级医疗机构分级诊疗、双向转诊制度。建立健全疾病预防控制、健康教育、计划生育、妇幼保健、精神卫生、应急救治、采供血、卫生监督和食品安全等专业公共卫生服务网络。完善重大疾病防控体系和突发公共卫生事件应急机制，逐步建立农村医疗急救网络。强化对人感染高致病性禽流感、艾滋病、血吸虫病、结核病、乙型肝炎等传染病和职业病防治力度，落实国家免疫规划。大力加强以全科医生为重点的卫生人才队伍建设，提高基层医疗卫生服务能力和水平。

（三）健全医疗保障体系

健全覆盖城乡居民的基本医疗保障体系，进一步完善城镇职工基本医疗保险、城镇居民基本医疗保险、新型农村合作医疗和城乡医疗救助制度。逐步提高城镇居民医保和新农合人均筹资标准及保障水平并缩小差距。提高城镇职工医保、城镇居民医保、新农合最高支付限额和住院费用支付比例，全面推进门诊统筹。做好各项制度间的衔接，整合经办资源，逐步提高统筹层次，加快实现医保关系转移接续和医疗费用异地就医结算。全面推进基本医疗费用即时结算，改革付费方式。积极发展商业健康保险，完善补充医疗保险制度。全面推行电子病历，实现与公共卫生、医疗保障、社区卫生以及相关单位之间信息呼唤，实现与居民健康档案系统的信息共享。推行就医"一卡通"，在中部六省普遍实现与医院要点的联网结算。加快发展面向农村地区的远程医疗。

（四）保障人民群众药品安全

建立和完善以国家基本药物制度为基础的药品供应保障体系。基层医疗卫生机构全面实施国家基本药物制度，其他医疗卫生机构逐步实现全面配备、优先使用基本药物。建立基本药物目录动态调整机制，完善价格形成机制和动态调整机制。不断提高基本药物实际报销水平。加强药品生产管理，整顿药品流通秩序，规范药品集中采购和医疗机构合理用药。着力建立长效机制，实现国家基本药物制度在基层全覆盖。率先在中部地区所有政府办基层医疗卫生机构实施国家基本药物制度，实行零差率销售。建立规范基本药物采购机制，重新构建基层药品供应保障体系。实行以省为单位、量价挂钩、招采合一、双信封制等新的招标采购制度，保障基层药品安全有效、价格合理和供应及时。

（五）加强人口和计划生育工作

稳定低生育水平，稳定和完善现行生育政策。完善农村计划生育家庭奖励扶助、少生快富工程和计划生育家庭特别扶助等"三项制度"。努力提高出生人口素质，综合治理出生人口性别比偏高问题。加强流动人口的服务和管理，引导人口合理布局。

三、繁荣文化、旅游和体育事业

（一）大力发展文化事业和文化产业

坚持社会主义先进文化发展方向，以建设社会主义核心价值体系为根本，以满足人民群众的精神文化需求为出发点和落脚点，推动公益性文化事业全面繁荣和经营性文化产业快速发展，不断提升文化软实力，满足人民群众不断增长的精神文化需求，为经济社会发展提供强大精神动力。

1. 加快完善公共文化服务体系。实施基础文化设施覆盖工程，支持省辖市图书馆、文化馆、博物馆和文物大县博物馆等公共文化设施建设。按照公益性、基本性、均等性、便利性的要求，以农村和基层为重点，统筹推进广播电视村村通、文化信息资源共享工程等重点文化惠民工程建设和国家级重大文化设施、地市级文化场馆等公共文化服务网络建设。健全财政对公益性文化活动的自主政策，着力丰富文化活动内容，增强文化单位服务能力。进一步推动公共博物馆、纪念馆、美术馆、文化馆、图书馆、青少年宫、科技馆以及基层文化活动中心向社会免费开放。鼓励扶持少数民族文化产品创作生产。注重满足残疾人等特殊人群的公共文化服务需求。建立健全公共文化服务体系。继续实施文化惠民工程。改善农村文化基础设施，支持老少边穷地区建设和改造文化服务网络。完善城市社区文化设施，促进基层文化资源整合和综合利用。广泛开展群众性文化活动。加强重要新闻媒体建设，重视互联网等新兴媒体建设、运用、管理，把握正确舆论导向，提高传播能力。

2. 切实加大文化遗产保护力度。推进重点文物和历史文化名城名镇名村保护，加强基本建设中的抢救性考古挖掘，逐步推动文物由抢救性保护向预防性保护转变。积极利用现代科技手段丰富自然和文化遗产的保护、展示，探索拓展文化和自然遗产传承利用途径，促进遗产资源在与产业和市场的结合中实现有效保护和可持续发展，鼓励发展依托遗产资源的旅游及相关产业。加快培育中部地区文化品牌。建设一批主题文化基地和国家大遗址保护公园（博物馆）。

3. 创新文化内容形式。适应群众文化需求新变化新要求，创新文化内容形式弘扬主旋律，提倡多样化，使精神文化产品和社会文化生活更加丰富多彩。立足当代中国实践，传承优秀民族文化，借鉴世界文明成果，反映人民主体地位和现实生活，创作生产更多思想深刻、艺术精湛、群众喜闻乐见的文化精品，扶持体现民族特色和国家水准的重大文化项目，研究设立国家艺术基金，提高文化产品质量。加快推进公益性文化事业单位改革，探索建立事业单位法人治理结构，创新公共文化服务运行机制。

4. 营造良好的社会文化环境。保护青少年身心健康，为青少年营造健康成长的空间。加强青少年文化活动场所建设，创造出更多青少年喜闻乐见、益智益德的文化作品，广泛开展面向青少年的各类文化体育活动。积极倡导企业文化建设,深化文明城市创建活动,推进农村乡风文明建设。切实加强文化市场监管,有效遏制违法有害信息传播。综合运用经济、教育、法律、行政、舆论手段,引导人们知荣辱、讲正气、尽义务,形成扶正祛邪、惩恶扬善的社会风气。

5. 推动文化产业大发展。全面实施文化产业振兴规划,把文化产业培育成为中部地区经济发展方式转变的支柱性产业,增强文化产业整体实力和竞争力。实施重大文化产业项目带动战略,打造全国重要的文化产业基地。鼓励和引导非公有制资本进入文化产业,建立健全文化产业投融资体系,形成以公有制为主体、多种所有制共同发展的产业格局。实施重大项目带动战略,在湖南、河南、山西等文化产业发展较好的省份加快组织实施一批成熟度高、成长性好、具有先导性的重大工程和重点项目,支持文化产业公共服务平台建设,加强区域性特色文化产业群建设。推进文化产业结构调整,大力发展文化创意、影视制作、出版发行、印刷复制、演艺娱乐、数字内容和动漫等重点文化产业,培育骨干企业,扶持中小企业,鼓励文化企业跨地域、跨行业、跨所有制经营和重组,提高文化产业规模化、集约化、专业化水平。推进文化产业转型升级,推进文化科技创新,研发制定文化产业技术标准,提高技术装备水平,改造提升传统产业,培育发展新兴文化产业。加快中小城市影院建设。鼓励和支持非公有制经济以多种形式进入文化产业领域,逐步形成以公有制为主体、多种所有制共同发展的产业格局。

(二)加快发展旅游业

充分挖掘中部地区自然的、文化的以及民族特色的旅游资源,把旅游业培育成中部地区支柱产业。

1. 加快区域旅游产品结构和布局调整。加强旅游资源整合,促进各类旅游产品融合发展,延长旅游产业服务链。推动旅游业特色化发展和旅游产品多样化发展,全面推动生态旅游,深度开发文化旅游,大力发展红色旅游。高起点建设以名山、名湖、名城为重点的精品旅游区,推进重点景区整体开发。依托国家级文化、自然遗产地,打造有代表性的精品景区。加快建设一批资源品味好、具有开发条件的新景区。开发适合大众旅游需求的度假休闲产品、乡村旅游产品和专项旅游产品。

2. 建立和完善区域旅游合作机制。进一步优化整合各类旅游资源,着力打造一批具有中部特色的旅游品牌。整合开发一批旅游精品线路,加强国内外旅游客源市场开发力度,扩大旅游开放领域和层次,共同推进无障碍旅游的发展。加快发展旅游电子商务,提高旅游业信息化水平。完善旅游服务体系,加强行业自律和诚信建设,提高旅游服务质量。

3. 加强旅游基础设施建设。坚持旅游资源保护和开发并重,加强旅游基础设施建设,推进重点旅游区、旅游线路建设。改善重点景区基础设施条件,进一步强化旅游景区生态环境保护,完善"行、游、住、食、购、娱"等配套体系,增强旅游接待能力。加强重点旅游城市的旅游公共服务体系建设,推进区域旅游目的地系统建设,提升旅游信息化水平。

4. 进一步丰富旅游产品体系。全面发展国内旅游,积极发展入境旅游,有序发展出境旅游。加快发展红色旅游,积极发展观光休闲度假旅游和文化旅游,引导乡村旅游发展,努力发展适合老年人的旅游产品,规范发展高尔夫球场、大型主题公园等。挖掘整合旅游资源,推动文化旅游融合发展,重点培育文化体验游、休闲度假游、保健康复游等特色产品,建设一批重点旅游景区和精品旅游线路,建成全国一流的旅游目的地。

(三)发展体育服务和体育产业

以增强人民体质、提高身体素质和生活质量为目标,促进群众体育、竞技体育和体育产业协调发展。

1. 大力发展公共体育事业。广泛开展全民健身运动,提升广大群众特别是青少年的体育健身意识和健康水平。加强中部地区城乡社区公共体育设施建设,加快构建体育基本公共服务体系。继续实施农民体育健身工程。优化竞技体育项目结构,提高竞技体育综合实力。提高体育资源配置整体效益,促进竞技体育设施与群众体育设施、学校体育资源与设施体育资源共建共享。

2. 推进体育产业发展。拓宽体育消费领域,发展健身休闲体育,开发体育竞赛和表演市场,发展体育用品、体育中介和场馆运营等服务,促进体育事业和体育产业协调发展。创建一批充满活力的体育产业基地,培育一批有竞争力的体育骨干企业,打造一批具有较强影响力的体育产品品牌。不断完善多种所有制并存,各种经济成分竞相参与、共同兴办体育产业的格局。优化体育产业结构,提高体育服务业比重,加快区域体育产业协调发展。

四、千方百计扩大就业

根据第六次全国人口普查数据,至 2013 年后,我国的劳动力资源会逐步下降,中部地区劳动年龄人口比例也将下滑。但是即便如此,"十二五"期间,中部地区仍将新增 1000—1500 万适龄劳动力,扩大中部地区就业任重道远。解决中部地区就业问题最根本的出路是加快经济发展,只有保持 GDP 平稳较快增长,才能确保失业率维持在较低水平。

(一)推进产业结构升级与扶持就业创业相协调

坚持促进产业发展和扩大就业相结合,拓宽就业渠道,增加就业岗位。在促进中部地区崛起过程中,既要注重发展资本技术和知识密集型产业,又要积极支持发展劳动密集型产业,大力发展第三产业,构建多元化多层次的产业结构体系。以加工贸易梯度转移重点承接地为重点,积极承接东部地区加工贸易产业转移,完善鼓励发展轻工、纺织、制鞋等中部地区具有比较优势的劳动密集型产业的政策,在加快发展方式转变和结构调整中形成新的经济增长点和竞争优势,创造更多就业机会。加强市、县、乡三级公共就业服务体系建设,建设中部人力资源开发交流服务平台。进一步宽松创业和投资环境,完善落实市场准入、场地安排、税费减免、小额担保贷款、免费就业服务和职业培训补贴等扶持政策。加大对大学生、返乡农民工等创业扶持力度，建设创业培训服务示范基地，以创业带动就业。

（二）保护和提高中小企业、服务业吸纳就业的能力

1. 培育和壮大吸纳就业主要渠道的中小企业实力。中部地区与东部地区的差距，短板就在中小企业和民营经济。要大力发展劳动密集型产业、服务业和小型微型企业，落实鼓励中部地区中小企业发展的各项扶持政策，加强融资和担保服务。建立健全中小企业服务体系，为企业发展提供政策、信息、技术咨询等专项服务，着力帮助企业解决生产经营中的突出问题，切实发挥中小企业吸纳就业的主体作用。要大力支持民营经济发展，放宽投资领域，落实促进政策，拓展发展空间，发挥吸纳就业主渠道作用。

2. 充分发挥服务业吸纳就业的优势。大力发展具有增长潜力的社会管理、公共服务、生产服务、生活服务、救助服务等服务业新领域和新门路，重点开发养老服务、医护服务、残疾人居家服务、物业服务、廉租房配套服务等社区服务岗位，引导和支持动漫、创意、租赁、家政和农业技术推广、农用生产资料连锁经营等服务业发展。充分利用新建产业开发区、工业园区、产业集群等的配套服务扩大就业。着力突破制约服务业发展的体制障碍，放宽服务业准入，加大政策支持力度，使服务业在扩大就业中发挥更大作用。

3. 发挥好政府投资和重大建设项目带动就业的作用。在安排政府投资和重大建设项目时，要把就业岗位增加和人力资源配置作为其重要内容。项目实施方案中，要明确扩大就业的具体安排，积极吸纳高校毕业生、失业人员和农民工等群体就业，并按规定落实相关就业扶持政策。项目开工建设时，同步启动对从业人员的职业技能培训。在国家公共基础设施建设中，尽可能吸纳农村劳动者就地就近就业。鼓励农林水利、国土整治、生态环保等工程建设实行以工代赈。

（三）切实做好重点人群的就业工作

1. 把大学生就业放在就业工作的首位。积极拓宽就业渠道，完善落实各项扶持政策，鼓励高校毕业生到城乡基层、非公有制企业和中小企业就业，鼓励自主创业，鼓励骨干企业吸纳和稳定高校毕业生就业。组织开展高校毕业生就业服务系列活动，以未就业特别是家庭困难的高校毕业生为重点，强化就业指导，提供就业信息，加强就业服务的针对性、有效性。

2. 切实做好农民工就业工作。组织开展"春风行动"系列活动，重点做好对农民工的就业服务和职业培训，根据就业市场的需求，充实培训内容，采取长短班、送教上门等多种形式和手段，突出培训的针对性、实用性和有效性，提高培训质量和培训后的就业率。组织农村应届初高中毕业生参加劳动预备制培训，加强技能劳动者储备。加强农村职业教育和农村劳动力就业能力培训，培育一批掌握一定技能的村镇建筑工匠、基层技术人员和农村基础设施管理、养护、维修人员等专业人才。

3. 强化对就业困难人员的就业援助。化对就业困难人员、零就业家庭以及关停企业失业人员的就业援助，集中开展上门服务和"一对一"的援助服务，开发更多的公益性岗位。四是健全公共就业服务体系，培育和完善统一开放、竞争有序的人力资源市场。不断提高县、乡镇（街道）、社区基层公共就业服务能力，发挥公共就业服务的示范、指导作用。扩大就业专项资金补助范围，允许用于创业服务补贴、困难企业社会保险补贴以及在岗职工培训补贴。切实落实鼓励企业吸纳就业困难人员的社会保险补贴政策。延续鼓励企业吸纳下岗失业人员的税收扶持政策。

五、提高社会保障水平

坚持以人为本、服务为先，提高政府保障能力，建立健全基本公共服务体系，逐步缩小城乡区域间基本公共服务差距，促进民生改善，实现和谐发展。

（一）健全社会保障体系

根据中部地区现阶段经济社会发展水平，以保障人民群众基本生活和基本医疗需求为重点，进一步完善城镇基本养老和基本医疗、失业、工伤、生育保险制度，认真解决农民工和被征地农民的社会保障问题，研究探索并积极稳妥地推进农村社会养老保险工作，加快推进覆盖城乡居民的社会保障体系建设，稳步提高保障水平。

一是要统一城镇个体工商户和灵活就业人员纳入城镇基本养老保险覆盖范围；逐步做实基本养老保险个人账户，改革基本养老金计发办法，建立基本养老金正常调整机制，缩小企业退休人员养老金水平与机关事业单位退休人员退休费水平的差距，鼓励有条件的企业建立企业年金，初步形成基本养老保险、企业年金和个人储蓄养老保险相结合的多层次养老保险体系。

二是不断完善城镇基本医疗保险政策和管理，加快城镇医疗救助制度建设，规范补充医疗保险，构建以基本医疗保障为主题，以保障大病风险为重点，兼顾多层次需求的医疗保障体系，逐步扩大基本医疗保障覆盖范围。

三是要实现新型农村社会养老保险制度和农村低保全覆盖，做好城镇职工基本养老保险关系转移接续工作，推进社会养老服务体系建设，逐步推进城乡养老保障制度有效衔接。

四是进一步完善失业保险金申领办法，结合失业人员求职和参加职业培训的情况完善申领条件，建立失业保险与促进就业联动机制，扩大失业保险基金支出范围，加大对预防失业和促进就业的投入力度。

五是进一步完善工伤保险政策和标准体系，继续推动各类企业、有雇工的个体工商户参加工伤保险，组织实施失业单位、社会团体和民办非企业单位参加工伤保险，完善工伤认定制度和劳动能力鉴定制度，积极探索工伤补偿与工伤预防、工伤康复相结合的有效途径，建立起预防工伤事故的有效机制。

六是进一步扩大生育保险覆盖范围，建立健全生育保险医疗服务管理体系和费用结算办法。建立健全城乡救助体系,将城市低保对象、农村灾民、特困人口和五保供养对象纳入救助范围。

七是采取适合不同群体特点和需求的方式,着力推进被征地农民社会保险工作,优先解决农民工工伤保险和大病医疗保险问题,推进失业保险省级统筹,积极试点人员流动社会保险关系接续,建立健全城乡困难群体、特殊群体、优抚群体的社会保障机制。

(二)逐步提高社会保障水平

"十二五"时期,中部地区各级政府应当加大财政支持力度,并积极争取国家财政更多支持,建立健全城乡救助体系,合理确定城乡低保标准和补助水平。要逐步提高社会保障支出占地区生产总值和财政支出的比例,在促进就业和社会保障制度等方面实行财税、信贷等优惠政策。规范征收流程,强化征收管理,实现各项社会保险费依法统一征收,建立征收激励机制,做到社会保险费应收尽收。建立健全社会保险基金预决算制度,积极探索开辟新的渠道筹措社会保障资金,建立规范的社会保障资金筹集和支出制度,形成稳定的资金来源。妥善解决困难群众医疗保险费用来源问题,将困难企业职工、关闭破产企业退休人员、城镇居民中的困难家庭纳入医疗保障体系。进一步提高全社会对社会保险工作的认识,增强企业和职工的缴费意识。

(三)加强社会救助体系建设

完善城乡最低生活保障制度,规范管理,分类施保,实现应保尽保。健全低保标准动态调整机制,合理提高低保标准和补助水平。加强城乡低保与最低工资、失业保险和扶贫开发等政策的衔接。提高农村五保供养水平。做好自然灾害救助工作。完善临时救助制度,保障低保边缘群体的基本生活。以扶老、助残、救孤、济困为重点,逐步拓展社会福利的保障范围,推动社会福利由补缺型向适度普惠型转变,逐步提高国民福利水平。坚持家庭、社区和福利机构相结合,逐步健全社会福利服务体系,推动社会福利服务社会化。加强残疾人、孤儿福利服务。加强优抚安置工作。加快发展慈善事业，增强全社会慈善意识，积极培育慈善组织，落实并完善公益性捐赠的税收优惠政策。全面落实农村五保供养资金，确保五保供养水平达到当地村民平均生活水平。逐步开展城市低收入家庭认定工作，积极推动医疗救助、住房救助以及教育救助覆盖全部低收入家庭。

第十四章 加强资源节约和环境保护，提高可持续发展能力

　　"十一五"时期，中部地区整体环境质量稳中向好，生态恶化趋势得到初步遏制，部分环境指标开始转好，扭转了 20 世纪 90 年代以来"局部好转、整体恶化"的下滑态势。与一些发达国家在相同发展阶段相比，中部地区环境保护和生态建设成效显著，在工业化、城镇化初中期就已初步遏制住环境质量不断恶化的不良情况。中部各省通过积极转变过去粗放型发展方式，探索走高效集约内涵式发展道路，稳步调整优化现有的产业结构，在利用高新技术推动传统产业优化升级的同时，大力发展循环经济，积极推广利用新技术、新工艺、新设备和新材料建设低能耗、无污染和能循环的经济项目，推进节能减排和淘汰落后产能工作，提高资源的利用效率，加快培育战略性新兴产业，逐步减低了"两高一资"产业在国民生产总值中的比重。同时，中部地区节能减排取得显著成效显著，污染整治和环境保护力度不断加大，低碳经济快速发展。然而，由于中部地区经济发展水平偏低，环境治理投入较少，资源节约型和环境友好型产业发展不足，产业结构层次不高、资源消耗和能源消耗水平较高，发展理念、体制机制、产业结构、管理方式、能力建设等需要进一步完善。生态建设需要进一步加强。一是矿产开发对生态环境的破坏仍在持续。矿产资源开发在中部经济发展中占有重要的地位。由于矿产资源开采规模不断扩大，土地复垦和生态回复率低，造成的土地破坏面积也不断增大。矿区资源开发对生态环境的影响主要体现在占用和破坏土地、造成水土流失、污染环境、形成地质灾害。二是湖泊湿地持续退化。新中国成立以来，长江中下

游地区有1000多个湖泊被围垦,围垦总面积超过了鄱阳湖、洞庭湖、太湖、洪泽湖和巢湖五大淡水湖总面积的1.3倍,蓄水容积减少了500亿立方米。同时,对生物资源过度利用,导致重要的天然经济鱼类资源受到很大的破坏,严重影响着湿地的生态平衡,威胁其他水生生物的安全,加之对湿地水资源的不合理利用,使得一些地区湿地退化严重,超采地下水、水利工程的修建,导致湿地水文发生变化,湿地不断萎缩甚至消失。三是地质灾害多发频发。中部地区山地、丘陵地貌占比很大,地质构造复杂,地质环境脆弱,地质灾害不仅数量多,而且灾种全,其中崩塌、滑坡、泥石流等浅表生地质灾害异常突出。如,2006~2009年间,湖南省共发生较大规模或灾害损失较严重的滑坡地质灾害1124处,仅次于四川、云南、贵州等省,而大大高于我国北部、东部和南部沿海地区。

环境问题绝不是简单的污染防治问题,其本质是发展方式问题、经济结构问题和消费方式问题。环境问题在发展中产生,也只能靠发展来解决。"十二五"时期,中部地区要认真贯彻落实科学发展观,把降低能源消耗强度与控制能源消费总量相结合,形成加快转变经济发展方式的倒逼机制;把落实责任、加强法制、加大投入、完善政策相结合,形成有效的激励和约束机制;把调整优化产业结构、推动技术进步和重点工程、加强监督管理相结合,大幅度提高资源利用效率、减少污染物排放。加快构建以企业为主体、政府为主导、市场有效驱动、全社会共同参与,适应社会主义市场经济体制要求的资源节约和环境保护长效机制。

一、统筹安排经济活动布局,
实现人与自然协调发展

由于人口基数大,中部地区人均资源占有量不足,且分布不均,不适宜对整个空间都进行大规模高强度工业化城镇化开发。"十二五"期间,要全面落实主体功能区规划,根据资源环境承载能力、现有开发密度和发展潜力,统筹考虑未来人口分布、经济分布、国土利用和城镇化格局,建设资源节约型、环境友好型社会,促进人口、经济和资源环境协调发展。

(一)研究确定不同区域环境承载力

区域环境承载力是指在一定的时期和一定的区域范围内,在维持区域环境系统结构不发生质的改变,区域环境功能不朝恶性方向转变的条件下,区域环境系统所能承受的人类各种社会经济活动的能力。区域环境承载力是区域环境系统结构与区域社会经济活动的适宜程度的一种表现。要充分发挥专业研究机构的优势,研究分析六省不同区域能源、土地、水、矿产等资源供给和需求,确定环境承载力,作为控制空间开发强度的基础工作和重要依据。

(二)根据环境承载力合理确定区域开发密度

根据主体功能区规划的要求,中部六省要研究制定省一级主体功能区规划,划定不同区域的开发强度。将适宜大规模高强度工业化城市化开发的国土空间确定为优化开发或重点开发的城市化地区,让这些地区集聚六省主要的经济活动和大部分人口,为农产品和生态产品的生产腾出更多空间。把不适宜大规模高强度工业化城市化开发的国土空间确定为限制开发或禁止开发的重点生态功能区,使其成为主要提供生态产品,保障生态安全的生态空间。

(三)严格按照主体功能区划分执行空间管制

各类主体功能区,只是主体功能不同,开发方式不同,保护的内容不同,发展的首要任务不同,国家支持的重点不同。对城市化地区,主要支持其集聚经济和人口,对农产品主产区,主要支持农业综合生产能力建设,对重点生态功能区,主要支持生态环境保护和修复。要严格控制重点生态功能区和各级各类自然文化资源保护区域开发强度。同时,在划定范围时要区别对待,对重点生态功能区,要坚持把发展作为解决所有问题的关键,实行点上开发,面上保护,以一些中心城市和县城作为工业化城市化重点,以承担发展经济和提供区域内公共服务的功能;对自然保护区等生态非常脆弱的地区,要切实加大对自然和生态的保护力度,适度发展生态旅游等产业。

(四)对重点生态功能区和自然文化资源保护区域进行补偿

加强对不进行大规模工业化城镇化建设地区的支持,实施财政转移支付和生态补偿政策,满足保护生态环境所突出的成本,补偿发展机会成本,使其和其他地区同样享有基本公共服务,实现不开发的发展,不开发的富裕。在财政政策方面,要提出明确的达到均等化程度的时限,并随财政收入的提高逐步加大力度,要落实对农产品主产区的均衡性财政转移资金,整合现行生态环境保护方面的支出,向重点生态功能区倾斜。在投资政策方面,要实施国家重点生态功能区保护修复工程,统筹解决若干个国家重点生态功能区民生改善、区域发展和生态保护问题,根据规划和建设项目的实施时序,按年度安排投资数额。优先启动中西部地区国家重点生态功能区保护修复工程。在产业政策方面,对不同类型的主体功能区实行不同的鼓励、限制、禁止目录,原来不加区别都鼓励的项目,今后对优化开发区域和限制开发区域将列入限制目录,有些属于允许的项目,在优化或限制区实行限制等。重大项目特别是依托国内资源的项目优先在中西部的重点区布局。在绩效评价方面,建立健全符合科学发展观并有利于推进形成主体功能区的绩效考核评价体系。

二、大力推进节能减排,增强可持续发展能力

中部地区要坚持走生产发展、生活富裕、生态良好的文明发展道路,积极发展循环经济和低碳经济,减轻资源环境承载压力,推进经济社会发展与资源节约、环境保护相互协调、相互促进。

（一）提高资源节约集约利用水平

1. 合理开发利用土地资源。坚持最严格的耕地保护制度，划定永久基本农田，建立保护补偿机制，从严控制各类建设占用耕地，落实耕地占补平衡，实行先补后占，确保耕地保有量不减少。实行最严格的节约用地制度，从严控制建设用地总规模。按照节约集约和总量控制的原则，合理确定新增建设用地规模、结构、时序。提高土地保有成本，盘活存量建设用地，加大闲置土地清理处置力度，鼓励深度开发利用地上地下空间。强化土地利用总体规划和年度计划管控，严格用途管制，健全节约土地标准，加强用地节地责任和考核。单位国内生产总值建设用地下降30%。

2. 提高水资源利用综合效益。实行最严格的水资源管理制度，加强用水总量控制与定额管理，严格水资源保护，加强水权制度建设，建设节水型社会。加强地表水、地下水和云水资源开发利用的区域性协调。全面实施用水总量控制与定额管理相结合的用水管理制度。强化水资源有偿使用，推进农业节水增效，大力实施农业节水工程，建立健全工农业用水水权转换机制。加强城市节约用水，加快城市供水管网改造，推广中水利用，加强供水和公共用水管理，全面推广节水用具。提高工业用水效率，促进重点用水行业节水技术改造，重点抓好火力发电、石油化工、钢铁、纺织、造纸、食品等高耗水行业节水。推进农业节水增效，推广普及管道输水、膜下滴灌等高效节水灌溉技术，支持旱作农业示范基地建设。在保障灌溉面积、灌溉保证率和农民利益的前提下，建立健全工农业用水水权转换机制。加强水量水质监测能力建设。实施地下水监测工程，严格控制地下水开采。大力推进再生水、矿井水利用。

3. 提升矿产资源综合利用水平。加强重要优势矿产保护和开采管理，完善矿产资源有偿使用制度，严格执行矿产资源规划分区管理制度，促进矿业权合理设置和勘查开发布局优化。实行矿山最低开采规模标准，推进规模化开采。发展绿色矿业，强化矿产资源节约与综合利用，提高矿产资源开采回采率、选矿回收率和综合利用率，减少储量消耗和矿山废弃物排放。加强有色金属、贵金属等共伴生矿产的综合开发利用，合理开发利用与铁矿伴生的铌、稀土、钒、钛等资源。推进矿山地质环境恢复治理和矿区土地复垦，完善矿山环境恢复治理保证金制度。加强矿产资源和地质环境保护执法监察，坚决制止乱挖滥采。加强矿山固体废弃物、尾矿资源和废水利用，推广煤矸石发电和建筑材料生产等技术和工艺，拓展金属和非金属矿山固体废弃物的综合利用领域，提高矿山废水的循环利用效率和铁、铜、铝等废旧金属的回收利用水平。

（二）大力发展循环经济和低碳经济

提高资源能源的产出效率。按照减量化、再利用、资源化的原则，减量化优先，以提高资源产出效率为目标，推进生产、流通、消费各缓解循环经济发展，加快构建覆盖全社会的资源循环利用体系。

1. 大力开展节能降耗工作。要进一步完善节能减排管理体制机制，强化能源资源节约和高效利用，开展先进节能技术开发、示范和推广。要抑制高耗能产业过快增长，完善淘汰落后产能考评机制与激励机制，加快淘汰钢铁、水泥、造纸等行业落后产能，加大依法实施节能管理力度。加快实施重点节能改造工程、节能产品惠民工程、合同能源管理推广工程、重点行业低碳技术创新和产业化示范工程，支持中部地区进一步节能减排，突出抓好工业、建筑、交通、公共机构等领域节能。支持有条件的工业企业设立能源管理中心。健全节能市场化机制，推广先进节能技术和产品，加强节能能力建设。开展万家企业节能行动，深入推进节能减排全民行动。

2. 推行循环型生产方式。加快实施《山西省循环经济发展总体规划》和《河南省循环经济试点实施方案》。加快推行清洁生产，在农业、工业、建筑、商贸服务等重点领域推进清洁生产示范，在中部地区实施再制造产业发展、餐厨废弃物资源化利用和无害化处理工程，从源头和全过程控制污染物产生和排放，降低资源消耗。实施中部地区"城市矿产"示范基地工程，加强共伴生矿产及尾矿综合利用，提高资源综合利用水平。推进大宗工业固体废物和建设、道路废弃物以及农林废物资源化利用。按照循环经济要求规划、建设和改造各类产业园区,实现土地集约利用、废物交换利用、能量梯级利用、废水循环利用和污染物集中处理。推动产业循环式组合,构筑链接循环的产业体系。

3. 积极发展低碳经济。大力推进产业结构和能源结构的调整,加快发展新能源等低碳产业,推动传统高碳产业的低碳化改造,构建资源节约和环境友好的产业体系,切实降低能源资源消耗。推广先进适用的清洁生产技术。大力发展低碳经济,引导建立低碳生活方式,努力实现向低碳社会转型。积极推进湖北省国家低碳省区试点和江西南昌国家低碳城市试点工作,指导编制低碳发展规划。积极开发清洁发展机制项目。开发和推广低碳技术,不断提高非化石能源比重,控制温室气体排放。

4. 健全资源循环利用回收体系。完善再生资源回收体系,加快建设城市社区和乡村回收站点、分拣中心、集散市场"三位一体"的回收网络,推进再生资源规模化利用。三是推广绿色消费模式。倡导文明、节约、绿色、低碳消费理念,推动形成与我国国情相适应的绿色生活方式和消费模式。四要强化政策和技术支撑。加强规划指导、财政金融等政策支持。推广循环经济典型模式。组织实施循环经济"千百千示范"行动。

三、加大环境保护力度,加强生态恢复与建设

(一)全面加强环境污染防治

要以解决饮用水不安全和空气、土壤污染等损害群众健康的突出环境问题为重点,加强综合治理,明显改善环境质量。要强化污染物减排和治理,实施主要污染物排放总量控制。实行严格的饮用水水源地保护制度,提高集中式饮用水水源地水质达标率。抓紧制定淮河、巢湖、三峡库区及上游"十二五"水污染防治规划,继续推进重点流域和区域水污染防治,严格执行水功能区管理,实施工业点源、农业面源和危险废物污染防治项目。推动湘江流域重金属污染治理、尾矿库隐患治理和铬渣污染综

合整治。推进山西、湖北、湖南排污权有偿使用和交易试点。推进重点行业二氧化硫和氮氧化物治理,强化脱硫脱硝设施稳定运行,加大机动车尾气治理力度。按照《清洁生产促进法》的要求,鼓励工业企业在稳定达标排放的基础上进行深度治理。加快城镇污水处理厂及配套管网建设和改造步伐,推进再生水利用,逐步推行排污权有偿使用和交易制度。加快大气污染治理,加大重点城市大气污染防治力度,推进重点企业二氧化硫、氮氧化物、烟尘和粉尘的多污染物协同污染防治。建立武汉城市圈和长株潭城市群的区域大气污染联防联控机制,研究制定区域大气污染联合防治方案。加强工业固体废物和城镇生活垃圾无害化处理设施及收运体系建设。加快危险废物和医疗废物集中处置设施建设。加强重金属污染防治。推进中部地区畜禽标准化养殖,减少污水和粪便流失,妥善处理废弃物。推广池塘循环水养殖技术,逐步减少鄱阳湖、洞庭湖等重点湖区围网养殖;发展生态养殖,逐步减少甚至不投饵料,保护水质。同时,要积极防范环境风险,加强重金属污染综合治理。加大持久性有机物、危险废物、危险化学品污染防治力度,开展受污染场地、土壤、水体等污染治理与修复试点示范。

(二)积极开展湿地恢复与保护

中部地区湿地资源丰富,洞庭湖、鄱阳湖、洪湖、梁子湖等地区分布大面积湿地。长期以来,中部地区湿地这一生态资源过度利用,造成湿地面积退化严重,生态效益不断降低。要高度重视,切实加强湿地保护。

一是对于黄河中下游如山西、河南等省湿地,重点加强黄河干流水资源的管理及中游地区的湿地保护,利用南水北调工程开展湿地恢复示范,加强区域湿地水资源保护和合理利用,缓解该地区农业及城市饮用水资源日益进展的状况。

二是对于长江中下游如安徽、江西、湖北、湖南等省湿地,通过退田还林、还湖、还泽、还滩、还草及水土保持等措施,改善湿地生态环境状况,充分发挥湿地调蓄洪水和保护生物多样性的生态功能。建立湿地保护和合理利用模式。在水质污染严重的湖泊开展污染防治和生态环境的治理，使之逐步恢复原有的生态环境质量。全面评估湖南省东洞庭湖湿地、南洞庭湖湿地、汉寿西洞庭湖湿地、江西省鄱阳湖湿地、湖北省洪湖湿地等国际重要湿地保护状况，加强保护区建设，尤其是具有国际重要意义的水禽栖息地建设。

三是积极开展湿地保护工程、湿地恢复工程和可持续利用示范工程。对目前湿地生态环境保持较好、人为干扰不严重的湿地，建立自然保护区，以保护为主，以避免生态进一步恶化。对生态恶化、湿地面积和生态功能严重丧失的重要湿地，实施生态补水和污染控制工程，开展生态恢复和综合整治工程，进行生态修复。探索建立不同类型湿地开发和合理利用成功模式，实现可持续利用。

（三）加大水土流失治理力度

近年来，随着中部地区人口增长和经济快速发展，开发建设项目激增，对地表扰动程度加剧，造成水土流失。其中，山西省是中部地区水土流失最为严重的省份，也是我国水土流失面积大、分布广、危害最严重的地区之一。同时，安徽省皖河上游、大别山区北部五大水库上游区和新安江中上游山丘区，江西省东部和南部，河南省西部黄土丘陵沟壑区，湖北省三峡库区和丹江口库区，湖南省西北部和西部山区，水土流失现象较为严重。要认真预防和治理水土流失，改善农业生产条件和生态环境。

一是搞好重点工程建设，提高水土保持工作的质量和效益。扎实推进长江、黄河水土保持生态工程、国债水土保持项目、农业综合开发水土保持项目等国家重点项目建设，切实抓好国家坡耕地水土流失综合治理，同步搞好地方重点水土保持项目建设。实施退耕还林、退牧还草工程，逐步提高植被覆盖率。

二是实施最严格的水土保持监督监测制度，推进水土流失防治由事后治理向事前防护转变。建立布局合理、覆盖六省的水土保持监测网络，对水土流失状况实施及时、准确、持续的监测,形成标准统一、定量准确、技术先进、时效性强的水土保持监测系统。建立并完善六省水土流失本底库和动态数据库。加大监督执法力度,重点对黄河中游晋陕蒙接壤区煤炭开发区、黄河中游豫晋有色金属开发区、长江三峡库区、丹江口库区等水土保持开展督察,严厉查处各类违法违规行为,依法遏制人为水土流失和生态破坏。

三是攻克水土保持关键技术难题为重点,为水土保持提供支撑。积极开展中部水土流失较严重地区的模型建设等重大技术研究,强化科技培训,加快成果转化,进一步提升水土保持科研的创新能力。进一步完善淤地坝建设、水土保持监理等标准规范,加强项目规划、设计、储备等前期工作,为水土保持生态建设与保护提供有力支撑。

四是建立健全水土保持生态补偿机制,不断增强水土保持发展的内生动力。以煤炭、石油、天然气和水电等开发项目为重点,加快建立完善符合本地实际的水土流失补偿费征收办法,并逐步扩大筹集水土保持效益补偿资金的渠道,可以尝试从城镇土地出让金等收入中提取部分资金用于水土保持。进一步创新水土保持工程建管机制,不断完善政府引导、群众参与的组织模式,探索更加符合实际的工程招投标和施工组织形式,有效解决水土保持工程建设“投工难”的问题,努力形成水保为社会、社会办水保的局面。

(四)推进矿区生态恢复与治理

以促进资源枯竭型城市发展为依托,以清洁生产为突破口,有效控制矿产开采导致的地面沉陷、地下水污染、固体废弃物堆积、瓦斯大量排放等生态和环境问题。实施矿区水土流失治理工程,采取工程措施、生物措施和废弃物综合利用相结合的综合举措。建设挡渣墙、拦渣坝、护坡、排水沟、鱼鳞坑等工程措施,人工造林恢复植被,治理矿区水土流失。继续完成中部地区原国有重点煤矿历史遗留的采煤沉陷区治理工作。推进劣质煤、煤矸石、共生矿和废弃物的综合利用,提高固体废弃物综合利用率,开展采矿沉陷区土地回填复垦。提高矿井水、含油废水等"三废"的资源再利用和无害化处理水平。探索建立对长期大范围开采、生态和环境破坏比较严重的老矿区的生态补偿机制,按照谁利用谁补偿、谁收益谁付费的原则,建立合理的生态补偿转移支付机制。

(五)积极开展生态补偿试点

继续搞好南水北调中线水源地等中央生态补偿试点,条件成熟时选择有代表性的跨省区流域、重要生态功能区继续开展生态补偿试点。通过建立并不断完善生态环境补偿机制,为重要生态地区的生态环境建设开辟稳定的资金来源渠道,促进重要生态地区的生态环境保护和民生改善,带动我国其他相关区域的生态环境建设。要从三个方面推进并不断完善生态环境补偿机制:一是对于受益主体不明确的,由政府出资建立生态补偿基金进行补偿。二是对于受益主体比较明确的,按照生态有价的理念,可以由受益地区向生态保护地区进行市场化、协商式的补偿,比如可以从水、电、气、旅游等相关收入中拿出一定的比例补偿生态功能区。三是推进以对口支援为主的横向生态环境补偿机制,支持发达地区帮助落后地区开展生态环境建设。

(六)防范地质灾害和环境风险

提高山洪、地质灾害防治能力,加快建立灾害调查评价体系、监测预警体系、防治体系、应急体系,加快实施搬迁避让和重点治理。加强重点时段、重点地区山洪地质灾害防治,对滑坡、泥石流等重点突发性地质灾害隐患实施监测预警和综合治理示范,开展重要城市和地区地面沉降、地裂缝等缓变性地质灾害的综合治理。加强气象灾害监测预警预报和信息发布系统建设。提高地震监测分析与震灾防御能力。加强重金属污染综合治理,以湘江流域为重点,开展重金属污染治理与修复试点示范。加大持久性有机物、危险废物、危险化学品污染防治力度,开展受污染场地、土壤、水体等污染治理与修复试点示范。强化核与辐射监管能力,确保核与辐射安全。推进历史遗留的重大环境隐患治理。加强对重大环境风险源的动态监测与风险预警及控制,提高环境与健康风险评估能力。

四、完善资源节约和环境保护体制机制

(一)完善生态环保绩效考核体系

目前,中部地区绩效评价和政绩考核主要围绕经济和财政领域,中部部分地区存在盲目追求经济增长、忽视社会发展和生态环境保护的现象。"十二五"期间,要扭转绩效评价和政绩考核与科学发展观不相符的现象,结合国家加强社会事业发展和生态环境建设的要求,针对生态功能区、贫困落后地区社会事业发展的实际情况,建立与主体功能区和基本公共服务均等化相配套的绩效评价和政绩考核制度。建立健全以社会发展和生态保护为主导的绩效考核体系和政绩考核制度,增强考核办法、考核内容和考核结果的透明度,保障舆论媒体和普通民众的参与监督权利,从绩效评价和政绩考核制度上推进区域结构优化和发展模式的转变。要继续推进主要污染物总量减排考核,探索开展环境质量监督考核。将污染物问题控制、环境质量改善、环境风险防范、重点流域水污染防治、集中式饮用水水源地保护、重金属污染防治和区域大气污染联防联控等纳入目标责任制考核范围,落实问责和责任追究。制定并实施生态文明建设指标体系和考核办法,纳入各级党委、政府及领导干部的政绩考核内容。定期发布主要污染物减排、环境质量、重点流域等考核结果。与此同时,不断完善党委领导、政府负责、环保部门统一监督管理、有关部门协调配合、全社会共同参与的环境管理体系,进一步健全环境与发展综合决策机制。把总量控制要求、环境容量、环境功能区划和环境风险评估等作为区域和产业发展的决策依据,合理调控发展规模,优化产业结构和布局。全面建立规划环境影响评价体系,依法对区域流域开发利用、重要产业发展、自然资源开发和城市建设等开展规划环境影响评价。环保重点城市试点开

展城市环境保护总体规划工作。

(二)创新环境经济政策

中部地区要深入贯彻落实科学发展观,根据建设资源节约型和环境友好型社会的要求,探索节能减排的激励约束机制,完善促进资源节约的体制机制,创新环境保护管理体制和市场机制,为全国推动科学发展、加快经济发展方式转变提供经验和示范。要深化资源性产业价格改革,完善资源税费制度,形成反映环境损害成本的价格机制。对"两高一资"企业、资源能源消耗大的行业,继续推进差别电价、水价政策,并进一步提高差别化水平。进一步完善有利于资源节约和环境保护、促进绿色生产和消费的税收政策体系。改革垃圾处理费征收方式,适度提高垃圾处理收费标准。引入市场机制,建立健全排污权有偿取得和使用制度,发展排污权交易市场,探索排污权抵押融资模式。推进绿色信贷政策,建立抑制重污染项目和鼓励清洁生产项目的信贷机制。

(三)严格环境执法监管

现有法律法规虽然规定了地方政府有权对排污企业进行监督和处罚,但处罚力度不足,企业可以预期到的违法成本远远低于其守法成本。据统计,当前六省企业环境违法成本不及环境治理成本的10%,不及危害环境代价的2%。处罚方式也仅涉及行政处罚中的罚款、责令限期改正、吊销许可证、责令关闭等几种方式,没有更严厉的刑事处罚。因此,加强环境监管,推进环境监测、预警和应急能力建设,加大环境执法力度,实行严格的环保准入,依法开展环境影响评价,强化产业转移承接的环境监管。对企业的监督和处罚措施和标准可以明确在企业的守法文件上,科学设计处罚的标准,结合民事和刑事处罚手段,提高处罚的威慑性、确定性和可执行性,同时结合监督性监测方案的设计,大大提高企业对违法成本的预期,从而督促企业严格遵守法律文件的要求。另外,由于当前中部六省环境监管机构不健全、基层执法条件差、人员经费和工作经费没有保障、监管人员专业素质参差不齐,难以保证基层环境监管的有效实施。因此,要对六省基层监管人员进行系统培训,提高环境监管人员专业素质,提供具体的监管技术规划或模版规划及简化环境监管工作。要增加环境监管设备配置,提高监管水平。

第四篇　保障篇

全国"十二五"规划纲要明确提出,中部地区要"发挥承东启西的区位优势,壮大优势产业,发展现代产业体系,巩固提升全国重要粮食生产基地、能源原材料基地、现代装备制造及高技术产业基地和综合交通运输枢纽地位。改善投资环境,有序承接东部地区和国际产业转移。提高资源利用效率和循环经济发展水平。加强大江大河大湖综合治理。进一步细化和落实中部地区比照实施振兴东北地区等老工业基地和西部大开发的有关政策。加快构建沿陇海、沿京九和沿长江中游经济带,促进人口和产业的集聚,加强与周边城市群的对接和联系。重点推进太原城市群、皖江城市带、鄱阳湖生态经济区、中原经济区、武汉城市圈、环长株潭城市群等区域发展"。为完成"十二五"期间中部崛起各项重点任务,需要调动各方面力量,建立组织体系、规划体系、政策体系相结合的"三位一体"的战略实施保障体系。

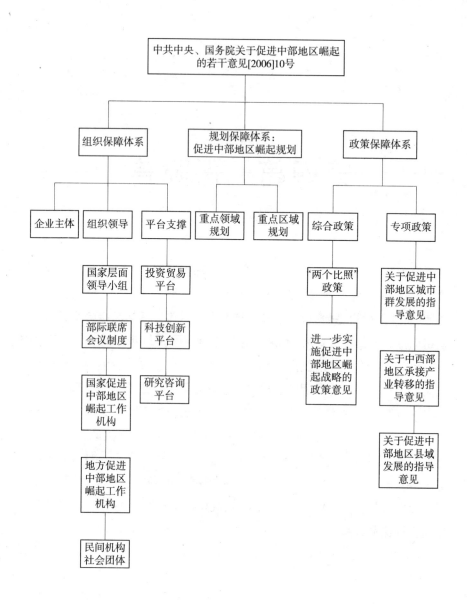

第十五章　切实发挥规划的引领作用

《促进中部地区崛起规划》在中发〔2006〕10号文件的基础上,进一步从宏观层面对中部地区"三基地、一枢纽"建设、重点地区发展、资源节约和环境保护、社会民生、改革开放等方面的目标、任务、布局等进行了全面的安排。作为促进中部地区崛起的指导性文件,《促进中部地区崛起规划》注重从宏观层面和发展方向层面对促进中部地区崛起进行战略性部署,涉及面很广。如何立足中部实际,创造性的开展工作,确保规划提出的目标、布局和重点任务落实到位,关系到促进中部地区崛起工作的进程,也是"十二五"期间促进中部地区崛起的重点工作。从国家层面讲,关键是要加强统筹、组织和协调。一是进一步明确分工,加强协调。促进中部地区崛起工作涉及许多部门,各部门要根据职能,积极推动相关工作落实。二是尽快制定实施相关专项规划,可以从重点领域和重点地区两条线索展开,通过一系列的专项规划,将《促进中部地区崛起规划》各项任务进一步细化实化。三是加强对规划实施情况的监督检查,定期对规划实施进展进行总结,及时查找实施中的新情况和问题,并积极予以协调解决。从中部六省层面讲,一方面加强本省发展目标、思路等与规划的衔接,各省要找准定位,要不断创新发展思路,主动加强与相关部门的沟通联系,推动规划任务的落实。另一方面,加强相互间的协调配合,注重发挥比较优势,共同推动基础设施建设、环保、公共服务等涉及六省共同利益的基础性工作。

一、全面落实促进中部地区崛起规划

《促进中部地区崛起规划》提出了八个方面的重点任务:加强粮食生产基地建设,加快推进农业现代化;加快推进新型工业化,巩固提升能源原材料基地地位;着力增强自主创新能力,积极推进现代装备制造及高技术产业基地建设;建设综合交通枢纽,加快构建相互衔接、互为补充、协调发展的综合交通体系;以"两纵两横"经济带和六大城市群为核心,加快重点地区发展;加强资源节约和环境保护,提高中部地区可持续发展能力;积极发展教育、卫生、文化、体育等各项社会事业,促进基本公共服务均等化;以薄弱环节为突破口,加快改革开放和体制机制创新。这八项重点工作是对今后一个时期促进中部地区崛起工作的设计,也是对中部六省发展着力点的重要指引,八项工作的完成情况很大程度上决定了促进中部地区崛起成效。因此,今后要至少在以下三方面细化、实化和加强对重点工作的落实。

(一)抓好重点任务分解落实

顺利实现促进中部地区崛起规划的各项任务和目标,需要在充分发挥市场配置基础性作用的同时,进一步强化政府的责任。2010 年,国家发展改革委印发了《促进中部地区崛起规划实施意见》,进一步明确了重点任务和实施进度。中部六省是实施《规划》的责任主体,中部六省要尽快制定具体实施方案,把任务逐级分解,抓紧研究具体的实施办法和保障措施,明确工作责任、事件进度和质量要求,强化《规划》实施的考核体系和激励机制,确保按要求实现规划目标。一是抓好重大项目落实。项目是发展的载体。规划着眼于中部地区发展全局,对农业农村重大基础设施,能源原材料和现代装备制造及高技术产业,重大基础设施、资源节约和环境保护,重大民生建设项目做出了安排。有关部门和中部六省要密切协作,加速项目落地、建设、投产、见实效。要在用活用好财政资金的基础上,应针对项目的不同类别,不同特点,积极寻求不同的解决办法,大力推进融资思路创新,确保项目的生成、落地、建设、投产、生效。要加强与中部规划确定重大项目的对接和配套,加强对重点项目的资金、土地等支持,形成以规划确定的重大项目为核心,地方项目和配套项目同步推进的项目发展模式,避免各自为政、盲目竞争和重复建设。二是要抓好公共服务领域任务的落实。规划中确定的约束性指标和公共服务领域的任务,是政府对广大人民群众的庄严承诺,事关政府的公信力和执行力,主要通过各级政府合理配置资源、加强组织协调和监督管理来实现。有关部门要根据规划要求,切实加大对中部地区公共服务领域建设资金安排的倾斜力度,切实提高中部地区财政支出水平,为加快推进基本公共服务均等化创造坚实基础。中部六省要转变观念,把提供事关民生的各项基本公共服务作为政府工作的首要任务,不折不扣地做好任务的分解工作,千方百计做好落实工作。要特别关注弱势群体,确保全体社会公众不论其城乡差异、区域差异贫富差距等均有机会享受法定基本公共服务。

(二)加强规划落实监督检查

《规划》从经济发展水平、经济发展活力、可持续发展能力和和谐社会建设四大领域提出了到 2015 年促进中部地区崛起的发展目标,以及12 项规划指标。并展望了 2020 年促进中部地区崛起发展远景,提出中部地区要全面实现小康社会建设目标,成为现代产业体系基本建立、创新能力显著增强、体制机制更加完善、区域内部发展更加协调、与东西部合作更加紧密、人与自然和谐发展、基本公共服务趋于均等化、城乡一体化发展格局基本形成、支撑全国发展的重要人口和产业承载地区。国家有关部门要根据国务院批复要求,密切跟踪分析《规划》落实情况,建立国家层面的监测和评价体系,对规划落实情况特别是规划目标完成情况委托社会中介机构进行定期评估,并将评估情况及时向社会公布,使公众全方位了解规划实施情况。同时,通过评估,及时发现规划实施中面临的新情况新问题,并采取措施予以研究解决。中部六省要定期对各市县、省直有关部门实施《规划》情况组织督查,及时总结推广好的经验做法,研究解决规划实施中出现的问题,并于每年向有关部门报送《规划》实施情况,提出进一步做好《规划》实施的意见和建议。充分发挥促进中部地区崛起工作部际联席会议制度的作用,加强国务院有关部门对落实规划情况的沟通协调,与中部六省建立重大专项工作和重大项目建设的紧密合作机制。

(三)做好和有关规划的衔接

一方面要加强《规划》与"十二五"规划纲要、主体功能区规划和其他相关规划的衔接。另一方面要加强中部六省相关规划与《规划》衔接,特别是各省发展目标、方向的设置,要以《规划》总体要求和发展目标为统领,立足自身实际,找准定位。

二、适时开展重点领域专项规划编制

《促进中部地区崛起规划》提出的重点任务为中部地区重点领域发展指明了方向。为了深入贯彻落实《促进中部地区崛起规划》,有必要结合全国"十二五"规划纲要要求,有选择性地开展分领域专项规划,细化实化《促进中部地区崛起规划》提出的各项目标任务和实施路径。

初步考虑,一是研究编制现代农业发展规划。党的十六大确立了我国新世纪前20年的奋斗目标,提出要把较低水平的小康社会建设成为更高水平的全面小康社会。全面建设小康社会的重点在农村,难点也在农村。中部地区是全国"三农"问题较为突出和集中的区域,有必要结合中部地区实际,研究制定中部地区现代农业发展规划,明确新时期中部地区现代农业的发展方向、战略任务和工作重点,加快推进农业现代化进程。二是研究制定能源原材料基地建设规划。能源原材料产业是中部地区的支柱产业。但经过长期大规模开采之后,中部地区能源矿产资源在全国的地位不断下降。以中部地区最为富集的煤炭资源为例,2009年,中部地区煤炭产量占全国的 35.6%, 比 2005 年的 41.7% 下降了 5.9 个百分点, 比最高峰期的 1993 年下降了 8.9 个百分点。安徽、河南两省已由煤炭输出省转变为煤炭输入省; 其他矿产资源也存在保证程度下降的问题, 部分优势资源濒临枯竭。如何在资源保证程度不断下降的前提下, 继续巩固和提升中部地区作为全国重要能源原材料基地的地位成为当前中部地区迫切需要解决的问题。制定能源原材料基地建设规划, 就是要在当前形势下研究提出中部地区能源原材料产业可持续发展的道路。可重点就中部地区新能源开发、资源集约利用、能源原材料产业升级和对外资源合作等进行谋划研究。三是研究制定装备制造和高技术产业基地建设规划。目前中部地区现代装备制造及高技术产业尚处于起步阶段, 总量规模偏小、产业门类缺失、结构层次较低问题非常突出, 与国家的要求很不相称。同时, 为了培育新的经济增长点, 中部六省纷纷把装备制造和高技术产业作为重点支持产业, 出台了一系列政策措施, 产业同构、重复建设等问题开始凸现出来。为了加快中部地区装备制造和高技术产业发展步伐, 统筹协调六省发展分工, 有必要研究制定中部地区装备制造和高技术产业基地建设规划, 结合中部地区比较优势, 明确装备制造和高技术产业发展的具体方向、重点任务和发展目标, 规划协调细分产业的空间布局, 提出促进产业发展的政策措施。四是研究制定服务业发展规划。近年来, 尽管中部地区服务业呈现快速发展态势, 但服务业占生产总值的比重却不断下降。2010 年, 中部地区服务业增加值占 GDP 的 36%, 比全国平均水平低 7 个百分点。服务业是中部地区经济发展的薄弱环节, 同时也是极具发展潜力的产业。受当时形势所限,《促进中部地区崛起规划》对服务业发展着墨甚少, 没有给出具体的指导。在新形势下, 迫切需要出台中部地区服务业发展规划, 这既是培育新的经济增长点的需要, 是实现产业结构优化升级、转变经济发展方式的需要, 也是解决重点民生问题、促进社会和谐、全面建设小康社会的内在要求。规划应明确中部地区服务业发展的指导思想、目标要求和重点任务, 重点可放在营造有利于服务业大发展的政策和体制环境上。五是制定物流业发展规划。目前, 中部地区正处于工业化大发展时期,物流业作为国民经济的支柱产业,在促进中部地区崛起战略中具有举足轻重的地位。一方面,中部地区作为重要的商品集散地,可借助现代物流业的发展,逐渐形成高效统一的中部区域大市场,从而融入全国统一大市场;另一方面,现代物流业的大发展将有利于降低中部地区产业发展成本,为承接产业转移和提升工业发展层次与水平创造基础性条件。因此,制定中部地区物流业发展规划是加快中部地区崛起的迫切要求。初步考虑,规划可重点应集中在加强物流基础设施的建设,统筹规划区域物流中心建设,破除地方割据与区域垄断,消除不利于物流业发展的体制性障碍,加强各种物流方式的衔接,努力降低物流成本等方面。六是制定社会事业和民生发展规划。坚持和谐发展、保障和改善民生是促进中部地区崛起的根本落脚点。为此,要立足于中部地区经济社会发展全局,把促进基本公共服务均等化、缩小城乡区域基本公共服务差距摆在突出重要位置,加大对中部地区社会事业和重要民生工程的扶持力度,加快建设覆盖城乡居民的公共服务体系,维护中部地区社会和谐稳定。规划要着眼于加快教育事业发展,在中部地区继续推进义务教育均衡发展,大力发展职业技术教育,提升劳动力素质,做大做强高等教育,着眼于千方百计扩大就业,构建覆盖城乡的公共卫生服务体系,支持逐步建立覆盖城乡的社会保障体系。

三、加强区域规划的编制和落实

(一)深入开展空间开发格局研究

国土空间是宝贵的资源。中部地区国土面积仅占全国的10%,而且中部地区承担着全国重要粮食生产基地的重任,人多地少的矛盾非常突出,需要科学规划空间开发,指导利用好有限的空间和资源,实现经济又好又快发展。目前,中部地区空间开发存在一些不容忽视的问题:一些城市建设脱离实际,盲目超前,一味扩大城市框架,由此造成工业和城市空间扩张的无序乃至失控趋势,农业地区尤其是耕地减少过多、过快;部分地区忽视资源的有限性和环境的承载力,在生态环境脆弱地区发展加工业尤其是重化工业,在缺水的地方发展耗水产业,在环境容量不足的地方发展高污染、高耗能产业,致使资源更加匮乏,生态环境更趋恶化。未来5到10年是中部地区工业化和城镇化加快发展时期,人口和产业空间分布还将发生重大变化,集约、高效利用国土空间和资源,是中部地区实现可持续发展和全面建设小康社会的唯一选择。为加强对中部地区空间开发的有效引导,应及时深入开展空间开发格局研究,为区域规划和政策制定奠定基础。

一是研究空间发展的重大框架。《促进中部地区崛起规划》对中部地区空间发展格局做出了宏观判断,即以六大城市群为核心,发挥交通区位优势,加强运输通道建设,加快构建"两纵两横"经济带,即沿长江经济带、沿陇海经济带、沿京广经济带和沿京九经济带,确定了新时期中部地区空间发展格局的基本框架。随着近年来交通基础设施迅猛发展,一些新的发展轴线正在兴起,这些轴线如何定位,发展趋势怎样都需要做出综合判断。同时,空间发展日趋网络化,对空间结构的认识仅停留在点和线上,难以适应新形势需要,要按照"以点带线、由线及面"的原则,对空间发展长期格局做出新的判断,研究构筑网络化的基础设施骨架,支持空间由线型发展向面上发展转变。

二是研究保护生态和农业空间格局。发达国家和东部发达地区发展的经验教训告诉我们,中部地区的发展绝不能再走先污染后治理、先破坏后修复的路子,必须统筹协调好经济发展与环境保护和生态建设的关系。从空间角度来看,走保护优先和自然恢复的路子,严格保护好生态空间是避免生态环境问题恶化的重要举措。为此,要根据中部地区地形地貌和气候特点,以大规模生态功能区及其他较小范围的生态功能区和禁止开发区域为补充,形成广域分布的保护类空间。同时,中部地区的农业空间承担着供应全国粮食和农产品的重任,要切实稳定耕地面积,特别是要将水热等条件良好、农产品生产潜力大的农产品主产区保留下来,严守耕地保有量的红线,确保基本农田总量不减、用途不变、质量有所提高。

三是研究城市群内部的空间架构。除长株潭城市群规划外,目前已出台的几个区域规划空间布局内容都比较薄弱,不利于规范空间开发秩序。下一步,要督促有关省份系统分析城市群的土地承载力、资源承载力、环境承载力等,从而得出在不同情景下城市群合理的人口容量和经济容量,以此作为制定发展目标和选择产业的重要依据,经济发展和城市建设必须在不突破空间承载力的前提下进行。要在主体功能区规划基础上,在更小尺度上进一步划分城市群的人口产业功能区、生态功能区和农业功能区等,制定不同的空间管治措施。

(二)做好现有重点区域规划落实工作

《促进中部地区崛起规划》明确要培育壮大武汉城市圈、长株潭城市群等六大城市群(圈、带),形成具有较强辐射和带动作用的增长极。全国主体功能区和全国"十二五"规划纲要也把武汉城市圈、中原经济区、长株潭城市群、皖江城市带、鄱阳湖生态经济区和太原城市圈列为重点开发地区和重点城镇化地区。目前,武汉城市圈、长株潭城市群、皖江城市带、鄱阳湖生态经济区已出台规划。落实好这些规划要注意以下几点:

一是把握主题主线。"主题"是区域规划的魂。区域规划是在特定历史时期制定的指导地区发展的纲领性文件,每一个区域规划都针对地区特点和当时的历史背景设定了主题。如武汉城市圈、长株潭城市群规划核心是"两型"社会建设,皖江城市带规划核心是承接产业转移、鄱阳湖规划的核心是生态经济区建设。发规划思路和重点任务都是围绕这些主题提出的。在规划实施过程中,一定要认真领会规划出台的历史背景,准确把握规划的主题,全面理解规划的指导思想、基本要求、奋斗目标、主要任务和重大举措,紧紧围绕规划核心内容下劲用力。

二是强化重点领域和重点地区支撑。重点领域是国家在综合分析比较优势和发展条件的基础上,对规划区域提出的总体要求,也是实现区域发展的有效途径。实施区域规划要紧扣这些重点领域,争取率先实现重大突破,培育壮大经济增长点。重点地区是具有经济增长潜力,对区域具有辐射带动作用的经济增长极。要把推动重点地区加快发展作为落实规划的重要抓手,积极引导社会投资向重点地区集中,相关政策也要向这些地区倾斜。

三要重视改革在规划实施中的作用。深化改革是消除发展瓶颈,巩固经济发展成果的根本性措施,是推动地区科学发展、实现崛起的重要保障。区域规划既是发展的规划,也是改革的规划。规划实施不能仅盯着项目投资,还要善于运用体制机制的设计,调动一切积极因素,达到四两拨千斤的效果。要深化大中型国有企业改革,大力支持非公有制经济发展,不断激发发展主体的活力和动力;要推进行政管理体制改革,加快政府职能转变,创造有利于区域发展的政治环境;要加快事权与财权相统一的公共财政体系建设,努力增强市、县特别是县域的发展自主权,激发发展潜力。要鼓励结合实际自主开展各类综合改革和专项改革试点,认真总结试点经验,适时在整个区域内加以推广。

四要把握规划实施节奏。考虑到区域规划的期限一般在5—10年,规划实施不可能一蹴而就。在这期间,国内外环境和相关政策都可能发生较大变化,规划实施必须在国家宏观调控政策和国民经济社会发展规划指导下进行,注意灵活性。要根据宏观经济形势,准确把握新动向,审时度势,顺应国家宏观调控政策要求,灵活把握实施节奏。在经济过热时,要适当把投资和增长速度降下来;在经济偏冷时,要加快推进规划任务的实施。在宏观环境发展重大变化时,有关地方和部门要提请国务院及时对规划进行调整。

五要落实完善相关政策措施。区域政策是区域规划的重要内容。每一个区域规划中,都围绕核心主题,针对区域特点提出了一系列财政、税收、投资、金融、土地等方面的政策措施。为了进一步增强政策实施的效果,要重点做好以下工作:一方面,要落实好规划确定的各项政策措施。有关地方要加强与有关部门协调沟通,对已明确的政策要加紧落实,对仅明确政策方面的要根据实际情况确定实施细则,争取政策能够尽快落地。国家发展改革委要跟踪检查有关部门支持中部地区发展政策措施的落实情况,协调解决重大困难和问题。二是进一步研究制定自身发展措施。有关省市要根据规划要求,除了研究制定扎实有效的规划实施工作方案之外,还要根据事权和可利用资源,围绕重点任务,分类制定出台相关政策措施。在制定政策过程中,要积极借鉴其他地区的经验和教训,全面研究政策可能带来的效果,对政策实施带来的负面影响要有应对之策。

(三)加强对特殊困难地区的规划指导

这些年来,推进区域协调发展的一条基本经验就是坚持"抓两头、带中间",注重对不同类型区域进行分类管理和指导。"十一五"时期,中部地区重点经济区已基本完成的规划编制工作。"十二五"时期,要把支持特殊困难地区发展作为促进中部地区崛起的基本着力点,重点加强对老工业基地、资源枯竭城市、民族地区、贫困地区和革命老区的规划指导,不断增强其自我发展能力。

一是加强对老工业基地城市的规划指导。2007年,国办函[2007]2号文确定了中部地区的26个老工业基地城市。近年来,虽然中部老工业基地城市在很多方面进行了积极的探索,取得了一定的成效,但长期以来积累的制约老工业基地健康、可持续发展的一些关键性问题并没有从根本上得到解决,特别是非省会城市的老工业基地发展问题仍然突出。主要表现在:历史包袱沉重,体制改革步伐较慢,且存在改革不到位、改制企业活力不足等问题。老工业基地城市是中部地区工业发展的重心区,有必要加强对老工业基地城市特别是非省会城市的规划指导,尽快帮助找到一条符合中部老工业基地实际的发展之路,将老工业基地城市从长期发展滞后的困境中解脱出来,为促进中部地区加快崛起做出新的更大贡献。

二是加强对资源型城市的规划指导。中部地区一直是我国矿产资源的重要来源地。随着长时间的大规模开发,中部地区煤、铅、钨、锌、金、铜、铝、锑、锰、铁、磷、硫等重要矿种的保证程度呈不断下降态势,在未来5—10年,部分优势矿产资源将濒临枯竭。目前,武钢、马钢、江铜等企业已转向国外大量进口矿石,部分企业将厂区迁往沿海地区,受此直接影响下,中部地区多数资源型城市都面临转型发展问题,大力发展替代性产业成为大势所趋。为了促进资源型城市可持续发展,非常有必要对资源型城市发展加强规划指导。规划的重点应集中在:一是加强对资源型城市现有矿区周边及深部矿业权管理的指导,争取延长危机矿山生命。二是指导资源型城市因地制宜发展替代产业,建立新的经济增长点;三是指导资源型城市发展循环经济,提高资源综合利用水平;四是指导资源型城市做好生态修复和环境保护工作,着力解决因资源开发带来的社会问题。

三是加强对革命老区、民族地区和贫困地区的规划指导。新中国成立后,特别是改革开放以来,革命老区、民族地区和贫困地区经济社会发展取得了长足进步,但因地处山区、丘陵地区,基础设施条件差,"历史欠账"多,这些地区经济社会发展还存在诸多矛盾和问题。如 2009 年大别山区人均 GDP 仅为全国的 41%,人均财政一般预算收入仅相当于全国的13%。同时,这些地区往往还是重要生态地区,是东部地区的重要生态屏障。加强对这些地区的规划指导,是加快这些地区脱贫致富步伐,与其他地区同步实现全面建设小康社会目标的需要,也是加快生态建设步伐,保障国家生态安全的迫切要求。初步考虑,需要重点规划的区域有:一是新农村扶贫纲要确定的武陵山区、吕梁山区、大别山区、罗霄山区等集中连片特殊困难地区;二是赣闽粤中央苏区等革命老区;三是沿淮地区等困难地区。规划的重点应立足于统筹经济和自然和谐发展,指导在保护生态环境的前提下,因地制宜发展各具特色产业,加快基础设施建设,走出一条生态型经济发展之路。

第十六章　不断强化政策支持

中发[2006]10号文件印发以来,国家不断深化对中部地区的政策支持,初步形成了"两个比照"政策为核心,以关于促进中部地区城市群发展的指导意见、关于中西部地区承接产业转移的指导意见等专项政策为重点的政策体系,对加快中中部地区崛起步伐起到了重要作用。但也要看到,当前中部地区发展还面临许多突出矛盾和问题,国家对中部地区的政策支持还不能满足中部地区发展的需要。特别是2009年以来,《国务院关于进一步实施东北地区等老工业基地振兴战略的若干意见》(国发[2009]33号)和《中共中央、国务院关于深入实施西部大开发战略的若干意见》(中发[2010]11号)相继出台,国家给予东北地区和西部地区更大的政策支持,尤其是新的西部大开发政策支持力度之大更是前所未有,中部地区与西部和东北地区享受政策的落差进一步加大。"十二五"期间,无论从全国角度看,还是从中部地区自身情况来看,大力实施促进中部地区崛起战略,在继续落实现有政策的基础上,立足新形势、新任务,加大对中部地区的政策支持力度,健全和完善政策支持体系都十分必要。

一、善驭"他山之石",用足用好比照政策

"两个比照"政策实施3年来,比照县获得了一些资金和项目支持,比照市经济发展活力也有所增强。但因政策设计本身的制约和外部环境变化,"两个比照"政策实施情况不够理想,比照市得到的实质性支持较少,面临的困难还没有真正解决,发展后劲难以激发;大多数比照县自我

发展能力依然不强,与本区域发达县的差距继续拉大。与此同时,2009
年以来,东北和西部地区均出台了新的政策措施,而"两个比照"政策并
未做出相应调整。为了适应新形势需要,进一步发挥"两个比照"的政策
效应,有必要研究调整完善"两个比照"政策。

(一)切实加大政策落实力度

"两个比照"政策从9个方面对比照东北等地区老工业基地政策,从
7方面对比照西部大开发政策做出了方向性规定。从政策执行情况来
看,相当一部分政策并没有得到有效落实,目前的当务之急是要加大这些
政策的落实力度。

一是进一步落实支持比照市国有企业改革的政策措施。要继续引导
中部比照市加快推进国有企业改革,努力建立健全现代企业制度,鼓励央
企采取联合重组、合资入股等多种形式与中部地区企业进行合作,支持社
会资本和境外投资者以多种方式参与国有企业改组改造。理由:一是中
部地区国有经济规模仍然非常庞大。2008年,中部地区国有及国有控股
工业企业固定资产净值1.7万亿元,是东北地区的1.92倍,与西部地区
相当;实现工业总产值3万亿元,是东北地区的1.56倍,也与西部地区相
当,占中部地区全部工业总产值的36.7%,比全国平均水平高8个百分
点。二是国有经济整体利润水平在四大板块中最低。2008年,中部地区
国有及国有控股工业企业利润总额1527亿元,与东北地区相当,仅为西
部地区的60.2%,资产利润率明显偏低。人均劳动生产率61万元,仅相
当于全国平均水平的76%,东北地区的83%,西部地区的92%,与东部
地区差距更大。同时,在竞争性行业中仍有大量国有经济存在。26个比
照市是中部地区国有工业最为集中的地区,也是国有经济遗留问题最为
突出的地区。进一步落实支持比照市国有企业改革的政策措施对于激活
老工业基地的发展活力,加快产业升级和经济转型步伐,带动和促进中部
地区经济的整体发展具有重要意义。

二是进一步落实加快比照市工业结构调整的政策。"两个比照"政

策提出,利用东北地区等老工业基地调整改造、高技术产业发展、工业结构调整改造和产业升级等专项资金,加大对比照城市工业结构调整的支持力度。但由于该政策仅提出了导向性意见,没有明确具体的实施要求,难以体现对中部地区比照市的专门支持。新的振兴东北等老工业基地政策提出"从现有相关投资专项中分离设立东北地区等老工业基地调整改造专项",建议将中部比照市明确纳入该专项实施范围,并提出逐年加大高技术产业发展、工业结构调整改造和产业升级等专项资金对中部地区比照市支持的政策要求。

三是进一步落实加大对比照市信贷支持力度的政策。"两个比照"政策提出,引导政策性金融机构在其业务范围内加大对比照市的贷款支持力度,但该政策也仅是导向性意见,不够具体,较难落实。新的振兴东北等老工业基地政策提出,进出口银行每年安排一定的信贷额度用于支持东北地区重大技术装备出口,人民银行和外汇局要在政策上给予支持。建议,比照这一政策,明确进出口银行要积极支持中部比照市重大技术装备出口。

四是进一步落实加大对比照县财政转移支付力度的政策。近两年来,中央财政对中部地区的一般转移支付有较大幅度增长。在中央财政的大力支持下,中部六省按照现行分税制财政管理体制,进一步完善省以下转移支付制度,比照西部标准,相应加大了部分领域对243个比照县的转移支付力度。如在农村义务教育阶段学生学杂费和提高农村义务教育阶段中小学公用经费保障水平所需资金方面,243个比照县中央与地方分担比例已按西部地区8:2的标准执行。建议,加大该政策的落实力度,在教育、卫生、扶贫等各领域继续加大中央财政对比照县的支持力度,积极推进基本公共服均等化。

五是进一步落实支持中部地区资源型城市可持续发展的政策。目前,中部地区有焦作、萍乡、黄石、景德镇等14个城市被确定资源枯竭型城市。新的振兴东北等老工业基地政策提出了推进资源型城市转型的一些政策,如对资源型城市发展替代产业,在产业布局、项目审核、土地利用、贷款融资、技术、市场转入等方面给予支持;支持资源型城市接续替代产业园区建设,积极承接产业转移等。建议在继续加大对现有资源型城市支持力度的基础上,在中部再批准一批资源型城市,给予大力支持。

六是进一步落实加大对比照县建设项目投资力度的政策。"两个比照"政策实施以来,有关部门比照西部标准,在安排农村沼气、农村饮水安全、节水灌溉、乡镇文化站、农村计划生育服务体系、公共就业服务体系、农村劳动力转移培训、农民体育健身工程、巩固退耕还林成果、城镇廉租房建设等项目投资计划时,提高了中部地区243个比照县的中央投资补助水平。但也有一些重大项目如农村公路、部分农业综合开发、市政公用设施等仍未能完全执行西部地区投资补助标准。建议,继续加大中央预算内投资对比照县的支持力度,进一步扩大政策落实范围,比照西部地区标准全面提高相关重点项目建设的中央投资比例。

七是进一步落实加大对比照县扶贫开发力度的政策。"两个比照"政策实施以来,中央财政加大了对中部地区扶贫开发资金投入力度,适当增加中部地区以工代赈资金投入,并要求有关省适当向比照县倾斜;易地扶贫搬迁试点范围扩大至中部地区,并对部分比照县予以资金支持;将中部比照县纳入扩大农村危房改造试点工程范围,并加大了资金扶持力度。建议进一步加大该政策的实施力度,明确提出在安排财政扶贫资金时,统筹考虑比照县发展的需要,并逐步加大对比照县的扶贫资金投入力度,对于集中连片特殊困难地区的比照县给予国家扶贫工作重点县同等支持。

八是进一步落实加大对比照县金融信贷支持的政策。"两个比照"政策提出,鼓励各类金融机构对中部比照县发展特色优势产业、农村基础设施、环境保护和生态建设以及社会事业等方面支持的政策。对投资大、建设期长的基础设施项目,比照西部政策适当延长贷款期限。该政策虽明确对中部地区给予金融支持,但对大多数商业性金融机构缺乏实质的鼓励性措施,政策实施有很大难度。新的西部大开发政策提出,加大对西部地区金融服务力度,探索利用政策性金融支持西部地区发展;抓紧制定并实施对偏远地区新设农村金融机构费用补贴等办法,逐步消除基础金融服务空白乡镇;进一步完善县域内银行业金融机构新吸收存款主要用于当地发放贷款的政策等新政策,明确了政策性金融机构在地区开发中的作用和地位以及对鼓励金融机构参与落后地区开发的具体政策措施,具有较强的可操作性,建议将这一政策适当延伸到中部比照县。

(二)调整完善有关比照政策

一是比照新的振兴东北地区等老工业基地政策,支持中部地区装备制造业发展。中央 10 号文件明确了中部地区全国重要现代装备制造业基地的定位,26 个老工业基地城市是中部地区装备制造业基地建设的重要支撑。为支持中部地区装备制造业发展,从 2007 年 7 月 1 日开始,中部比照市在装备制造等八个行业试行扩大增值税抵扣范围试点政策。但从 2009 年 1 月 1 日起,增值税转型成为普惠性政策,对中部地区装备制造业发展的倾斜性支持大大减弱。为加快中部地区装备制造企业技术改造和兼并重组,增强老工业基地城市发展后劲,建议比照新的振兴东北等老工业基地政策,抓紧研究设立中部地区装备制造业投资基金,并尽快筛选一批项目予以重点支持。与此同时,建议在信贷政策上进一步对中部地区比照市重大技术装备出口给予支持。

二是比照新的西部大开发政策,支持中部地区欠发达县(市、区)发展。主要包括:(1)实施差别化的土地政策。根据《全国工业用地出让最低价标准》,中部地区比照县与其他中部县和大部分西部县工业用地出让最低价均定为第十二等。新的西部大开发政策明确,西部地区工业用地出让金最低标准,按全国工业用地出让最低价标准的 10%—50% 执行。考虑到许多比照县工业基础薄弱,发展条件甚至不如某些西部县,若这些县的基础地价与中部地区其他县相同,则明显缺乏招商引资的竞争力,不利于推进这些县的工业化进程。鉴此,应降低中部比照县工业用地出让金最低标准,比照实施新的西部大开发政策,按全国工业用地出让最低价标准的 10%—50% 执行。(2)适当减免比照县鼓励类产业企业所得税率。当前,东部发达地区大量企业正向中西部地区转移,中部地区又是承接产业梯度转移的重点区域,如果目前的税收政策不加以改变,必然影响部分企业向中部地区转移的积极性,特别是对于那些发展水平与西部平均发展水平相当甚至低于西部地区的比照县来说,引资能力和自我发展能力将受较大影响。建议比照新的西部大开发政策,对落户于比照县的鼓励类项目也给予一定的所得税优惠。(3)实行有差别的产业政策,新的西部大开发意见明确,要在西部地区实行有差别的产业政策,制定西部地区鼓励类产业目录,促进西部地区特色优势产业发展。建议国家在制定西部差别化产业政策时,一并考虑中部地区比照县情况。同时,比照西部政策,对于有条件在比照县加工转化的能源资源开发利用项目,予以优先审批核准;进一步扩大外商投资优势产业目录;加大中央地质勘查资金、国土资源调查评价资金对比照县投入力度等。此外,建议比照西部地区现行政策,在财政、金融、价格、生态补偿、人才等方面尽可能对中部地区比照县予以倾斜和支持。

三是适当调整和扩大"两个比照"政策实施范围。受当时国家财力等因素制约,中部地区只有243个县比照实施西部大开发有关政策,占中部六省县(市、区)总数不足一半,而且这些县以照顾革命老区县、少数民族县和国定贫困县为主,一些经济发展水平低、困难突出的农业大县(市)未能纳入,其中不少县(市)的人均生产总值、人均财政收入和农民人均纯收入不仅低于一些比照县,甚至还低于西部地区平均水平。如果以本省比照县平均值为参照,从人均地区生产总值、人均县本级财政收入、农民人均纯收入三项指标来衡量经济发展水平,选取有两项及以上指标低于本省比照县平均水平而未列入比照范围的县,江西省有5个县(市、区)、安徽省有5个、河南省3个、湖北省3个、湖南省14个、山西省9个(估计),合计中部地区有约40个县(市、区)经济发展水平低于本省比照县平均水平,但却未列入比照范围。政策实施两年多来,这些困难县享受不到比照政策的好处,经济发展困难增多,与比照县的差距也越来越大。鉴此,建议适当扩大比照县范围,尽可能将那些经济发展困难县(市、区)特别是经济发展低于西部平均水平的县(市、区)纳入政策扶持范围。

二、注重"量体裁衣",制定符合
中部特点的专项政策

中部地区发展既有与西部、东北地区相似之处,更有与其他区域板块迥异的特殊性,仅依靠比照政策难以解决中部地区面临的突出问题,也无法从根本上改变中部地区政策"洼地"的现实状况,必须着眼于有效发挥中部地区比较优势,立足中部地区的区域特征、发展阶段,根据其特殊地位和面临的主要矛盾,出台具有针对性的政策措施,努力形成富有特色、卓有成效、完整全面的促进中部地区崛起政策体系。重点应强化以下几个方面:

(一)支持粮食生产基地建设和粮食主产区发展

近年来,中部地区粮食产量占全国的比重均保持在的 30% 以上,居四大板块之首。其中,中部地区稻谷和小麦产量接近全国的一半,粮食增产对全国的贡献率也接近 40%。相比之下,国家对中部地区粮食生产的支持与其粮食基地的地位并不相称。2009 年,中央财政安排中部六省粮食直补、农资综合补贴占全国 29%,农机购置补贴占全国的 27.6%,小型农田水利建设补助占全国的 25%,农业综合开发资金占总额的 25%,没有体现出对中部地区倾斜性支持。与此同时,中部地区农业基础设施老化、粮食生产风险加大、农民持续增收难等问题迟迟得不到解决,粮食生产基地的地位并不稳固。根据河南省对粮食生产核心区中的 52 个产粮大县的调查,2000—2008 年,产粮大县贫困人口占全省比重由 69.4% 上升到 78.9%,农民人均纯收入由全省平均水平的 91.9% 下降到 86.1%,人均财政支出仅相当于全省平均水平的一半。粮食主产区发展滞后,已经严重影响到种粮农民和地方政府发展粮食生产的积极性。为此,要加大对以下方面的支持力度:一是巩固提升粮食生产能力。要不断健全各类农业补贴制度,切实提高农民种粮收入,激励农民种粮积极性;要结合实施《全国新增 1000 亿斤粮食生产能力规划(2009—2020 年)》,大力支持农业基础设施建设,夯实粮食稳定发展的基础。二是调整优化农业产业结构。要推动发展设施农业、生态农业,大力发展无公害农产品、绿色食品和有机食品,建设全国优质农产品生产和出口基地,培育一批知名品牌,提高产品附加值。三是创新现代农业经营机制。要推动土地承包经营权规范有序流转,培育发展专业大户、家庭农场、农民专业合作社等规模经营主体。积极推进农业产业化,培育一批农业产业化龙头企业。四是加快粮食主产区发展。要加大中央财政转移支付力度,提高对产粮大县的奖励标准,研究开展以粮食产量、商品粮等为依据的粮食生产补偿制度试点,不断提高产粮大县财力保障水平。

(二)支持城镇化健康发展

中部地区农村人口占全国的近三分之一,是东部沿海发达地区农民工的主要输出地。根据《促进中部地区崛起规划》,到 2015 年,中部地区城镇化率要达到48%,即要净增城镇人口 2000 万以上。作为"十二五"时期全国城镇化的重心区,中部地区城镇化进程关系到全国扩大内需战略的顺利实施,关系到能否有效疏解沿海发达地区日益增加的人口压力,同时也关系到中部地区农业现代化和新型工业化进程。当前,中部地区城镇化面临着土地、房价和资金三大瓶颈。从土地来看,中部地区缺乏可开发未利用地,新增城市建设用地全部需要占用耕地,城镇化与工农业发展争地的矛盾越来越突出。从房价来看,近些年来,中部地区房地产价格也在多种因素的作用下出现了过快上涨的问题,房价收入比显著上升,如武汉市房价与家庭收入比约为 13 倍,合肥市为 15 倍,过快上涨的房价大大提高城镇化门槛,使得农民工无力在城镇定居,大多只能"候鸟式"迁移。从资金来看,根据国务院发展研究中心对武汉、郑州等 4 个城市农民工市民化成本进行的测算,仅包括教育、保障性住房等政府短期支出的城镇化成本每人在 7.7 万到 8.5 万元之间。按照目前的城镇化速度,"十二五"期间需要政府支付的短期成本在 2 万亿元以上,相当于 2010 年全社会固定资产投入总和和中部六省地方财政收入的5—6倍,远远超出地方政府的可承受能力。为此,有必要根据中部地区实际,着眼于破解土地、资金等瓶颈,提出切实可行的思路和政策,促进中部地区城镇化健康有序发展。同时,要继续推进新农村建设,加大以工带农、以城带乡的力度,不断改善农村生产生活条件,推动城乡统筹发展。

(三)出台关于中部地区资源开发利用的政策

中部地区是全国煤炭的主要产区,产量占全国的40%。同时,作为煤炭老产区的山西、河南、安徽省面临着的采空区地面塌陷、沉降、山体开裂、崩塌、滑坡、泥石流、尾矿库溃坝等次生地质灾害等问题日益突出,严重危及当地居民的生命财产安全,对地方经济发展造成非常不利的影响。新的西部大开发政策明确将西部地区的煤炭、石油、天然气纳入资源税改革试点,由从量计征改为从价计征。该政策有利于增加资源产地地方财政收入,增强地方开展环境整治和实现可持续发展的能力。考虑到中部地区煤炭在全国的地位以及煤炭开采对资源地带来的不利影响,建议尽快将中部地区的煤炭纳入资源税改革试点,努力增加地方资源税收入,重点用于安排环境治理和接续产业发展等,不断增强资源型地区的可持续发展能力。同时,还有必要出台加快中部地区煤层气开发的政策。中部六省的煤层气资源丰富,占全国煤层气资源总量的63.8%,尤其山西是全国煤层气资源最为富集的地区,具备大规模开发的资源优势,也是目前全国煤层气开采的主要地区。开发利用煤层气资源,不仅有利于优化中部地区的能源结构、保护大气环境、改善煤矿安全,而且对于培育中部地区的新型产业具有重要意义。尽管近年来国家出台了一系列支持煤层气开发的政策,但政策力度不足,还难以吸引煤层气开发企业进行长期大规模投入,在一定程度上制约了煤层气产业发展。建议吸收西方发达国家相关政策经验,给予中部地区煤层气开发企业更优惠政策,如对煤层气管道建设提供长期优惠贷款,对开采企业给予一定期限的减免税,并安排资金支持研发煤层气开采技术等。

（四）支持县域经济加快发展

县域经济是以县级行政区划为地理空间的区域经济,是国民经济的基本单元,在我国经济社会发展中居于重要地位。中部地区是全国重要的粮食生产基地和农村人口最集中的区域,促进中部地区县域经济发展,对于加快形成城乡经济社会发展一体化新格局,加速新型工业化和城镇化进程,大力实施促进中部地区崛起战略,推动区域协调发展,实现全面建设小康社会目标,都具有特殊重要的意义。尽管"两个比照"政策明确了扶持243个比照县发展的政策措施,但该政策主要集中在农业、基础设施和扶贫开发等领域,缺乏对于比照县产业优化升级、增强发展能力方面的支持政策。建议出台加快中部地区县域经济发展的政策,明确推动中部经济发展的目标、思路、重点任务和政策措施。政策的重点应放在加快县域综合体制改革,增强县域发展自主权,培育壮大中小企业实力,推动县域基础设施建设等。

（五）支持大力承接产业转移

目前,我国经济发展的重心正由沿海向内陆地区转移,中部地区依靠其独特的区位优势处于承接产业转移的前沿,国务院批复的唯一一个国家级承接产业转移示范区皖江城市带就在中部,中部地区将继东部沿海地区之后成为支撑我国经济实现下一步飞跃的首选区域。为了深入落实《国务院关于中西部承接产业转移的指导意见》(国发〔2010〕28号),加快中部地区承接产业转移步伐,要不断实化细化支持承接产业转移的各项政策措施,为中部地区经济结构调整和转变经济发展方式注入强大动力。重点是支持承接平台建设,加快建设各类开发区和产业承接园区,加强能源、水利、信息等基础设施建设,构建功能完善、高效便捷、支撑有力的现代基础设施体系;支持创新体制机制,鼓励中部地区在承接产业转移方面大胆探索,先行先试,努力突破资金、土地、技术瓶颈;支持产业承接跨越式发展,摒弃先二产后三产的传统思维,紧紧抓住国际服务业转移的契机,在有条件的地区积极承接国际服务外包业务,打造国际服务外包示范城市。

（六）支持扩大对内对外开放

中部的长期落后，与其较低的经济外向度有很大的关系。实践表明，在经济全球化的今天，以大开放促大发展是中部地区实现工业化与现代化的必由之路。过去的 30 多年，我国的对外开放战略实行的是梯度推进战略，即由点（特区、开发区）到面（沿海开放城市、沿海开放地区）再向中西部地区推进。促进中部地区崛起战略实施以来，中部地区对外开放取得了显著进步，对外贸易、利用外资能力及国际旅游等都得到了快速发展，但由于社会经济基础和区位条件的限制，中部地区开放程度不仅与东部沿海地区有很大差距，很多指标也低于全国平均水平。目前中部地区正处于扩大开放的关键时期，促进中部地区崛起规划要在立足中部自身发展的基础上，积极推动与国际国内的合作，努力实现中部地区宽领域、全方位、立体型开放。扩大中部地区对内对外开放政策的重点应集中在以下方面：一是通过推动国际航空口岸和"大通关"建设，加快推进武汉、郑州等重点城市的开放步伐，打造内陆开放性经济战略高地；二是进一步加大外贸资金和信贷政策对中部地区进出口的支持，提高中部地区对外贸易依存度；三是鼓励和支持有条件的企业"走出去"，在境外建立生产基地、营销中心、研发机构，进行境外资源合作开发和国际科技合作，加大劳务输出规模；四是推动各类出口基地建设，支持在条件成熟的地方设立海关特殊监管区域，积极发展加工贸易。

第十七章　调动各方面力量参与
促进中部崛起

促进中部地区崛起是一项复杂的系统工程,离不开各方面的共同努力。做好促进中部地区崛起工作,必须正确处理好政府与市场的关系,坚持政府调控、市场主导的原则,一方面要强化政府在促进中部地区崛起中的组织引导和协调解决重大问题的功能;另一方面要充分利用市场配置资源的基础性作用,发挥企业在地区开发中的主体作用;同时还要积极利用好促进中部地区崛起的多样化平台,调动全社会资源形成合力,共同推动促进中部地区崛起战略的实施。

一、完善机制,切实发挥政府的引导作用

(一)强化领导机制

要把不断强化领导机制作为进一步做好促进中部地区崛起工作的重要环节,在充分利用现行工作机制的基础上,研究在更高层面推动促进中部地区崛起工作。

一是完善促进中部地区崛起部际联席会议制度。这是目前促进中部地区崛起工作的主要机制。联席会议由国家发展改革委、教育部、科技部等18个部门组成。2011年初,经部际联席会议第二次会议研究同意并报经国务院批准,新增了工业和信息化部、人力资源和社会保障部、国家能源局、扶贫办为联席会议成员单位,成员单位达到22个。部际联席会议制度为协调促进中部地区崛起重大问题提供了重要平台,各部门在研

究中部崛起重大问题、制定重大规划、出台重大政策、推进重大改革时,都努力做到相互尊重、相互理解、相互配合、相互支持,为做好促进中部地区崛起工作发挥了重要作用。但与工作需要相比,目前的部际联席会议制度还有待进一步完善。主要表现在:部际联席会议采取不定期会议方式,尚未形成年度例会制度,部门联络员间的沟通也需要加强;随着促进中部地区崛起工作的不断深入,还有一些部门有必要加入到部际联席会议中来。因此,为进一步发挥部际联席会议的重要功能,加强重大问题的协调推动力度,有必要建立起部际联席会议的年度例会制度,并根据需要不定期召开联络员会议,协商有关重大事项。同时,要适应新形势的需要,适时将有关部门吸纳为会议成员,进一步增强部际联席会议的代表性。

二是研究建立更高层次的领导机制。为推动西部大开发和振兴东北等老工业基地工作,国务院相继成立了西部大开发领导小组和振兴东北地区等老工业基地领导小组,领导小组组长由总理担任,副组长由国务院副总理担任,领导小组成员由各主要经济部门主要领导同志担任。近年来,国务院西部大开发和振兴东北地区等老工业基地领导小组基本上每年都召开会议,研究有关重大问题和重大事项,适时做出重大决策,对推动相关工作起到重要的推动作用,同时也宣示了国家支持西部地区和东北老工业基地发展的坚强决心。与之相比,当前促进中部地区崛起工作机制存在两点明显局限:一是促进中部地区崛起工作部际联席会议作为议事机制,还难以发挥像国务院领导小组那样对重大问题的决策功能,权威性稍显不够。二是目前工作机制的号召力还不强,难以将有关部门和中部六省凝聚成一个整体。因此,有必要参照西部大开发和振兴东北地区等老工业基地模式,设立由国务院领导同志挂帅、有关部门主要负责同志参加的更高层次促进中部地区崛起工作领导小组,统筹协调解决促进中部地区崛起中的重大问题,这对于统一思想、鼓舞干劲,增强中部六省的认同感和凝聚力,进而更大力度做好促进中部地区崛起工作具有现实意义。

（二）加强机构建设

国家促进中部地区崛起工作办公室成立以来，相继会同有关方面研究制定了一系列政策和规划，协调有关部门加大促进中部地区崛起工作力度，为确保促进中部地区崛起战略实施发挥了积极作用。在新时期，国家促进中部地区崛起工作机制要继续围绕中央 10 号文件的总体要求，针对中部地区发展全局性、关键性问题组织力量展开深入研究，加强政策积累，深化对中央大政方针的理解，领会精神新情况新问题，总结新经验，在实践中不断丰富和完善，不断提高工作质量和水平。

与此同时，要推动中部六省设立促进中部地区崛起组织机构。区域总体战略的实施需要地方的大力配合和积极落实。目前，西部和东北地区各省区市均建立了省级层面的西部大开发和振兴东北地区老工业基地工作领导小组及其办公室，上下联动非常协调，政策执行力度很大。而在中部地区，除湖北省在发展改革委下设促进中部地区崛起办公室之外，其余五省均未成立对口的促进中部地区崛起工作机构，工作力度普遍不足，协调能力也很有限。从长期来看，中部地区在支撑全国经济社会发展中的作用和地位日益突出，为了进一步加强中央和地方的工作衔接，有关地方有必要加紧建立促进中部地区崛起的专门机构，配备专门人员，明确相关职能，推动落实中部地区重大政策措施。同时，要加强促进中部地区崛起工作队伍建设，增强大局意识、责任意识和服务意识，不断提高工作的主动性和自觉性。

（三）健全协调机制

做好促进中部地区崛起工作是国家和中部六省的共同责任，加强中央与地方以及中部六省间的协调沟通非常重要。目前，初步建立了中央与地方以及中部六省间多层次、多领域的协调沟通机制。但目前的协调机制以论坛为主，形成实质性的决议少，缺乏有效约束力，同时还未建立有效的双边和多边沟通协商机制，合作领域也非常有限。在新形势下，要进一步加强促进中部地区崛起高层协商机制的建设：一是强化中部六省政府首脑协商机制。依托中部论坛,定期召开会议,共同磋商区域发展的重大战略,研究区域发展的总体思路和重大事项;二是建立中部六省分管省领导的不定期会晤机制,负责区域重点工作的协商和落实;三是建立中部六省的市长联席会议机制,推进城市间合作,协调城市间的实际问题。四是加强中部六省有关职能部门的协商机制,进一步在科技、规划、信息、产权、旅游、人才、市场等领域加强合作,解决跨区域的重点问题,国家有关部门要通过跨区域调研、培训等形式,引导和支持中部六省在相关领域加强合作互动。

二、优化环境,注重发挥企业的主体作用

长期来看,能否有效地吸引企业积极参与中部崛起,是决定中部崛起战略能否成功的关键因素。中部地区要实现崛起,核心不在于国家投资的多寡和政策的优惠程度,而在于中部自身能否充分用好、用足国家的资金和政策,充分发挥资源、区位等优势,营造良好投资环境,引导企业投资建设。为此,有关部门和中部六省要在转变政府职能上下功夫,积极创造有利条件和宽松环境,切实发挥企业在中部崛起中的主体作用。

(一)营造公平发展环境

坚持公有制为主体、多种所有制经济共同发展的基本经济制度,营造良好的民营企业投资环境、外商投资企业投资环境、国有企业发展环境,为不同类型投资主体提供统一的、公平的无差异环境。消除制约非公有制经济发展的制度性障碍,全面落实促进非公有制经济发展的政策措施。鼓励和引导民间资本进入法律法规未明文禁止准入的行业和领域。特别是要加强对民营经济的引导和支持,放宽民营经济投资领域,加强金融财税和资金技术扶持,推动民营企业产业结构升级。要规范对外商投资企业的管理,实现内外资企业统一的“国民待遇”。要结合国有企业改革,创新国有企业的投资环境。

（二）创造良好服务环境

政府是投资环境建设的核心力量。因此，要加快政府转变政府角色，牢固树立为企业服务的意识，逐渐实现政府由"全能政府"向"有限政府"转变，由"管理型政府"向"服务型政府"转变。要规范行政行为，改革投资管理体制，实现办事程序、内容、结果的"三公开"，为投资活动提供"一站式"服务，进一步减少行政审批事项，提高行政效率。要推进行政服务公开化、规范化、透明化、廉洁化，将各类管理信息分类、定期向社会披露，接受社会监督。

（三）建立宽松创新创业环境

创建良好的创新环境对各级政府提出了更高的要求。这主要体现在政府将不再局限于提供基础设施、创办开发区等有形的硬环境，也不限于制定和实施优惠政策以吸引留学人员回国创业和科技人员转化科技成果，而更重要的是通过各种间接的方式倡导、推动和培育有利于创新的共识和氛围。建立宽松创新环境重点在于，完善产权制度，加强对投资者的产权保护，创造良好法律环境。要通过宣传教育、政策和舆论引导，鼓励中部地区居民以多种形式创办企业。要通过简化开办程序和手续，降低收费标准，限制收费范围，降低投资办企业的成本和风险。要对下岗职工和失业人员开办企业，对在贫困地区开办企业，应适当减免税种，并提供一定的税收宽限期等。要为中小企业开辟多种融资渠道，进一步完善风险投资机制。要加快中小企业服务机构的建设，如行业协会、信息咨询机构、促进中小企业创新的服务机构、促进中小企业产品和劳务出口的服务机构等。

三、创新思路，全面发挥平台的支撑作用

（一）加强投资贸易平台建设

促进中部地区崛起战略实施五年来，中部地区市场体系不断健全，形

成了一批投资贸易平台。2005 年 11 月,温家宝总理在湖南长沙主持召开促进中部地区崛起座谈会,商务部提议由中部六省轮流举办中部投资贸易博览会,每年办一届,实行申办制,并得到国务院的批准。中部六省及国家有关部委积极响应,力求通过举办中博会,搭建中部与境外、中部与东部沿海发达省份交流合作平台,积极承接国内外资本和产业向中部梯度转移;搭建国家各部委支持中部发展的政策研讨平台,力争赋予中部更多的支持政策,促进人流、物流、信息流和资金流等生产要素向中部聚集。在有关各方共同努力下,中博会成为中部地区规模最大、规格最高、国内比较知名的展会之一,引起了海内外广泛关注。其他有较大影响力的平台如山西煤炭博览会、湖南农博会等都已形成规模,具有一定知名度。下一步,要继续加强投资贸易平台建设,重点做好以下两个方面工作:一是要改革办会体制。目前,中部地区投资贸易平台政府主导色彩过浓,政府行为介入过多,难免会影响各类会展的实效。可适当精简主办、承办、协办、成员单位之间组织架构,明确各自责权,规范工作流程,建立高效统一的官方领导机构。要构建培育一个能与会议服务水平、实际效果、未来发展、经济效益休戚相关的实体承办单位,建立一套有效的激励机制,赋予实体承办单位经营主体地位,通过其规范化的市场运作,优化资源配置,推动投资贸易平台国际化、专业化、市场化的发展进程。二是推动向国际化发展。加大与已参与协办的国际性机构合作的力度,争取与更多的国际组织、国际性的商协会、世界各国的贸易投资促进机构建立合作关系;建立与国际性机构常规性、稳定性的沟通、联系和互动机制,争取国际性机构将参加会议作为其常规性活动,并将其部分固定活动放在会议举办。要不断提高会议主题和参展对象的国际化程度,通过会议主题和内容设置的国际性吸引国外客商,不断提高参展国家数量和国外参展企业、国外参展人员的比例,特别是国外大型专业投资商的参展数量,在全球范围拓展会议的市场规模,把会议办成名副其实的国际性投资促进盛会。

(二)加强科技创新平台建设

从科技创新平台数量来看,目前中部地区创新平台总量已经不小,但缺乏大平台,平台共享效率也不高。要更加注重整合提升,在做实已建平台的基础上,通过整合相关存量资源,规划适量增量资源,构建、提升一批以技术研发协作为重点,跨部门、跨领域、跨学科,支撑和服务从研发到产业化全过程的重大平台,形成科技创新合力,建立区域性共用技术研究、转化、交易和中介服务平台,共同建设区域重点实验室、科技孵化器、创业孵化器、产业技术创新战略联盟、产品质量检测中心、专利信息服务中心等。要发挥政府在创新平台建设中的引导作用,充分调动高校、科研院所、企业、行业协会等方面的积极性,大力推动省部合作、院地合作,形成全社会参与平台建设的合力。要出台财政、税收、金融等相关政策,推动财政投入形成的科技资源、鼓励非财政投入形成的科技资源面向全社会开放服务,打破资源跨系统、跨部门共享的障碍,扎实推进平台资源的共享。要更加注重产学研合作,将产学研合作作为推动科技创新平台建设的一条重要途径,在平台的申报、立项、建设、考评中都要把有无产学研合作或产学研合作成效情况作为一个重要内容。要更加注重构建面向重点产业的重大平台,紧紧围绕主导产业、战略性新兴产业和重点产业集群等的发展,优先在中部地区已具备一定基础的电子信息、新材料、新能源、装备制造、节能环保等领域构建一批重大科技创新平台。

(三)加强研究咨询平台建设

"谋定而后动"。政策研究和咨询工作水平和质量的高低直接关系到促进中部地区崛起事业。2006 年以来,国家发展改革委与武汉大学联合设立了武汉大学中国中部发展研究院,中部六省部分大学也相继成立了促进中部地区崛起的专门研究机构。2008 年,几年来,六省发展改革委和相关研究机构通力合作,围绕编制促进中部地区崛起规划和研究制定中西部地区承接产业转移的政策文件等形成了一批研究成果,为制定相关规划和政策文件提供了重要参考和理论支撑。下一步,要根据研究分析形势与环境的变化,努力拓展研究领域,丰富研究内容,不断把中部崛起研究工作推向一个更高的水平。一要加强研究深度。要围绕促进中部地区崛起的中心工作,紧扣国家促进中部地区崛起实际工作的需要,拓展研究深度,对中部地区发展面临的重大问题进行深入分析,特别是对一些长期性、深层次问题进行研究。不能就中部论中部,而是要站在国家战略的高度和长远发展的角度,思考解决促进中部地区崛起的问题,多提一些具有针对性和可操作性的思路和建议。要加强理论与实际的结合,深入实际开展调查研究,使研究成果真正起到为促进中部地区崛起提供强有力支撑的作用。二要注重联动。要继续借助武汉大学中部发展研究院这一平台,把中部地区有关高校和研究机构调动起来,联合开展重大课题研究,集中各成员单位的智慧,突破单个成员单位研究能力的限制,把相关研究做深、做透。三是加强学术交流。充分利用各种资源组织好课题研究,把理论研究、战略研究、政策研究紧密结合,广泛开展国内外学术交流,力争出多层次的研究成果。要举办好中部崛起发展研究论坛,吸引官员、学者以及有见地的企业家参加,办出特色、办出水平、办出质量。

参考文献

1. 张平:《〈中华人民共和国国民经济和社会发展第十二个五年规划纲要〉辅导读本》,人民出版社 2011 年版。

2. 杜鹰:《中国区域经济发展年鉴(2007—2010)》,中国财政经济出版社 2007—2010 年版。

3. 陈德铭:《关于国内外贸易的几个认识问题》,《求是》2009 年第 7 期。

4. 陈刚、刘珊珊:《产业转移理论研究:现状与展望》,《当代财经》2006 年第 10 期。

5. 陈秀山、张可云:《区域经济理论》,商务印书馆 2004 年版。

6. 陈秀山等:《区域协调发展要健全区域互动机制》,《党政干部学刊》2006 年第 1 期。

7. 程必定、陈栋生、肖金成:《区域科学发展论》,经济科学出版社 2009 年版。

8. 樊杰:《我国主体功能区划的科学基础》,《地理学报》2007 年第 4 期。

9. 范恒山、赵凌云:《促进中部地区崛起重大战略问题研究》,中国财政经济出版社 2010 年版。

10. 范恒山:《"十二五"时期促进中部崛起若干问题研究》,武汉大学出版社 2011 年版。

11. 范恒山:《中部地区承接产业转移有关重大问题研究》,武汉大学出版社 2011 年版。

12. 傅春等：《科学发展与区域协调》，《科技管理研究》2010 年第 10 期。

13. 国家发展改革委有关负责人答记者问：《优化产业分工格局、促进区域协调发展的重大举措》，《经济日报》2010 年 9 月 7 日。

14. 国家发展和改革委员会产业经济与技术经济研究所：《中国产业发展报告（2009）——国际金融危机背景下的中国产业发展研究》，经济管理出版社 2010 年版。

15. 国家发展和改革委员会学术委员会办公室：《转变经济发展方式研究》，中国计划出版社 2010 年版。

16. 国家统计局，国家发展改革委，国家科技部：《中国高技术产业统计年鉴（2004—2009）》，中国统计出版社 2004—2009 年版。

17. 国务院发展研究中心：《转变经济发展方式的战略重点》，中国发展出版社 2010 年版。

18. 李明：《欧盟区域政策及其对中国中部崛起的启示》，武汉大学出版社 2010 年版。

19. 林毅夫、张鹏飞：《后发优势、技术引进和落后国家的经济增长》，《经济学季刊》2005 年第 1 期。

20. 刘蕲冈、卢才瑜：《中部地区承接沿海产业转移的思考》，《宏观经济管理》2008 年第 9 期。

21. 陆大道：《论区域的最佳结构与最佳发展——提出"点—轴系统"和"T"型结构以来的回顾与再分析》，《地理学报》2001 年第 2 期。

22. 陆大道：《中国区域发展的理论与实践》，科学出版社 2003 年版。

23. 南昌大学中国中部经济发展研究中心：《中国中部经济发展研究》，经济科学出版社 2010 年版。

24. 秦耀辰、苗长虹：《中原经济区科学发展研究》，科学出版社 2011 年版。

25. 汪玉奇：《中国中部地区发展报告（2011）》，社会科学文献出版社 2010 年版。

26. 王秉安、罗海成等:《县域经济发展战略》,社会科学文献出版社 2007 年版。

27. 魏后凯、邬晓霞:《我国区域政策的科学基础与基本导向》,《经济学动态》2010 年第 2 期。

28. 魏后凯:《改革开放 30 年中国区域经济的变迁》,《经济学动态》2008 年第 5 期。

29. 吴敬琏:《中国增长模式抉择》,上海远东出版社 2010 年版。

30. 于文俊、刘丹等:《中部地区统筹城乡发展的问题、原因和对策》,《社会主义研究》2007 年第 3 期。

31. 喻新安:《中部地区崛起的问题与对策》,《红旗文稿》2004 年第 12 期。

32. 喻新安:《中原经济区研究》,河南人民出版社 2010 年版。

33. 张军扩:《对"十二五"时期促进区域协调发展几个重要问题的分析和认识》,《国家行政学院学报》2010 年第 3 期。

34. 张可云:《欧盟区域政策的制度基础与中国区域政策未来方向》,《湖湘论坛》2010 年第 3 期。

35. 张可云:《区域经济政策》,商务印书馆 2005 年版。

36. 张培刚:《牛肚子理论》,《决策》2005 年第 1 期。

37. 张秀生:《中部地区经济发展》,中国地质大学出版社 2009 年版。

38. 朱翔、贺清云等:《长株潭城市群发展模式研究》,湖南教育出版社 2009 年版。

39.《中国统计年鉴(2005—2010)》,中国统计出版社 2005—2010 年版。

40.《中国中部经济发展报告》(2006—2010),经济科学出版社。

41. 安徽省人民政府:《国民经济和社会发展统计公报(2005—2010)》,安徽省人民政府门户网站。

42. 河南省人民政府:《国民经济和社会发展统计公报(2005—2010)》,河南省人民政府门户网站。

43.湖北省人民政府:《国民经济和社会发展统计公报(2005—2010)》,湖北省人民政府门户网站。

44.湖南省人民政府:《国民经济和社会发展统计公报(2005—2010)》,湖南省人民政府门户网站。

45.江西省人民政府:《国民经济和社会发展统计公报(2005—2010)》,江西省人民政府门户网站。

46.山西省人民政府:《国民经济和社会发展统计公报(2005—2010)》,山西省人民政府门户网站。

47.[美]库兹涅茨:《现代经济增长》,戴睿、易诚译,北京经济学院出版社1989年版。

48.[美]迈克尔·波特:《国家竞争优势》,李明轩、邱如美译,华夏出版社2002年版。

后　记

　　为加强促进中部地区崛起重大问题研究,进一步明确"十二五"时期促进中部地区崛起工作的基本思路和重点任务,2010年初以来,国家发展和改革委员会地区经济司组织有关研究力量,开展"'十二五'时期促进中部地区崛起的基本思路与政策研究"课题研究,并在课题研究成果基础上提炼加工形成本书。本书由范恒山同志主持编写,刘苏社、刘晓明、江洪、王明利、彭实铖、熊丽君同志参加编写。范恒山同志统纂定稿,刘苏社同志协助审改,江洪同志协助统稿。

　　本书回顾了"十一五"时期实施促进中部地区崛起战略工作取得的进展,总结了促进中部地区崛起工作取得的显著成效,分析了"十二五"时期中部地区发展面临的内外部环境,并力求从全局和战略的高度阐述了新时期大力促进中部地区崛起的总体要求和基本思路。本书对推进农业现代化、城镇化、新型工业化、县域经济发展、加强交通枢纽建设、深化区域经济合作、推进体制机制创新、加快社会事业发展、提高可持续发展能力等重点工作提出了努力方向和具体任务,对新时期进一步促进中部地区崛起提出了政策建议。受水平所限,本书的一些研究成果还比较初浅,错漏之处在所难免,敬请有关专家和读者批评指正。在今后的实践工作中,我们将进一步深化相关研究,以为促进中部地区崛起继续奉献绵薄之力。

　　人民出版社柯尊全、李椒元等同志对本书的出版给予了帮助,谨致谢意!

编　者

2011年11月